U0077711

天下文化
BELIEVE IN READING

統計
讓數字說話！ 全新增訂版

墨爾 David S. Moore、諾茨 William I. Notz——著

鄭惟厚、吳欣蓓——譯

STATISTICS:
CONCEPTS
AND
CONTROVERSIES

統計 目次

讓數字說話！ 全新增訂版

Statistics: Concepts and Controversies

CONTENTS

* 為選讀　† 吳欣蓓譯

第三部　機遇 342

第四部 推論

譯者序

數字真的說了什麼？

鄭惟厚

　　一聽到「統計」，你的第一個反應是什麼呢？是不是腦海裡會浮現出一堆數字，或者一些圖表？似乎許多人對統計的印象就是這樣。這一類把資料做整理與綜合、以方便人們從資料中尋找訊息的方法當然也是統計，但只是統計裡面的小小一部分。這類統計很有用，但是稍微枯燥一點。另外一部分的內容就豐富、精采、有趣多了。聽我這麼說，你可能還有些懷疑，還是先舉幾個例子，也等於先替這本書的內容，大致做個「預告」：

A.有個朋友告訴我，如果要去拉斯維加斯或大西洋城，一種有系統的賭法是：這一把如果輸了，下一把賭注加倍；這一把如果贏了，下一把賭注就照舊。這樣如果連輸幾把，只要贏一把就可回本。聽起來很有道理。我如果照這樣玩，是不是可以贏錢？

B.股市可以預測嗎？

C.「吸菸可能致癌」好像是不容懷疑的事實，可是這種結論怎麼

得來的呢？

D. 民意調查（我指的是由公正的專業機構所做的民意調查）為什麼可以只問一兩千人的意見，就告訴我們大家是怎麼想的呢？

你一定同意，以上都是既實際又有趣的問題吧！這本書就給了我們許多這類問題的答案。

讓我們來看看這些問題的本質是什麼。問題A牽涉到機率和一種叫「期望值」的東西，第17、18章就在談這些，說明很淺顯易懂。讀完這兩章，你就會知道問題A的答案，也同時會知道賭場和保險公司是靠什麼賺錢。

問題B和第16章的內容有關，因為股市資料是隨著時間而變動的。那一章裡面介紹了這類資料的一些特性，也談到了預測的問題，對問題B提供了部分答案。

問題C牽涉到兩個變數（吸菸及肺癌）之間的關係。這種關係該怎麼度量？兩個變數之間如果有高度相關性，是不是可以說其中一個變數導致另一個變數（例如吸菸導致肺癌）呢？這些答案都在第15章裡面。

問題D的重點在於樣本如何抽取，第1到4章就談到了這個問題。只要讀完前4章，你就大致有了答案，如果想知道多一些細節，第四部有詳細討論。

▌從資料中推出結論

從以上的例子，是不是可以感受到：其實統計對我們每個人都很有用，可以提供給我們許多答案！

　　再舉一個例子：某些媒體常常使用的叩應（call-in）民調，你覺得做出來的結果能代表廣大民眾的意見嗎？

　　多年前，我曾經在報上讀到一篇報導，報導說明：從民意調查的結果獲知，台北市民80%家裡曾遭小偷。這個數字太誇張了吧！你相信嗎？這倒不是寫報導的人存心欺騙，而是抽樣方法的問題。這項民意調查發問卷出去，而寄回的問卷當中，80%的人說曾被偷。因為問卷上還問到對於偷竊刑罰的意見，所以想想看，不怕麻煩填問卷再寄回的人，比較可能是被偷過的人呢？還是沒被偷過的人？這和叩應的狀況是類似的。當然，如果結果太誇張，你會猜到有問題；可是如果不那麼誇張呢？

　　我們現在經常聽到、談到別人「餵」給我們的資訊，比如各種民調結果（民眾對候選人的支持率、電視節目收視率、政府官員施政滿意度等等）、股市預測、新藥測試（每種新藥上市之前，都要經過一定的測試程序）等等。

　　這幾個例子看起來沒多大關係，其實有一個共同點：都是在做推論。民調根據樣本（大多數民調只調查一兩千人）的結果，告訴我們台北市民各有多少比例支持哪個市長候選人；股市預測是根據現有資料，推斷以後的狀況；新藥上市前所做的最後一道測試，則是根據小部分人對這個藥的反應，來評估這個藥對所有可能服藥者的有效性及安全性。從小小的樣本，卻要推到大大的全體，或從現在為止的資料，卻要推到未知的未來，當然都要有根據，而這些根據，都是推論統計的內容。

　　前面曾提到的光是整理和綜合資料的方法，有人稱為「敘述統計」，而推論統計則是要從資料中導出結論。

▋ 生活中的判斷智慧

相信你可以想像，要從資料中推導出結論，背後的學問當然很大，所以大學統計系學生要讀四年，可是你不需要傷這麼多腦筋，你只要有統計常識就可以了。

這本書給你的，其實就是統計常識。它原本是教科書，作者墨爾教授任教於美國普度大學，他在教一門統計通識課程時，完成並修訂這本書。那門通識課程的對象主要是文科學生，這些學生大部分以後並不準備再修習任何統計方面的課。對他們來說統計不是工具，是常識。本書以這種理念為基礎，所談的都是觀念及統計方法背後的推理過程。整本書裡面看不到幾個數學公式，作者用了許許多多和日常生活相關的實例，利用敘述的方式，把統計最重要的基本概念解釋得清清楚楚。在讀到這本書之前，還真不相信統計書可以寫成這麼「不專業」、這麼可讀。

這本書的可讀性高，內容又非常生活化，天下文化把這本書納入「科學天地」系列，介紹給大家。原本書中每一節都有很多習題，考量閱讀的連貫性和篇幅的問題，在翻譯時略去了這些習題。

讀這本書，你可以得到清楚的統計基本知識，而大多數人都可以從這種知識獲利。如果你的工作和行銷有關，市場調查就是一種民意調查，當然市場調查的方式有許多種，簡單到複雜、低成本到高成本都有，但你必須考慮樣本代表性的問題。如果取樣本的方法不對，做出一個誤導的結果，很可能比完全不做還糟糕。如果你在製造業，品質管制的概念就是統計。各種保險的保

費怎麼算的？根據統計的期望值觀念。航空公司怎麼知道接受預定座位可以超過多少百分比？也要用到統計觀念。兩種藥哪種療效比較好？兩種肥料哪種產量比較高？兩種教學哪種比較有效？要做有效的比較，都要用到統計觀念。

統計的應用不勝枚舉，只要牽涉到資料的蒐集、整理與分析，就必須有統計的基礎，才能得到合理的結果。如果你是學生，不論學的是理、工、商、農、醫、管理，甚至教育等文科，你都需要接觸數據！你可能要做實驗、可能要做調查，也可能要讀別人的報告，基本的統計知識是必要的。甚至連學統計的學生，都可以受惠於這本書。因為一般的統計書也許強調方法、強調理論，這本書強調的則是觀念，會讓人有「茅塞頓開」的清新感覺。

我們或許不需要自己整理數據，但也要有統計基本觀念，才能得知資料可不可靠。當別人告訴我們數字說了什麼話時，我們怎麼判斷正確性有多高呢？這本書帶給我們基本的判斷智慧，讓我們可以去評估數字是不是真的說了那些話，而不必照單全收。

如果下次再看到如下的「報導」：「經過測試，某某方法減肥最具成效」或「根據調查，某某門號的手機通話品質最佳」，建議你不妨打個電話去問一下，測試或調查是怎麼做的？樣本如何取？樣本大小如何？看看他們如何回答，你再判斷要不要相信那則廣告吧！

前言

什麼是統計？

　　統計是用來處理數據的。數據（data）由數字組成，但它不僅是單純的數字而已。數據是有內容的數字。比如說，光是10.5這個數字本身並沒什麼含意，但是假如我們得知，一個朋友的新生兒出生時重10.5磅，我們會恭喜她生了個健康寶寶。我們根據數字，配合上下文並和常識銜接，就可以做出判斷。我們知道10.5磅重的嬰兒相當大，而且也知道嬰兒不太可能重10.5英兩（盎司）或10.5公斤。數字搭配上下文才能提供有效的訊息。

　　統計是從數據中找出訊息，並且做成結論。我們用的工具是圖表和計算，並加上常識判斷。我們先來簡單快速看一下，媒體和熱門政治或社會議題如何處理數據和統計研究，藉此展開討論統計的序幕。稍後我們會對這裡提到的例子，做更詳盡的審視。

▌數據勝過軼聞

信仰不能取代數字。

——史班塞（Henry Spencer）

軼聞引人矚目，是因為它很聳動，所以會深植人心。軼聞能使議題人性化，所以新聞報導常常以軼聞當開場或結尾。但軼聞並不足以當成做決定的根據，而且正因為聳動，所以反而常常會產生誤導。應該注意的是，聲明的背後有沒有**數據**支持，而不是有沒有吸引人的故事。

住在高壓電塔附近會導致兒童得白血病嗎？美國國家癌症研究所花費五年的時間和五百萬美元，為這個問題蒐集資料。結論是：在「白血病」和「暴露在高壓電塔所產生的磁場」之間，找不到關聯。在《新英格蘭醫學期刊》上和這篇研究報告同時登出的評論中嚴厲提出，「應該馬上停止浪費我們的研究資源」在這問題上。

現在試著比較以下兩者的影響，一是電視新聞報導一項耗時五年，花費五百萬美元的調查結果，另一是電視訪問一位能言善道的母親，她的孩子得了白血病，而且他們恰巧住在高壓電塔附近。在大眾心目中，每次都是軼聞得勝。但我們應該要心存疑問。數據比軼聞可靠，因為數據可以有系統的描繪出整體的情況，而軼聞只聚焦於少數特例。

我們忍不住要加上一句：「數據勝過自詡為專家的人士。」大部分媒體心目中的平衡報導，就是指在不同立場的兩方，各找

一位「專家」來發表簡短評論。我們永遠沒辦法知道，是否某位專家表達的是真正具有代表性的意見，而另一位只是照顧私人利益的騙子。由於媒體喜好製造衝突，現在的社會大眾以為，對應每一位專家，必有立場相反的另一位專家。如果你真正關心某個議題，應該試著判斷數據透露何種訊息，以及數據的品質如何。當然的確有許多議題懸而未決，但也有許多議題只在不重視證據的人心中才懸而未決。你至少可以了解一下這些「專家」的背景，還有他們所引用的研究結果，是否曾刊載在審編制度嚴謹的期刊上。

▊ 數據從何而來非常重要

> 數字不會說謊，但騙子會算計。
> —— 葛洛斯維納（Charles Grosvenor）

數據是數字，而數字總顯得牢不可破。其實有的如此，有的卻不是。任何一項統計研究中最重要的事，就是數據的來源。當專欄作者藍德絲（Ann Landers）問她的讀者：如果重新來過的話是否仍要生孩子？而回答的人當中有70%堅決說「不要」的時候，你對於藍德絲引述投書人泣訴孩子如何像野獸一樣的那些來信，不妨一笑置之。藍德絲從事的是娛樂事業，她邀請讀者回答這個問題時，回應最熱烈的應該是後悔有了孩子的父母。大部分的父母並不後悔有小孩。我們知道這個事實，是因為曾經有人對許多父母做過意見調查，而且為了不偏向任何一個答案，訪問的父母是隨機抽取的。民意調查當然不是沒有瑕疵，這點我們以

後會談到，但是比起邀請滿肚子氣的人來回答問題，民意調查顯然高明多了。

即使是信譽卓著的期刊，也不一定能對壞數據免疫。《美國醫學會期刊》曾登過一篇文章，聲稱將冷卻的液體經過管子打進胃裡，可以緩解潰瘍症狀。病人的確對這種治療有反應，但只是因為病人通常信服自己所信任醫師的權威，因此對他給的任何治療都有反應。也就是說，安慰劑發生了作用。後來終於有人起疑，做了有適當對照組的研究，有些病人接受這項治療、有些接受安慰劑，結果使用安慰劑這組的「表現」還稍好些呢。「沒有比較，就沒有結論」，是判斷醫學研究的一個很好的出發點。比如說，我們對於最近突然盛行的「自然療法」就有點存疑。這些療法當中，只有極少數通過了比較試驗（comparative trial），來證明它們可不是裝在貼有漂亮植物圖片的瓶子裡販賣的安慰劑。

▌小心潛在變數

> 我的錢夠我這輩子用了，只要我不買東西。
> ——梅森（Jackie Mason）

有報導說，在美國，設有賭場的郡犯罪率較高。有位大學老師說，透過網路修線上課程的學生，比在教室裡修課的學生表現好。政府的報告強調，受教育多的民眾，比起受教育少的民眾，賺的錢要多得多。最好不要太快做結論。要先問：「是不是有什麼他們沒告訴我的，可以解釋這些事？」

有賭場的郡的確犯罪率較高，但是在城市或是較窮的郡，犯

罪率照樣比較高。怎樣的郡會有賭場呢？這些郡是否在設立賭場之前，就有高犯罪率了呢？線上修課的學生學得比較好，但是和在教室修課的學生比起來，這些學生比較年長，底子也比較好，因此表現好很正常。教育程度高的人的確錢賺得多。但受教育多的人和受教育少的人比起來，平均來說他們的父母受的教育較多，也比較有錢。他們在較好的環境長大，上較好的學校。這些有利條件讓他們得到更多的教育，而即使他們不受這麼多教育，這些條件也可能幫他們賺很多錢。

以上提到的這些研究，都指出兩個變數之間的關聯，並且引導我們下結論，說其中一個變數影響了另一個變數。「賭場會增加犯罪率」以及「想要有錢就多讀點書」是他們傳達的訊息。這些訊息有可能是正確的。但也說不定我們看到的關聯，大部分可由隱藏在背後的其他變數來解釋，比如會接受賭場的郡帶有的地方特色，以及教育程度高者生來就具備的有利條件。好的統計研究會考慮許多背景變數。這當然要有技巧，不過你至少可以找一找，看他們有沒有這麼做。

▌變異無所不在

當事實改變時，我就改變主意。您呢？
——凱因斯（John Maynard Keynes）

如果你的舌下溫超過37°C，是不是就代表你在發燒呢？也許不是。每個人的「正常」體溫都會有一些差異。你自己的體溫也有變化，早上六點左右稍低，下午六點較高。政府宣布上個月

失業率上升0.1個百分點，而新屋開工率下降了3個百分點，股市因此邊升或邊降。股市波動常常是不理性的。政府的數據是根據好的樣本得到的，是好的估計，但並不是百分之百的事實。同樣的調查再做一遍，結果可能會有一些差別。和經濟有關的事本就會上上下下，而影響經濟的因素包括天氣、罷工事件、假期等各式各樣的原因。

　　很多人都像股市一樣，會對數據的些微變動做過度反應，而事實上這些改變並不是實質的改變，根本微不足道。以下是美國最大的市場調查公司的老闆尼爾森（Arthur Nielsen）的經驗之談：

　　　　太多商界人士對所有白紙黑字印出來的數字都賦予同樣的信任。他們認為數字就代表「事實」，要他們用「機率」的觀點來看事情有點困難。他們未能看清，數字只是一種簡化的表示法，它描述一個範圍，這範圍說明我們對潛在情況的實際了解有多少。

　　變異是無所不在的。個體之間有差別，而對同一個個體多度量幾次，結果也會不一樣，並且幾乎每件事都會隨著時間而不同。至於那些自詡博學的「專家」針對每天股市變化深入分析，或者硬要從一場其實是最後一秒才定輸贏的球賽，來評論輸隊的能力或特質，你大可以對這些評論嗤之以鼻。

▌結論並不是百分之百的

> 數學法則不能百分之百的用在現實生活裡；能百分之百用
> 數學法則描述的，就不是現實生活。
> —— 愛因斯坦

　　正因為變異無所不在，所以統計結論並不是絕對的。大部分中年婦女會定期做乳房 X 光攝影，以期盡早發現乳癌。但乳房攝影是否真的可以減低死於乳癌的風險？高品質的統計研究發現，對於 50 到 64 歲的婦女來說，乳房攝影可以減少 26% 的死亡率。但這個數字是該年齡層婦女的平均數字。因為個別差異到處都有，所以對於不同的婦女來說，結果可能大不相同。有些每年做乳房攝影的婦女死於乳癌，而有一輩子沒做過乳房攝影的婦女，卻活到 100 歲，最後是因為騎機車出車禍而死亡。

　　總結報告事實上說的是：「乳房攝影可以將乳癌死亡率減少 26%（95% 信賴區間為 17% 到 34%）。」而 26% 這個數字，根據尼爾森的說明，是「某範圍的簡化說法，這範圍描述我們對隱藏情況的實際了解有多少。」在此例當中，這個範圍是 17% 到 34%，而我們有 95% 的信心，真正的比例會落在這個範圍內。也就是說，我們相當有把握，但不完全確定。一旦你超越新聞報導的層次，可以找找看有沒有諸如「95% 信心」及「有統計上的顯著意義」等字眼，這些字眼代表，某項研究的結果雖不能說百分之百確定，但已相當有把握。

▋ 數據可反映社會價值

> 要用統計騙人很容易。但是不用統計，騙人更容易。
> ——莫斯提勒（Frederick Mosteller）

　　好的數據確實勝過軼聞。比起軼聞和光大聲嚷嚷預測未來，數據要客觀得多。統計和其他的公開論述比起來，它根據事實且較科學又較理性。對於爭論性的議題，統計研究應該比其他大部分證據受到更多的重視。不過世界上沒有百分之百客觀這回事，社會環境會影響我們對於要度量什麼及如何度量的決定，因此也會影響到統計。

　　以自殺率來說，在不同國家間就有很大的差別。各國公布的自殺率有差別，似乎大部分要歸因於社會態度，而不是因為自殺率真的有差別。自殺人數的計數，是根據死亡證明書。填寫死亡證明書的官員，對於比如說像沒有目擊證人的溺死或摔死事件，可以決定要追究的程度（證明書上的細節，依不同的國家或不同的州而有別）。在視自殺為恥辱的地方，就有較多的自殺被報導為意外死亡。比方說，在大部分人信奉天主教的國家，所公布的自殺率就比其他國家低。日本文化中，有遇到羞辱時就光榮自殺的傳統，這種傳統使日本人較不視自殺為恥辱，使得日本的自殺事件，被報導的比例較高。而在其他國家，可能因為社會價值觀的改變，使得自殺事件的計數增加。一個愈來愈普遍的看法是，

憂鬱症應該視為生理上的疾病，而不是個性上的弱點，而自殺是這種病的悲劇式結局，不是道德瑕疵，因此使得家屬和醫生更願意把自殺列為死因。

在不像自殺這麼敏感的問題上，社會價值依然可能影響到數據。美國的失業率，是每個月由勞工統計局用一個很大且很專業的全國性樣本計算出來的。但是「失業」的定義是什麼？它是說雖然你想工作，卻沒有工作，而且過去兩週曾經積極找工作。如果你已有兩週沒在找工作，就不算是失業，而只是「不屬於勞動人口」。這樣定義失業率，反映了我們加諸於工作的價值觀。如果換個方式定義，可能會得到很不一樣的失業率。

我們的意思，不是叫你不要相信失業率的數字。失業率的定義已經穩定了好一段時間，所以我們可以從它看出趨勢。各國對於失業率的定義也相當一致，所以我們也可以在國際間做比較。數據是由不受政治干擾的專業人士算出來的，而失業率是重要且有用的資訊。我們要強調兩點：第一，並不是每件重要的事都可以簡化成數字，第二，會把事情簡化為數字的人，都受到了各種壓力的影響，不管是有意識或無意識的。

統計與你

這本書裡談些什麼？

　　這不是一本談統計方法的書。書中主要談的是統計概念，以及統計概念對日常生活、公共政策以及許多其他研究領域的影響。當然你也會學到一些統計方法。如果你手上有一個內含統計函數的工程計算機，就會輕鬆得多。說得更明確一點，你需要一個可算平均數、標準差、線性相關係數的計算機。去找計算機時，要找可以做「二變數統計」或者標示出「線性相關係數」的。如果你找得到一部裝了統計軟體的電腦，就更方便了。除此之外，你倒不需要有多少數學基礎，只要看得懂而且會用簡單的方程式，就差不多夠了。不過要先提醒的是，我們會要求你思考；思考要比套數學公式更能訓練腦力。《統計，讓數字說話！》這本書把統計概念分成以下四部分來呈現：

　　I、數據的產生說的是，要為特定的問題找到清楚的答案，應該用何種方法來產生數據。數據怎麼來的確實非常重要，而有

關如何選擇樣本和設計實驗的基本觀念，是統計當中影響最大的概念。

II、數據分析的內容，是介紹如何用圖和數值摘要（numerical summary）來探索、整合及描述數據的方法及策略。你會學到即使用很簡單的方法，也能有智慧的解讀數據。

III、機率是我們用來描述機遇、變異和風險的語言。因為到處都有變異，所以透過機率的角度來思考，可以把事實從一些無關緊要的雜訊當中分離出來。

IV、統計推論可使我們跳脫手中的數據，去對更廣大的總體做出結論，結論植基於「變異無所不在」和「結論並不是百分之百的」這兩項認知。

統計觀念和統計方法，是在科學家想辦法處理數據時慢慢產生的。兩個世紀以前，天文學家和測量員面臨整合數據的困難：不論多麼小心，數據仍然無法吻合。為了處理資料的變異性，他們發展出了初步的統計技巧。十九世紀，社會科學興起，為了描述個體及社會的差異，人們改革了舊有的統計觀念，並創造新的觀念。之後，為了研究遺傳理論和生物族群的變異性，統計技巧又更進一步。二十世紀前半葉發展出可產生數據的統計設計，機率也開始正式用在統計推論上。到二十世紀中葉已可清楚看到，一門新的學科誕生了！由於各門研究領域都愈來愈重視數據，大家也愈來愈了解資料的變異性是不可避免的，統計學可說已成了一種核心方法。每個知識份子都應該熟悉統計推理，而讀這本書可以幫助你達到這個目的。

第一部 產生數據

　　你和你的朋友不是典型人物。比如說你喜歡的音樂類型，可能就和我們喜歡的不一樣。當然我們和我們的朋友也一樣不具有代表性。如果想要知道整個國家（或只是大學生）的狀況，我們必須認清一個事實，就是整體狀況也許並不接近我們自己或我們周圍的狀況。所以，我們需要數據。消費者研究公司尼爾森（Nielsen）2018年9月11日的數據顯示，當年夏季最受歡迎的廣播節目類型是新聞／談話（占聽眾的9.6%）、當代流行音樂台（7.7%）、鄉村音樂電台（7.4%）。如果你喜歡熱門金曲（5.5%）而我們喜歡經典搖滾（5.0%），那我們可能對整個廣播聽眾的音樂口味毫無所

悉。如果我們身處廣播業，或是對流行文化感興趣，就必須先把自己的喜好擺在一邊，再來好好的檢視數據。

你可以到圖書館或者上網找數據（廣播節目類型就是我們上網找來的）。但是要怎麼知道找到的數據可不可靠呢？數據就像羊毛衣或平板電腦之類的產品。草率產生的數據就像一件粗製濫造的毛衣一樣令人沮喪。你買毛衣前會檢查一下，如果做工很爛，你就不會買。數據也一樣，如果「製作」得很糟你就不該用。這本書的第一個部分就會告訴你，怎樣分辨數據好不好。

第 1 章

數據從何而來？

▍個案研究：線上民調

　　一個人讀報紙或者看電視新聞連續幾個月，未必會看到任何代數公式；難怪很多人覺得代數似乎和日常生活無關。然而數據和統計研究報告卻沒有一天不出現在媒體上。比如你可能聽到媒體報導：上個月的失業率是3.9%。或是美國科學促進會（American Association for the Advancement of Science, AAAS）中87%的科學家認同氣候變遷的主要肇因就是人類的活動，而全美18歲以上居民只有50%這樣認為。另一篇較詳細的文章則說，低收入家庭的兒童若能受到良好的日間照護，日後的學業表現會比條件相近、但沒有得到日間照護的兒童更好，而且更有可能上大學、找到較好的工作。

　　這些數據是打哪兒來的？為什麼值得信任呢？或許不見得要照單全收。好的數據是人類的智慧結晶，壞的數據則是

懶惰或無知的結果，甚至可能是有人存心誤導。以後如果有人丟數字給你，你應該問的第一個問題是：「這些數據是怎麼來的？」

科羅拉多州的選民在2012年時將大麻合法化，其他各州的選民隨後也考慮這麼做，密西根州是其中一個。2014年2月，密西根州的線上新聞網站MLive發起調查「線上民調：密西根州應該將大麻合法化嗎？」一共9,684人回答，有7,906人（81.64%）表示贊成，1,190人（12.29%）表示反對，588人（6.07%）表示不合法但應免除刑事責任。結果似乎表示，密西根州大麻合法化獲得民眾一面倒的支持。

我們應該怎樣看待這項民調做出的數據呢？等你讀完這章之後，就會學到，對於這項MLive線上民調的數據，應該問些怎樣的基本問題。而這些問題的答案，可以幫助我們評估民調的數據到底好不好，這在第2章會有更多討論。

▌來說說數據：個體和變數

統計是數據的科學。我們幾乎要說它是「數據的藝術」了，因為除了要有好的判斷外，甚至還要有好的品味，再加上好的數學，才能造就好的統計。好的判斷中有一大部分，是取決於你究竟要度量什麼，如此產生的數據才能幫你了解你所關心的問題。我們得先介紹一些名詞，它們是用來描述、組成數據的原始材料。

個體及變數

個體（individual）就是一組數據描繪的對象。個體也許是指人，但也可以是動物或其他東西。

變數（variable）是指一個個體的任意「特質」，同一個變數對於不同個體，可能有不同的值。

分類變數（categorical variable）是把一個個體放進有數個群體或分類的其中之一。

數值變數（numerical variable）是能用來進行加法、平均等算術運算的數值。數值變數有時又稱為數量變數（quantitative variable）。

舉例來說，以下是一門統計課程結束時，教授記分簿資料中的前幾列：

姓名	系別	分數	等第
亞樊尼	大傳	397	B
巴頓	歷史	323	C
布朗	文學	446	A
邱森	心理	405	B
柯堤茲	心理	461	A

這個例子中的個體，就是修課的學生。除了學生姓名之外，還有三個變數。第一個變數告訴我們學生主修什麼；第二個變數是學

生在整個課程的500分總分中，共得了幾分；而第三個變數就是學生在這科所得的學期成績。

統計是處理數字的，但是並非所有變數的值都是數值。這位教授的記分簿資料中的四個變數裡（包括學生姓名），只有分數這個變數的值是數值。要用統計來處理其他非數值的變數時，可以用計數（count）或百分比（percentage）。比如說我們可以列出有多少百分比的學生得到A，或者主修心理的學生所占比例。

選擇變數時若判斷不正確，可能導致花大筆錢和時間來取得數據，而這些數據卻沒什麼用處。但到底什麼才是正確的判斷，可能並無定論。以下的例子告訴我們，決定要蒐集何種資料時會面對的挑戰。

例1　誰做資源回收？

誰不嫌麻煩做資源回收？調查人員花了許多時間和金錢，在加州某一城市的兩個地區，把居民拿到屋外等著回收的東西過磅。我們姑且稱這兩區為上層區和中低區。這裡的個體就是家戶，因為收垃圾和回收物資是為整戶人家做的，而不是分別對每一個人做。所度量的變數就是路邊資源回收桶每週的重量。

上層區的家戶，平均來說每週貢獻的重量，都超過中低區的居民。我們是不是可以說，有錢人較認真做資源回收呢？答案是否定的。有人注意到上層區的資源回收桶裡，有很多很重的玻璃酒瓶，而在中低區，拿出來的很多都是很輕的塑膠汽水瓶、啤酒罐及汽水罐。所以光憑重量判斷，對於誰比較用心做資源回收，所知有限。

例2　你的種族是什麼？

在全美普查中，對每一戶的每一個人，都問：「請問您的種族是？」「種族」是一個變數，而美國普查局必須確實說明，對這個變數應該怎麼「度量」，也就是到底要回答到多詳細。普查表上的處理方式，是列出一串種族讓人勾選。在這份清單的背後，曾上演多年的政治鬥爭。

我們應該列出多少種族，又應該用什麼名稱呢？需要把混血兒獨立列為一類嗎？亞裔希望能為日漸龐大的族群，依國別多分出幾類，比如把菲律賓裔及越南裔獨立列出。太平洋島民希望能從亞裔族群中分離出來，黑人領袖不希望將混血列為一類，因為怕有很多黑人會選擇這一類，而使得黑人人口的官方計數降低。

結果2010年的普查表（圖1.1）上有六個亞裔種族（再加上「其他亞洲裔」）及三個太平洋島民種族（再加上「其他太平洋島民」）。表上沒有「混血」這一類，但是你可以勾選不止一個種族。也就是說，聲稱自己是混血的人，可以兩邊種族都勾選，因此2010年種族欄的計數，會比總人口多。此外，普查局無法決定黑人應用何種稱呼才恰當，所以把代表黑人的兩種稱呼（Black, Negro）以及非裔美國人（African American）都一併列上。那麼西班牙語裔呢？這個問題可不同了，因為說西班牙語的人可能是任何種族。結果又是因為找不到一個能讓大家都滿意的名稱，於是普查表上的問法就變成，你是不是屬於「西班牙裔／西語裔／拉丁美洲裔。」

這場「種族」的鬥爭提醒了我們，數據也可以反映出社會狀況。種族是一種社會概念，而不是生物學上的事實。在普查問卷上，你回答的是你自認為所屬的種族。種族在美國是個敏感議題，所以會有爭議一點也不令人驚訝，而普查局的圓滑處理，似乎也是不錯的折衷辦法。

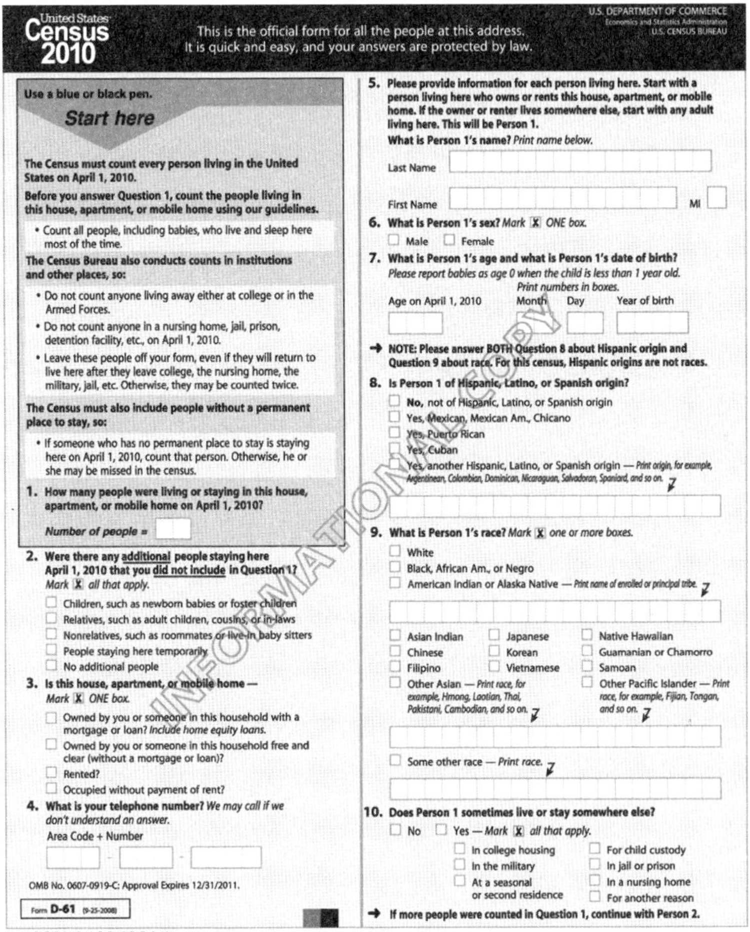

United States Census 2010

This is the official form for all the people at this address.
It is quick and easy, and your answers are protected by law.

U.S. DEPARTMENT OF COMMERCE
Economics and Statistics Administration
U.S. CENSUS BUREAU

Use a blue or black pen.

Start here

The Census must count every person living in the United States on April 1, 2010.

Before you answer Question 1, count the people living in this house, apartment, or mobile home using our guidelines.

- Count all people, including babies, who live and sleep here most of the time.

The Census Bureau also conducts counts in institutions and other places, so:

- Do not count anyone living away either at college or in the Armed Forces.
- Do not count anyone in a nursing home, jail, prison, detention facility, etc., on April 1, 2010.
- Leave these people off your form, even if they will return to live here after they leave college, the nursing home, the military, jail, etc. Otherwise, they may be counted twice.

The Census must also include people without a permanent place to stay, so:

- If someone who has no permanent place to stay is staying here on April 1, 2010, count that person. Otherwise, he or she may be missed in the census.

1. How many people were living or staying in this house, apartment, or mobile home on April 1, 2010?

Number of people = ☐

2. Were there any additional people staying here April 1, 2010 that you did not include in Question 1? *Mark* ☒ *all that apply.*

☐ Children, such as newborn babies or foster children
☐ Relatives, such as adult children, cousins, or in-laws
☐ Nonrelatives, such as roommates or live-in baby sitters
☐ People staying here temporarily
☐ No additional people

3. Is this house, apartment, or mobile home — *Mark* ☒ *ONE box.*

☐ Owned by you or someone in this household with a mortgage or loan? *Include home equity loans.*
☐ Owned by you or someone in this household free and clear (without a mortgage or loan)?
☐ Rented?
☐ Occupied without payment of rent?

4. What is your telephone number? *We may call if we don't understand an answer.*

Area Code + Number

☐ - ☐ - ☐

OMB No. 0607-0919-C: Approval Expires 12/31/2011.

Form D-61 (9-25-2008)

5. Please provide information for each person living here. Start with a person living here who owns or rents this house, apartment, or mobile home. If the owner or renter lives somewhere else, start with any adult living here. This will be Person 1.

What is Person 1's name? *Print name below.*

Last Name ☐

First Name ☐ MI ☐

6. What is Person 1's sex? *Mark* ☒ *ONE box.*

☐ Male ☐ Female

7. What is Person 1's age and what is Person 1's date of birth?

Please report babies as age 0 when the child is less than 1 year old.

Print numbers in boxes.

Age on April 1, 2010 | Month | Day | Year of birth

→ **NOTE: Please answer BOTH Question 8 about Hispanic origin and Question 9 about race. For this census, Hispanic origins are not races.**

8. Is Person 1 of Hispanic, Latino, or Spanish origin?

☐ **No,** not of Hispanic, Latino, or Spanish origin
☐ Yes, Mexican, Mexican Am., Chicano
☐ Yes, Puerto Rican
☐ Yes, Cuban
☐ Yes, another Hispanic, Latino, or Spanish origin — *Print origin, for example, Argentinean, Colombian, Dominican, Nicaraguan, Salvadoran, Spaniard, and so on.*

9. What is Person 1's race? *Mark* ☒ *one or more boxes.*

☐ White
☐ Black, African Am., or Negro
☐ American Indian or Alaska Native — *Print name of enrolled or principal tribe.*

☐ Asian Indian ☐ Japanese ☐ Native Hawaiian
☐ Chinese ☐ Korean ☐ Guamanian or Chamorro
☐ Filipino ☐ Vietnamese ☐ Samoan
☐ Other Asian — *Print race, for example, Hmong, Laotian, Thai, Pakistani, Cambodian, and so on.* ☐ Other Pacific Islander — *Print race, for example, Fijian, Tongan, and so on.*

☐ Some other race — *Print race.*

10. Does Person 1 sometimes live or stay somewhere else?

☐ No ☐ Yes — *Mark* ☒ *all that apply.*

☐ In college housing ☐ For child custody
☐ In the military ☐ In jail or prison
☐ At a seasonal or second residence ☐ In a nursing home
☐ For another reason

→ **If more people were counted in Question 1, continue with Person 2.**

USCENSUSBUREAU

圖 1.1 美國 2010 年全國普查問卷表的第一頁，這份問卷表郵寄給全美國的每戶人家。（想看美國的簡式、繁式普查問卷，可上普查局的網站：http://www.census.gov/2010census/about/interactive-form.php。）

▋ 觀測研究

　　就像紐約洋基隊前捕手、總教練尤吉·貝拉（Yogi Berra）所說的名言之一：「光用眼睛看，就可以觀察到很多東西。」有的時候你只能用眼睛觀察。如果要知道黑猩猩在野地裡的行為，你得觀察。要研究老師和小朋友在教室中的互動，你也得觀察。若觀察者知道自己要看的是什麼，就會容易一些。黑猩猩專家可能對雌猩猩和雄猩猩的互動有興趣，或者想知道是否猩猩群中的某幾隻比較強勢，還有黑猩猩會不會獵食動物的肉。事實上大家一直以為黑猩猩是素食動物，直到珍·古德（Jane Goodall）在東非坦尚尼亞的岡貝國家公園仔細觀察黑猩猩之後才改變想法。現在已清楚知道，肉類也是黑猩猩的日常食物之一。

　　剛開始，觀察者可能不知道應該記錄些什麼。然而遲早會有些模式出現，我們就可以決定應該度量哪些變數。比如黑猩猩多久獵食一次？是單獨行動還是群體行動？多少隻一起行動？只有雄性，還是雌、雄都有？食物中肉類占了多少比重？有系統的觀察，加上清楚定義所度量的變數，會比光用眼睛看更有說服力。以下是一個規劃完善（且很花錢）的觀察研究案例。

例3　高壓電塔會使孩童罹患白血病嗎？

　　電流會產生磁場，所以生活在有電的環境裡，會使人暴露在磁場中。住在高壓電塔附近，會增加這種暴露的程度。實驗室的研究顯示，極強大的磁場會干擾細胞。那麼住在高壓電塔附近，因而接觸到的較微弱磁場，影響又如何呢？有些數據顯示，似乎住在這些

地方的孩童，會有較多人得到俗稱血癌的白血病。

　　我們不能安排孩子去暴露在磁場中來做實驗，而要比較暴露在較多和較少磁場中的兒童罹癌比例，也有點困難，因為白血病很罕見，而且住家的位置除了磁場暴露程度不同之外，也可能有許多其他的差異。可行的方法是從已得白血病的兒童著手，把他們和未得白血病的兒童做比較。我們可以檢視許多的可能原因，像食物、殺蟲劑、飲用水、磁場等，看看有白血病和無白血病的兒童，在這些項目中，有哪些不同。在這些大規模的研究中，有一些結果顯示出，似乎應該對磁場做進一步的研究。

　　於是有人花了五年的時間和五百萬美元，對磁場做了極為仔細的研究。研究者將638個得白血病的兒童，和620個未得病的兒童做比較。他們到這些兒童的家裡，在兒童的臥房、其他房間及房子的前門處，都測量了磁場的強度。他們不僅記錄了兒童住家附近的高壓電塔資料，還對兒童母親在懷孕時住處附近的高壓電塔也做了記錄。結論是，除了巧合之外，並沒有證據顯示磁場和兒童白血病有關聯。依據英國牛津大學研究團隊1962到2008年所得到的資料，以及加州當地1986到2008年的資料，也獲得相似的結論。

　　「沒有證據」顯示磁場和兒童白血病有關，並不表示暴露在磁場下完全沒有風險；這只是表示，經過非常仔細的研究之後，找不到證據可以支持磁場有導致白血病的風險，而不只是機遇因素。評論者持續批評，認為這個研究漏掉了一些重要的變數，或者參與研究的兒童不具代表性。不過不論怎麼說，一個經過詳盡規劃的觀測研究，鐵定是要比隨隨便便，甚至有時情緒化的提出幾個癌症病例，要令人信服得多了。

> **觀測研究**
> **觀測研究**（observational study）是觀察一些個體，並度量
> 我們感興趣的變數，但並不試圖影響這些個體的反應。**反應**
> （response）也是一個變數，用來度量一項研究的結果。觀
> 測研究的目的是描述一個團體或一種狀況。

抽樣調查

　　有句諺語說：「你不必吃完整頭牛，才知道肉是老的。」這
就是抽樣的精髓：從檢查一部分來得知全體。**抽樣調查**（sample
survey）是很重要的一種觀測研究。他們只研究調查對象當中的
一部分人，而選中這些人並不是因為對他們特別感興趣，而是因
為他們具代表性。以下是用來討論抽樣的詞彙：

> **母體和樣本**
> 統計研究中的**母體**（population），是指我們求取資訊的對象
> 全體。
> **樣本**（sample）是母體的一部分，我們從樣本蒐集資訊，以
> 便對整個母體做某些結論。

　　請注意，母體就是我們想研究的對象全體。如果我們想要得
到關於美國所有大專學生的資訊，那麼所有美國大專學生就是我

們的母體；即使選取樣本時，也許受限只能從一所大學裡抽樣，母體仍然不變。要想從樣本中得出什麼結論來，必須先知道該樣本代表的母體是什麼。比如說，選前民意調查到底問了哪些人的意見？是所有成年人？美國公民？已登記的選民？還是只問了民主黨員？樣本只包括我們取得資訊的那些人。如果在調查當中，有些被選中的人連絡不上，那麼這些人就不包括在樣本中。

　　母體和樣本的區別，在統計裡是很基本的觀念。以下的例子會說明這個區別，並會介紹抽樣的一些主要用途，同時也會指出我們對樣本中個體度量的各種變數。

❊ 你就是不懂

一項對新聞工作者和科學家所做的抽樣調查，發現兩者之間有溝通落差。新聞工作者覺得科學家傲慢，而科學家認為新聞工作者無知。我們保持中立，不過調查中有一項有趣的結果：這些科學家有82%同意，不管是醫藥或其他領域都會發生「由於媒體對統計的了解不足，以致無法解釋新發現」。

例4 民意調查

　　蓋洛普及許多新聞機構常舉辦民意調查，探詢人民對某些議題的意見。此處的變數，就是人們對公共政策相關問題的回答。這類民意調查整年都持續進行，但到了選舉前才特別受注意。一個典型的民意調查，其母體及樣本可能是以下狀況：

　　母體：18歲以上的美國居民，包括非公民、甚至非法移民。

樣本：從母體中選出且經由電話訪談的人，人數在1,000至1,500之間。

例5　當前人口調查

政府的經濟和社會資料，來自於對全國的個人、家戶或企業做大規模的抽樣調查。美國最重要的政府抽樣調查，是按月執行的「當前人口調查」（CPS）。當前人口調查所記錄的資料（即變數）中，許多都和16歲以上人口是否就業有關。美國政府公布的每月失業率，就是從當前人口調查中得來的。當前人口調查也記錄許多其他經濟和社會資料。對於當前人口調查來說：

母體：超過1.26億的全部美國家戶。請注意這裡的個體是家戶，而不是個人或家庭。一個家戶的組成份子，是所有住在同一個屋子中的人，而不論他們之間是何種關係。

樣本：每月所訪談的約60,000戶。

例6　電視收視率

市場調查的目的是在了解消費者的喜好及產品的使用情形。市場調查中的著名例子之一，是尼爾森媒體研究（Nielsen Media Research）公司做的電視收視率調查服務。尼爾森收視率影響廣告商願意花多少錢來買某節目的廣告，以及該節目播不播得下去。對於尼爾森全國電視收視率來說：

母體：美國所有1.19億有電視機的家戶。

樣本：約75,000戶，收視戶同意使用「個人收視記錄器」來記錄該戶中每個人收看的節目。

所記錄的變數包括：收視戶中的人數與他們的年齡及性別、電視機開著的時段，以及電視機開著時，是誰在看、看什麼節目。

例7　全面社會調查

　　社會科學研究經常使用抽樣。設於芝加哥大學的「美國全國意見調查中心」每兩年做一次的全面社會調查（GSS），是最重要的社會科學抽樣調查。其中所考慮的變數包括：受訪對象的個人及家庭背景、經驗與習慣，以及對某些主題的態度和意見；主題從墮胎到戰爭都有。

　　母體：住在美國家戶中的成年人（18歲以上），不包括住在監獄及大學宿舍等機構裡的成年人，也不包括無法用英語訪談的人。

　　樣本：約3,000位成年人，訪談在受訪者的住所面對面進行。

　　大部分統計研究中用的樣本是「廣義」的樣本。比如說，在例3中的638個白血病童，視為所有白血病童的代表。通常「抽樣調查」這樣尊貴的詞，我們是保留給有計畫的研究中，抽取樣本來代表某個母體的時候才用。例3中的白血病兒童，是專門治療兒童癌症的治療中心的病人。專家判斷：這些兒童可以代表所有白血病童，即使他們全都是專科醫院的病人。抽樣調查可不是靠判斷來做的：抽樣調查要從整個母體開始，然後利用特定、可計量的方法，從中抽取一個能代表母體的樣本。在第2、第3和第4章裡，就會討論抽樣調查的藝術及科學。

▌普查

　　抽樣調查只看母體的一部分。為什麼不看全部呢？普查就是想看全部。

> **普查**
>
> **普查**（census）是企圖把整個母體納入樣本的抽樣調查。

　　美國憲法規定每十年要做一次全國人口調查。要對這麼大的母體做普查，既費錢又費時。即使聯邦政府負擔得起普查的費用，仍然還是利用樣本，比如像「當前人口調查」，來獲取失業率及其他許多變數的及時資料。若政府真的要問全國每一個成年人的工作狀況，那麼這個月的失業率恐怕要等到明年才會知道。實際上，為了節省費用，2010年的普查只問了十個問題，其中五個是一般問題，還有五個是住在問卷寄送地址的每一個人都需要回答的問題。

　　所以從時間和金錢的角度來看，抽樣比普查划算，而且抽樣還有其他優點。假如你要測試鞭炮或保險絲的功能是否正常，測試過的產品就都毀了。還有，比起全面普查，較小的樣本反而可能會得到較精確的結果。要職員去清點庫存的所有50萬個備用零件，不如要他去取一個樣本好好清點。因為職員數煩的時候，就會愈數愈不準了。

　　普查局的經驗提醒我們：普查只能試圖把整個母體納入樣本。普查局估計，2010年的全美普查漏掉了0.01%的美國人，漏掉的人估計包括黑人族群的2.1%。即使背後有政府的資源支撐，人口普查也並非萬無一失。那麼，為什麼要進行人口普查？因為政府需要依據每個街區的人口數據劃分出人口平等的選舉

區，而美國人口普查的主要用途就是提供這類區域型的資訊。

✲ 普查是否過時了？

美國從1790年開始，每十年就普查一次。但是科技日新月
異，因此全國普查很有可能找到替代品。丹麥沒有普查，法
國也準備取消普查。丹麥對全國居民登記，居民有身分證，
而且只要搬家就得變更登記。法國將要用一個大型抽樣調查
取代普查，這個調查將在不同的區域輪流執行。美國普查
局也有類似的想法：美國社區調查（American Community
Survey）已經上路，不再需要填寫繁式普查問卷。加拿大在
2011年取消繁式普查問卷，改用自願填寫的全國家庭調查，
此舉引發爭議，到了2016年又重新採用繁式問卷。

▌實驗

　　取樣本的目的，是要對母體一窺堂奧，而且在蒐集資訊時要
盡量不產生干擾。所有觀測研究都遵循同一原則：「觀察，但別
干擾。」珍·古德剛開始在坦尚尼亞觀察黑猩猩時，就設立了一
個餵食站，讓黑猩猩在那兒可以吃到香蕉。稍後她說這個做法錯
了，因為這樣有可能會改變猩猩的行為。

　　從另一方面來看，當我們從事的是實驗，卻是存心要改變行
為。在做實驗時，我們不是只觀察個體或問他們問題，而是刻意
加上某些處理（treatment），以期能夠觀察其反應。實驗可以幫
助我們解答諸如以下的問題：「阿斯匹靈能減低心臟病發作的風

險嗎？」以及「如果讓大學生在看不到商標的情形下試喝百事可樂和可口可樂，大部分學生會較喜歡百事可樂嗎？」

實驗

實驗（experiment）時會刻意對某些個體施加某項處理，以期能夠觀察其反應。實驗的目的在於研究該項處理是否會使反應改變。

例8　幫助領救濟金的母親找工作

　　華盛頓特區城市研究所指出，大部分領救濟金的成年人是二、三十歲左右，要獨自撫養一、兩位小孩的單親媽媽。對救濟金媽媽做的觀測研究顯示，許多人有能力增加收入，脫離領救濟金的行列。有些人會自願參加職業訓練計畫，來增進自己的工作技能。是不是應該要求所有體格健全的救濟金媽媽，都參加職業訓練和尋求工作的計畫呢？觀測研究沒辦法告訴我們這項政策的效果。就算我們所研究的媽媽，是從所有領生活補助的媽媽中適當選出的樣本，但這些會參加職業訓練及找工作的人，和那些不會的人之間可能原本就有許多差別。舉例來說，可以從資料得知，會去找工作的這些媽媽受過較多教育，但也可能這些人有不同的價值觀及動機，而這些特質是沒法觀察到的。

　　想要得知要求救濟金媽媽參加職業訓練，是否能幫助她們自立，就必須實際對這計畫做實驗。在媽媽們開始申請救濟金時，從當中選兩組相似的人，要求其中一組參加職業訓練，但另一組則不提供這項計畫。這就是一項實驗。若干年之後，比較這兩組人的收

入以及工作紀錄，就可以看出參加職訓計畫是否有達到預期的成效。

救濟金的例子說明了實驗比觀測研究更占優勢。原則上來說，實驗可以為「因果關係」提供良好的證據。如果實驗設計適當，就可以從兩組很相似的救濟金媽媽開始。每個媽媽，當然會和別的媽媽有年齡、教育程度、子女數及其他方面的差別。但是當我們檢視兩組當中所有人的年齡、教育程度、子女數時，這兩個組是很接近的。實驗過程中，雖然大家過的生活都不一樣，但是兩組之間只有一項系統性的差別（systematic difference），那就是：一組參加了職業訓練計畫，另一組沒有。大家都經歷了同樣的經濟起飛或不景氣，都一起經歷了民意的改變等。如果參與訓練的那一組，在保有工作和賺錢方面，都遠勝過沒參加訓練的那組，我們就可以說，訓練計畫確實造成了這個令人愉快的結果。

實驗可以提供好的證據，顯示某項處理的確造成某種反應，這是統計學當中的重要概念之一。重要的概念會附帶一個重要的提醒：統計結論是對一群個體「平均來說」的結論。但對於特定一個個體，可就沒說什麼了。如果平均來說，參與訓練計畫的媽媽錢賺得比沒參加的人多，這說明了計畫的目標達成了，可是並不代表每個參與計畫的人都會受惠。重要概念也可能會引起重大的疑問：如果我們希望職業訓練會增加收入，那只讓某些婦女參加，卻不讓其他人參加，會不會違反倫理原則？第5章和第6章會說明怎樣設計好的實驗，而第7章討論倫理議題。

第 2 章

好樣本和壞樣本

▌個案研究：評估民調

　　在第1章我們討論過，2014年2月，密西根州的線上新聞網站MLive發起調查「線上民調：密西根州應該將大麻合法化嗎？」一共9,684人回答，有7,906人（81.64%）表示贊成，1,190人（12.29%）表示反對，588人（6.07%）表示不合法但應免除刑事責任。結果似乎表示，密西根州大麻合法化獲得民眾一面倒的支持。

　　不過，普優研究中心（Pew Research Center）在2015年3月25到29日期間，發起調查「你認為使用大麻是否應該合法化？」據普優研究中心所說，他們隨機用電話訪問了1,500個美國人，其中有53%傾向合法化。儘管贊成的人是多數，但並不像MLive所做的結果那樣一面倒。

　　這兩次的民調結果有很大的差異，有可能是因為進行的時間不同，抽樣的人群不同（密西根州州民與所有美國成人），

MLive民調的樣本數比普優來得大，提出的問題也不同，說不定某一次甚或這兩次民調所獲得的資料都很糟。等你讀完這一章，就會學到應該如何評估，民調得到的數據是好還是壞。

▌怎樣會取得爛樣本

　　在路易斯安納州的瑞皮德斯郡（Rapides Parish），多年來只有一家公司有權提供救護車服務。1999 年，當地的報紙《鎮報》請讀者叩應，來表達他們是否贊成讓這家公司壟斷。這類叩應通常採自動化處理：投「贊成」就打某支號碼，投「不贊成」則打另外一支。電話公司通常會向打電話的人收費。

　　《鎮報》共接到3,763通電話，顯示出對於救護車超乎尋常的關切。調查之後發現，有638通電話來自救護車公司的辦公室或公司高階主管的家裡，而且有更多通電話毫無疑問是較低階的員工打的。該公司的一位副總裁說：「我們有員工很關心這個狀況，他們擔心工作不穩定、為家庭操心，所以可能多打了幾通電話。」另有消息來源說，員工被囑咐「早些投票、多多投票」，就像早年芝加哥黑幫控制選舉時所說的一樣。

　　《鎮報》應該已經受到教訓，明白取到爛樣本比取到好樣本來得容易。該報的民調依賴自發性回應，他們是要大家自己打電話進來，而不是主動抽取樣本。結果就是有偏的，樣本裡面贊成救護車壟斷的比例，因此被加重了許多。自發性回應樣本吸引到的，是對討論中的議題有強烈感受的人。這些人，例如救護車公司的員工，可能並不能很公平的代表一般大眾的意見。

　　要取得爛樣本，不是只有上面的這種方法。比方說，我們每星期賣幾箱橘子給你的公司，你從每箱當中抽幾個橘子檢查，以評定橘子的品質。最容易的做法是從擺在每箱最上面的橘子中抽取，但這些橘子可能無法代表整箱的狀況，因為擺在底下的橘子較易在運送過程中損傷。假如我們不夠老實，也許會把爛橘子擺在底下，上面擺些好橘子讓你檢查。如果你從上面抽樣，所得結果會是有偏的：樣本橘子的品質總是優於它們所應該代表的整個母體。

有偏抽樣法

如果統計問題的設計使得結果總是往某個方向偏，我們就稱這個設計是**有偏的**（biased）。

從母體抽樣時，如果選最容易取得的，叫**方便抽樣**（convenience sampling）。

自發性回應樣本（voluntary response sample）則是經由對某一訴求的回應而自然形成的。寫應（write-in）或叩應（call-in）意見調查都是自發性回應樣本的例子。

方便樣本及自發性回應樣本常常是有偏的。

✴ 大數據

「大數據」是個曖昧的術語，經常用來強調目前存在的資料數量有很龐大的規模。大數據通常不是隨機取樣，而是「已找到的資料」。大數據的支持者聲稱，舊的統計抽樣技術已經

過時了，因為現在可以獲取每一個單筆資料點。他們說，從本質上來說，我們擁有整個人口的數據。

真的是這樣子嗎？許多統計學家不同意，並對「我們可以擁有所有數據」的觀念發起挑戰，主張「我們擁有整個人口的數據」並不是事實，而只是假設。儘管取樣的規模非常大，但非隨機取樣仍然會帶來偏差，可大數據的支持者經常視而不見。

例1　購物中心訪談

只捏箱子裡上層的橘子，就是方便抽樣的例子，而在購物中心進行訪談是另一個例子。製造業者和廣告代理商常常利用在購物中心的訪談，來蒐集消費者的消費習性及廣告的效用等資訊。在購物中心裡取樣本既快速又省錢，但在購物中心裡訪談到的人，並不能充分代表全國的人。比如說，這些人比較有錢，而且有很多青少年或退休人士。此外，訪問者傾向於從顧客群中選擇外表整潔、看起來不具威脅的人。購物中心的樣本是有偏的，因為某些族群的比重太重（較有錢的人、青少年及退休人士），而有些族群的比重又太輕。這樣一個方便樣本的意見，可能和大眾的意見有很大出入。

例2　寫應意見調查

專欄作家藍德絲（Ann Landers）有一次問她的讀者：「如果可以重來一次，你還要生孩子嗎？」藍德絲接到將近10,000份答覆，差不多有70%說：「不要！」真的有70%的父母都後悔生孩子嗎？當然不是。這是個自發性回應樣本。通常對某個議題有強烈感覺的人，尤其是有負面感覺的，比較會不嫌麻煩去回應。藍德絲的意見

調查結果是有高度偏差的：她的樣本中，寧願不要孩子的父母百分比，遠大於全體父母中寧願不要孩子的百分比。

2011年8月24日，藍德絲的雙胞姊妹范布倫在自己的專欄「親愛的艾比」回顧了這問題。讀者問：「我想知道，今天如果妳問同樣的問題，大部分的讀者會怎麼回答。」

范布倫回答：「當時的結果令人吃驚，因為大部分回覆的人說，如果能重新來過，他們不要生小孩。」

2011年10月，范布倫寫道，她問了讀者同樣的問題，而這次回覆的人大多數願意生小孩。結果鼓舞人心，但這同樣是寫應意見調查。

寫應和叩應的意見調查，幾乎一定會導致有高度偏差的結果。事實上，只有15%的人曾經叩應去回覆意見調查，而這些人可能也會打電話到廣播電台的叩應節目去。對於整個人口來說，這些人並不構成具代表性的樣本。

▌簡單隨機樣本

自發性回應樣本，是由人們自行決定要不要回應；而方便樣本則是由訪談者決定的。在這兩種情形當中，都是由於人為因素而造成偏差。統計學家的補救方法，是利用不牽涉人為選擇的「機遇」來選取樣本。用機遇選出的樣本，既不會受取樣者的偏好所影響，也不會有回應者的自行加入。用機遇選樣本，是藉由給每個個體有同樣的中選機會，來消除偏差。不管有錢還是沒錢、年輕還是年老、黑人還是白人，每個人被選進樣本的機會都是一樣的。

用機遇選樣本最簡單的方法是，把名字全部放進一頂帽子（這就是母體），然後從當中抽出一部分（也就是樣本）。這就是簡單隨機抽樣的概念。

簡單隨機樣本

大小為 n 的**簡單隨機樣本**（SRS, simple random sample）是有 n 個個體的樣本。其選取的方法，是使得母體中任一組 n 個個體，中選的機率都相同。

簡單隨機樣本不僅讓每個個體有相同的中選機會（因此可消除選擇偏差），也讓每個可能的樣本，有同樣的中選機會。從帽子裡抽名字就能做到這點：把 100 個名字分別寫在同樣大小的紙條上，放在帽子裡混合均勻，這就是一個母體；然後一張接一張，共抽出 10 張紙條，這就是一個簡單隨機樣本，因為任 10 張紙條和其他任 10 張紙條，機會都一樣。

「每一個體或每一組可能的 n 個個體集合被抽中的機率相同」，要清楚理解這句話的意義，可以想像你要從帽子裡抽籤。這就是簡單隨機樣本的涵義。當然如果我們想從全國家戶中抽樣，要從帽子裡抽籤就不大方便了，因此我們實際上是用電腦產生的隨機數字來選樣本。許多套裝統計軟體都有隨機數字產生器可以產生隨機數字。有些軟體也可以幫忙選出簡單隨機樣本。

例3   如何用軟體選取簡單隨機樣本

　　有所大學要蓋新教室，校長成立了委員會，並指定5名大學生擔任成員，以滿足學生的期許。大學裡一共有30個科系，為了避免偏差，校長決定選大小為5的簡單隨機樣本，再請中選科系的系主任找系上的學生出任委員會。以下是選取5個簡單隨機樣本的步驟。

步驟1：編代碼。對每個科系編一個數值代碼，從1到30。編好代碼的科系清單如下所示：

1	非裔美國人與非洲研究	16	地質學
2	農學	17	歷史學
3	建築學	18	數學
4	美術	19	音樂
5	生物學	20	藥學
6	商學	21	哲學
7	化學	22	物理學
8	傳播學	23	政治學
9	比較研究	24	心理學
10	資訊科學	25	宗教學
11	經濟學	26	社會學
12	教育學	27	社會工作學
13	工程學	28	統計學
14	英語	29	戲劇學
15	外語	30	女性研究

　　步驟 2：利用軟體。用軟體隨機產生 1 到 30 的整數。重複此步驟並忽略已出現過的數字，直到出現 5 個不同的整數。校長用軟體依次產生了 18、9、10、3、9 及 1，5 個不同的整數是 18、9、10、3、1，如此得到的樣本分別代表數學、比較研究、資訊科學、建築學、非裔美國人與非洲研究。

　　隨機產生 1 到 30 的整數，相當於在同樣大小材質的紙上分別寫下 1 到 30 的號碼，放進帽子裡充分混合，再從中隨機抽出一張。電腦做的就是混合並抽取。有些統計軟體能產生特殊的標籤。

　　要知道如何利用軟體選出簡單隨機樣本，可到 Research Randomizer 網頁（圖 2.1）。點選「Randomize Now」，並填答一些資料。你甚至可以要求這個程式把抽出的樣本排序。

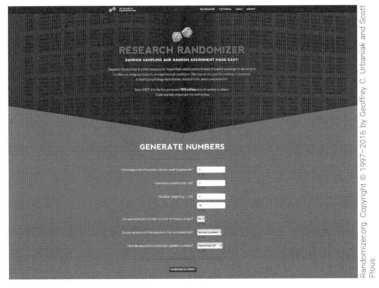

圖 2.1　利用 Research Randomizer（網址為 www.randomizer.org）。

❋ 當隨機太過隨機？

串流音樂服務Spotify收到使用者的埋怨，說「隨機播放」功能不夠隨機，兩三天就會聽到相同的曲子，或是重複出現相同的創作者。問題並非不夠隨機，而是太過隨機。Spotify的開發成員喬韓森這麼解釋：「對人類來說，真正的隨機感覺起來並不隨機。」

我們建議用軟體來選取簡單隨機樣本，但如果不用軟體，你也可以利用隨機數字表來「人工」選取較小的樣本。

隨機數字表

隨機數字表（table of random digits）是一連串的0、1、2、3、4、5、6、7、8、9這些數字，且滿足以下兩個條件：

1. 表中任一位置的數字，其為0至9中任何一個數字的機率相同。
2. 不同位置的數字之間是獨立的（independent）。也就是說，知道表中某一部分是些什麼數字，不會提供你任何關於其他部分是些什麼數字的訊息。

書末的表A就是一個隨機數字表。你可以想像表A是這樣來的：請一位助理（或叫電腦來做）把數字0到9放在一頂帽子當中混勻，隨意抽出一個數字，記下來再放回、混勻之後再抽，以

此類推。助理（或電腦）先把混合及抽取的工作都做好了，所以我們要抽取隨機數字時，就不必再重複進行這兩項工作了。表A上一開頭的數字是19223950340575628713。為了讓這個表容易讀些，每五個數字排成一組，而且每列都有編號。這些「組」及「列」並沒有特別意義，因為這個表只是一長串隨機選擇出來的數字而已。現在我們舉例說明，如何用表A來選取簡單隨機樣本。

✤ 這些隨機數字真是隨機的嗎？

才怪呢！表A中的隨機數字是用電腦程式跑出來的，而電腦程式是完全奉命行事的。你只要對程式輸入同樣的東西，電腦就會產生同樣的「隨機」數字。當然啦，有些聰明傢伙把電腦程式設計得高明，使得產生出來的數字很像是隨機的。這些數字其實叫做「擬隨機數」（pseudo-random number），而表A當中的數字就屬於這種。擬隨機數用在統計上的隨機化效果不錯，但是一些更細膩的用法，可能就會被這些數字背後隱藏的不隨機型態給搞砸了。

例 4　如何用隨機數字表選取簡單隨機樣本

重複例3，我們先為30個科系指定數值代碼。

步驟1：編代碼。對每個科系編一個數值代碼，數字的位數盡量小，夠用即可。30個科系要用二位數，所以我們就用

01, 02, 03, …, 28, 29, 30

要用00到29也可以，或者任何30個二位數都行。編好代碼的科系
清單如下所示：

01	非裔美國人與非洲研究	16	地質學
02	農學	17	歷史學
03	建築學	18	數學
04	美術	19	音樂
05	生物學	20	藥學
06	商學	21	哲學
07	化學	22	物理學
08	傳播學	23	政治學
09	比較研究	24	心理學
10	資訊科學	25	宗教學
11	經濟學	26	社會學
12	教育學	27	社會工作學
13	工程學	28	統計學
14	英語	29	戲劇學
15	外語	30	女性研究

步驟2：利用隨機數字表。從表A中任一處開始，一次讀2個數字。
假如我們從編號130的列開始，該列數字為：

69051　64817　87174　09517　84534　06489　87201　97245

其中前10個「二位數字組」為：

69　05　16　48　17　87　17　40　95　17

表A中任一個「二位數字組」，要成為00、01、02、…、99這100組數字中的任一組，機率都相同，所以，選二位數字組就等於隨機選取代碼。這就是我們的目標。

校長的代碼只用了01到30，所以在這以外的二位數，我們都不要。這樣子得到的前5個在01到30之間的代碼，就代表我們選出的樣本。在列130的前10個代碼中，有5個超過30，這些我們扔掉不用，剩下的是05、16、17、17及17。代碼05、16及17的科系就被收進樣本，我們就不理第二及第三個17了，因為17已經選進樣本中。照這樣在列130繼續搜尋下去（必要時可延續到131列），直到選好5個科系為止。

如此得到的樣本，包含代碼05、16、17、20、19，分別代表生物學、地質學、歷史學、藥學、音樂。

如果是使用隨機數字表，只要所有代碼的位數都相同，所有個體就有同樣的中選機會。代碼要盡量短：母體的組成份子如果不超過10個，則使用個位數就夠了；如果在11個到100個之間，要用二位數；101到1,000個之間，就要用三位數了，以此類推。我們建議你養成習慣，編代碼都從1（或01，或001，視需要而定）開始。表A裡的數字可以往任何方向讀，橫著讀、直著讀等，因為表裡的數字並沒有順序。我們建議不妨橫著讀。

利用軟體或隨機數字表，比從帽子裡抽籤要快多了。就如例3所表達的，選取簡單隨機樣本有兩個步驟。

用兩個步驟選取簡單隨機樣本（SRS）
步驟1：編代碼。對母體中每一個個體，指定一個數值代碼。要確定每個代碼都是同樣的位數。
步驟2：利用軟體或用表。利用隨機數字來隨機選取代碼。

✳ 隨機之高爾夫篇

隨機抽選讓大家機會均等，所以如果需要決定哪些幸運兒可以得到某些難得的好事，比如打一場高爾夫的時候，隨機抽選是個公平的方法。許多高爾夫愛好者想要在位於蘇格蘭聖安德魯斯的著名老球場（Old Course）打球，但只有少數人能預約得到。大部分人只能希望，在每天抽籤決定誰能打時，能受幸運之神眷顧。在夏天旺季的時候，每6人中只有1人，可以得到花180英鎊（250美元）打一場球的權利。

▌樣本可靠嗎？

《鎮報》、藍德絲以及購物中心訪談，都產生了樣本，不過我們沒辦法信任從這些樣本得到的結果，因為這些樣本產生的方式都會導致偏差。但對於從簡單隨機樣本得到的結果，我們的信心就大得多，因為樣本的抽取根據機遇，沒有人為的干擾，因此可以避免偏差產生。對於任何一個樣本，要問的第一個問題就是：樣本是不是隨機選取的？民意調查和其他抽樣調查的執行者，如果是專業人士，就都會採用隨機抽樣。

例 5　蓋洛普民調

　　2018年6月，一項有關移民的蓋洛普民調，問了這樣的問題：「依你的看法，移民對本國目前來說是好還是壞？」他們在新聞稿中寫道，民調發現有75%的受訪者認為，移民對美國是件好事。」這樣的結果真的表示大多數美國人同意移民是好事嗎？我們應該先了解蓋洛普是如何取樣的。新聞稿的後段有這樣的內容：「這些結論……是根據電話訪問……訪談了從全美國隨機選出的1,520位18歲以上成年人。」蓋洛普接著澄清說，樣本包含30%住宅電話和70%行動電話，號碼則是用隨機數字選取。

　　這些資料是贏得我們信任的起步。蓋洛普告訴了我們，這份調查考慮的母體是什麼（住在美國各地的18歲以上人士）。我們也知道樣本大小是1,520，而且最重要的是，樣本是隨機選取的。當然還有別的問題需要討論，我們也很快會討論到，但是至少已經聽到了令人放心的「隨機選取」幾個字。

第 3 章

樣本告訴我們什麼？

▌個案研究：幼童接種疫苗

根據美國疾病管制與預防中心的資料，在26個州和哥倫比亞特區有349例麻疹確診案例，這是美國自2000年清除麻疹以來，第二高的病例數（最高紀錄是2014年的667例）。與往年一樣，大多數的麻疹病患沒有接種疫苗。原因在於，為幼童接種疫苗來預防麻疹這類疾病的舉措是有爭議的話題。

在2014年底和2015年初，關於幼童接種疫苗的爭論成為媒體大量討論的話題，延燒至今。到了2019年，只有加州、密西西比州和西維吉尼亞州這三個州不允許幼童因醫療因素以外的理由不接種疫苗，其他州則允許幼童可因個人因素和宗教信仰而不接種。2015年2月28日到3月1日之間執行的一項蓋洛普民調，問了以下的問題：「父母讓孩子接種疫苗有多重要——極為重要、很重要、有點重要、或根本不重要？」蓋洛普發現54%的受訪者表示「極為重要」（低於蓋洛普2001年調查的64%）。我們能相信這個結論嗎？

　　報導再讀下去我們會發現，蓋洛普民調是在訪問了1,015位隨機選出的成年人之後，做出以上的結論。我們很高興蓋洛普是用隨機方式選擇訪問對象——如果是跑到美國醫學協會會議現場，去訪問參加賓客對於幼童疫苗接種重要性意見的話，就沒辦法對贊成者的比例做出客觀評估了。然而根據普查局的資料，2015年全美國成年人的人數大約是2億4千7百萬。即使1,015人是隨機抽出的樣本，為什麼可以只根據1,015人的說法，就知道2億4千7百萬人的意見呢？樣本當中有54%的人認為父母讓孩子接種疫苗極為重要，是否能當作大多數美國人都有同樣想法的證據呢？讀完這一章，你就會知道以上問題的答案了。

▌ 從樣本到母體

　　蓋洛普民調發現，「覺得讓孩子接種疫苗極為重要的美國人勉強過半、占54%」，這是對於2億4千7百萬成年人這個母體所做的聲明。但是，蓋洛普並不知道整個母體的確實情況。他們的調查訪問了1,015人，並且得知其中有54%的人說，他們覺得讓孩子接種疫苗極為重要。因為1,015人的樣本是隨機選取的，如果認為他們可以代表母體，應該是合理的假設。所以，蓋洛普把「樣本中54%覺得幼童接種疫苗極為重要」的這個事實，轉換成「所有成年人中約有54%覺得幼童接種疫苗極為重要」的這個估計值（estimate）。這是統計裡面的一個基本動作：用樣本的事實，當作母體真實訊息的估計。要討論這個主題之前，必須先分清楚哪個數字描述樣本，哪個數字描述母體。以下是我們使用的詞彙。

參數及統計量

參數（parameter）是描述**母體**的數字。參數是一個固定數字，但我們實際上無法知道參數的值。

統計量（statistic）是描述**樣本**的數字。一旦取了樣本，統計量的值就知道了，但是換個不同的樣本，統計量的值就可能改變。我們常用統計量來估計未知的參數。

　　所以，參數之於母體，相當於統計量之於樣本。想要估計未知的參數嗎？只要從母體選一個樣本，再用樣本的統計量當作估計值就成了。蓋洛普就是這麼做的。

例1　幼童應該接種疫苗嗎？

　　所有的成年美國人當中，覺得「幼童接種疫苗極為重要」的比例，是一個參數，這個參數描述的是包含2億4千7百萬成年人的母體。我們把這個比例用p表示，因為p是proportion（比例）的第一個字母。但我們並不知道p的值。為了估計p，蓋洛普抽了一個1,015人的樣本。樣本當中贊成修正案的比例，就是一個統計量，我們稱它為$\hat{p}$（唸成p-hat）。結果，1,015人的樣本中，有548人覺得幼童接種疫苗極為重要，所以對這個樣本來說：

$$\hat{p} = \frac{548}{1,015} = 0.5339 \text{（進位後是0.54，即54\%）}$$

因為每個成年人都有同樣的機會被選進1,015人的樣本，所以如果用統計量$\hat{p}$ = 0.54當作未知參數p的估計值，似乎很合理。樣本中有54%覺得幼童接種疫苗極為重要是個事實；我們知道這件事，因

為我們問過樣本中的每個人。我們並不知道所有成年人當中有這種想法的比例，但是我們估計大概有 54% 的人這麼想。

▌抽樣變異性

如果蓋洛普重新抽一個 1,015 人的隨機樣本，這個樣本會包含不一樣的人。而且幾乎也可以篤定，不會恰恰好有 548 人覺得幼童接種疫苗極為重要。也就是說，統計量 $\hat{p}$ 的值，會隨著樣本而改變。因此可不可能會發生：一個隨機樣本說有 54% 的成年人覺得幼童接種疫苗極為重要，而另一個隨機樣本卻說只有 41% 的人這麼想呢？隨機樣本藉由選樣本的方法來消除偏差，但是由於隨機選取的結果會有變異性，所以得到的結果還是可能很不準。如果從同一母體重複取樣，但所得結果的差異太大的話，我們就沒辦法信任任一個樣本的結果了。

幸好隨機樣本的第二大優點可以解救我們。它的第一大優點是，隨機選擇可以消除「偏心」；也就是說隨機抽樣把偏差給消滅了。第二大優點是，如果我們從同一個母體，重複抽取許多大小一樣的隨機樣本，所有樣本的差異，會遵循某種可預測的型態。從這個可預測的型態可以得知，由大樣本所得結果的變異性，會小於小樣本結果的變異性。

例2 好多好多的樣本

統計的另一個重要概念是這樣的：要知道一個樣本的結果有多可靠，就得先問問，如果我們從同一個母體取很多樣本，會發生什麼事情？我們來試試看。假設事實上所有成年人當中，有剛好 50%

覺得幼童接種疫苗極為重要（當然蓋洛普並不知道這一點）。也就是說，母體的真實比例是 $p = 0.5$。如果蓋洛普用大小為100的簡單隨機樣本的樣本比例 $\hat{p}$，來估計他們不知道的母體比例 p，會發生什麼情況？

　　圖3.1就在表達抽很多樣本，並計算每一個樣本的 $\hat{p}$ 的過程。在第一個樣本中，100人裡面有56人贊成此修正案，所以 $\hat{p} = 56/100 = 0.56$。下一個樣本裡只有36人贊成，所以對這個樣本來說，$\hat{p} = 0.36$。全部共抽取1,000個樣本，把這1,000個 $\hat{p}$ 的值以「直方圖」畫出來，就會得到圖3.1右半邊的這個圖；圖中橫軸代表不同的 $\hat{p}$ 值，直條的高度代表1,000個樣本當中，有多少個樣本的 $\hat{p}$ 值，落在該直條底部範圍之內。以圖3.1的例子來說，介於0.40與0.42範圍的直條高度略大於50，意思就是在1,000個樣本當中，有超過50個樣本的 $\hat{p}$ 值落在0.40與0.42之間。

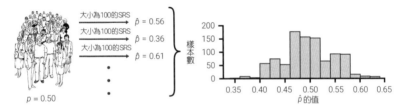

圖 3.1　許多簡單隨機樣本的結果放在一起，會顯現出某種有規則的型態。這裡畫的是從同一母體抽出的 1,000 個大小為 100 的簡單隨機樣本。母體比例為 $p = 0.5$。樣本比例會隨著樣本而改變，但是所有的值的中心點，會落在母體的真實比例上。

　　當然蓋洛普共訪問了1,015人，而不是只有100人。圖3.2顯示的，就是從真實比例為 $p = 0.5$ 的母體所抽出、大小為1,015的1,000個簡單隨機樣本得到的結果。在圖3.1和圖3.2的兩個直方圖中，橫

軸的刻度一樣,縱軸的刻度也一樣,因此比較一下兩個圖形就可以
看出,當樣本大小從100增加到1,015的時候,會發生什麼狀況。

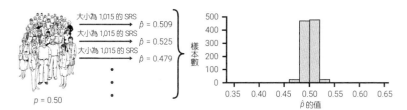

圖 3.2 如同圖 3.1 一樣畫直方圖,只是樣本大小改為 1,015,仍然是
取 1,000 個簡單隨機樣本。此處得到的 1,000 個值,和圖 3.1 的小樣本
結果比起來,散布範圍窄得多,也就是較集中。

　　仔細看看圖3.1和3.2。我們從母體開始,先抽出許多樣本,
然後從這些樣本得到許多$\hat{p}$值。把這些$\hat{p}$值整合起來,然後畫出
直方圖。現在來研究一下這兩個直方圖。

- 不論樣本的大小是100還是1,015,樣本比例的$\hat{p}$值都會隨
  不同的樣本而變,但是這些值都以0.5為中心點。而前面提
  到過, 0.5是我們母體的真實比例。有些樣本的$\hat{p}$值比0.5
  小,有些比0.5大,但是並不會有大部分都比較小,或大
  部分都比較大的傾向。也就是說,用$\hat{p}$值當作p的估計量
  (estimator),並沒有**偏差**。關於這點,不管樣本或大或小,
  都是如此。
- 大小為100的眾多樣本所算出的$\hat{p}$值,會比從大小為1,015的
  眾多樣本得到的$\hat{p}$值,要分散得多了。事實上,大小為1,015

的1,000個樣本當中，有95%的值落在0.4692和0.5308之間，也就是與母體真實比例0.5差距在正負0.0308的範圍內。而大小為100的1,000個樣本，中間95%的值卻分散在0.40到0.60之間，與真實比例約有正負0.10的差距，差不多是剛才較大樣本得到範圍的3倍。所以，大樣本的**變異性**比小樣本要小。

　　結論就是我們可以指望，一個大小為1,015的樣本，其估計值$\hat{p}$幾乎總會很靠近母體的真實比例。圖3.2雖只針對一個特定的母體比例（即0.5）說明這事實，但這對於任何母體而言都是正確的。而大小為100的樣本，在真實比例是50%的時候，有可能得出$\hat{p}$為40%或60%的估計值。

　　想想圖3.1和圖3.2的意思，可以幫助我們重新整理一下，當我們用一個諸如$\hat{p}$的統計量，去估計諸如p這樣的參數，所謂的「偏差」是什麼意思。這同時也提醒了我們，變異性的重要程度不亞於偏差。

估計時的兩種誤差

偏差（bias）是當我們取很多樣本時，統計量一直朝同一個方向偏離母體的參數值。

變異性（variability）描述的是，當我們取很多樣本時，統計量的值會散開到什麼程度。變異性大，就代表不同樣本的結果可能差別很大。

一個好的抽樣方法，應該要有小偏差以及小變異性。

　　我們可以把母體參數的真正值想成是靶上的靶心，而把樣本統計量想成是對著靶心發射的箭。偏差和變異性可以拿來形容弓箭手對著靶子射了許多箭之後的狀況。偏差的意思是瞄準顯然有問題，射出的箭都往同一個方向偏離靶心：樣本值沒有以母體值為中心點。高變異性的意思是箭著點在靶子上分散得很廣：重複抽樣的結果並不接近，彼此間差異很大。圖 3.3 顯示射靶的結果，說明這兩種誤差。

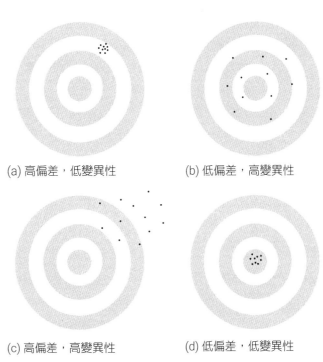

(a) 高偏差，低變異性　　　　　　(b) 低偏差，高變異性

(c) 高偏差，高變異性　　　　　　(d) 低偏差，低變異性

圖 3.3　對著箭靶射箭時的偏差及變異性。偏差代表弓箭手老往同個方向偏，變異性是指箭著點的分散情況。

　　有沒有注意到，即使是低變異性（箭孔都很接近），也可能有高偏差（箭孔都朝同一個方向偏離靶心）；反過來說，即使偏差很小（箭孔呈現以靶心為中心點的散布），也可能伴隨著高變異性（箭孔散布廣）。好的抽樣方法要像神箭手一樣，必須同時具備低偏差及低變異性。要達到這個目標，我們會這樣做：

如何處理偏差及變異性

減低偏差：利用隨機抽樣即可。若先將整個母體列出來，再從中抽取簡單隨機樣本，就會得到不偏估計值（unbiased estimate），也就是說，以簡單隨機樣本得到的統計量來估計母體參數，既不會老是高估，也不會老是低估。

減低簡單隨機樣本的變異性：用大一點的樣本。只要樣本取得足夠大，變異性要多小都可以做得到。

　　實際抽樣的時候，蓋洛普只取一個樣本而已。我們不知道從這個樣本得到的估計值，離真正值有多接近，因為我們根本不知道母體的真正值是多少。但是，只要是從大的隨機樣本算出的估計值，幾乎一定會靠近真正值。檢視一下由許多樣本結果構成的型態，使我們可以對一個樣本的結果有信心。

▌誤差界限

　　抽樣調查報告中所宣告的「誤差界限」，其實是把像圖3.1及圖3.2所描繪的抽樣變異性，轉換成一種我們對調查結果有多少信心的表達方式。我們先從在新聞中常聽到的用語開始。

誤差界限是什麼意思

「誤差界限是正負4個百分點」是以下敘述的縮短版：

如果我們用和抽這個樣本同樣的方法，去抽許許多多樣本，那麼這些樣本中有95%，其所得的結果會在母體真正值的正負4個百分點之內。

註：「誤差界限」不是指我們的抽樣方法有誤，它是指圖3.1及圖3.2所呈現的固有抽樣變異性。

讓我們一步一步來看。通常一個隨機樣本的結果，不會剛好估計出母體的真正值。必須用一個誤差界限，來表達我們的估計值距離真正值有多遠。但是我們又不能百分之百確定，估計值和真正值的差距必定小於誤差界限。所有樣本當中有95%，距離真正值的確有這麼近，但是其餘的5%，距真正值的差距就超過誤差界限了。我們並不知道母體的真正值是多少，所以也無法得知，到底我們的樣本是屬於那95%「命中了」的樣本，還是5%「沒中」的樣本。因此我們說，我們有**95%的信心**，真正值會在誤差界限內。

例3 了解新聞內容

電視新聞播報員報導：「最新出爐的蓋洛普民調發現，美國的成年人當中有54%，覺得父母讓小孩接種疫苗極為重要。此次調查的誤差界限是4個百分點。」把54%加或減4個百分點，就得到50%到58%這個範圍。大部分人以為，蓋洛普的聲明是說，整個母

體的真正值，就落在這個範圍裡。

　　但蓋洛普實際上說的是：「對於這樣大小的樣本所得的結果，我們有95%的信心可以說，由抽樣或其他隨機因素造成的誤差，應該是在正負4個百分點之內。」也就是說，蓋洛普告訴我們，誤差界限只適用於95%的樣本。「95%的信心」就是這種意思的精簡說法。新聞報導中把「95%的信心」這句話給漏掉了。

　　確實計算出誤差界限是統計學家要做的事。但是你可以用一個簡單的公式，找出民意調查的誤差界限大概有多大。我們會在第21章討論這個公式背後的原因和誤差界限的精確計算，現在則先介紹一個誤差界限速算法。

誤差界限速算法

假設我們是在用大小為n的一個簡單隨機樣本的樣本比例$\hat{p}$，來估計未知的母體比例p。對應95%信心的誤差界限，大致等於$1/\sqrt{n}$。

例4　誤差界限是多少？

　　例1中的蓋洛普民調訪問了1,015人。對應95%信心的誤差界限應該大約是：

$$\frac{1}{\sqrt{1,015}} = \frac{1}{31.8591} = 0.031（即3.1\%）$$

　　蓋洛普實際宣布的誤差界限是4%，速算法求得的是3.1%。我們的結果和蓋洛普宣布的有一點差距，是由於兩個原因：首先，民意調查為了讓新聞報導簡單些，常常會宣布經過四捨五入到整數百分點的誤差界限；第二，我們的速算公式適用於簡單隨機樣本。在下一章我們會看到，大部分全國性的樣本比簡單隨機樣本複雜，其抽樣方式通常會使得誤差界限稍稍增大。蓋洛普對這一次特定民調調查方法的聲明實際上還包括以下內容：「全國成年人的每個樣本至少有50%行動電話受訪者和50%住宅電話受訪者的配額，並按國內時區額外增加一定配額，號碼則是用隨機數字選取。」雖然這些方法超出了我們將在下一章討論的範圍，但從全國抽樣的複雜性會導致誤差界限增加。

　　我們的速算法還透露出一個關於誤差界限的重要訊息。因為樣本大小n是出現在公式的分母當中，所以較大的樣本就有較小的誤差界限。這個我們原本就知道，然而因為公式中用的是樣本大小的平方根，所以若希望把誤差界限減半，我們就得用一個4倍大的樣本。

例5　誤差界限與樣本大小

　　在例2當中，我們把從同一母體所抽出的許多大小n為100的簡單隨機樣本，和大小為1,015的簡單隨機樣本的結果做了比較。我們發現中間95%的樣本結果的分散狀況，小樣本的誤差界限約為大樣本的3倍。

　　我們的速算公式估計出，大小為1,015的簡單隨機樣本的誤差界限，差不多是3.1%。而大小為100的簡單隨機樣本的誤差界限，

大約是

$$\frac{1}{\sqrt{100}} = \frac{1}{10} = 0.10（即10\%）$$

　　因為1,015很接近10乘上100，而10的平方根是3.1，所以100人的樣本的誤差界限，差不多是1,015人的樣本的3倍。

▌ 信賴敘述

　　以下是蓋洛普對於成年人怎麼看待幼童接種疫苗所做結論的精簡版：「調查發現，54%的美國人覺得幼童接種疫苗極為重要。我們有95%的信心說，所有成年人的真正贊成比例，會在這個樣本結果的正負4個百分點範圍內。」再來是超級精簡版：「我們有95%的信心說，所有成年人當中，有50%到58%覺得幼童接種疫苗極為重要。」這些，都是信賴敘述。

信賴敘述

信賴敘述（confidence statement）包含兩個部分：**誤差界限**（margin of error）及**信心水準**（level of confidence）。誤差界限告訴我們，樣本統計量離母體參數多遠。信心水準告訴我們，所有可能樣本中有多少百分比滿足這樣的誤差界限。

　　信賴敘述說的是一個事實，顯現出所有可能樣本會發生的狀況，我們用它來表達對一個樣本的結果有多少信心。「95%的信心」代表「根據我們用的抽樣方式，有95%的時候可以得到與真正值這麼接近的結果。」

　　以下是對於如何解讀信賴敘述的一些提示：

- 信賴敘述的結論永遠是針對母體而不是針對樣本。我們確實知道樣本中1,015位成年人的情況，因為蓋洛普民調訪問了他們。信賴敘述是根據樣本的結果來對「所有成年人」這個母體做某種結論。

- 我們對母體所做的結論永遠不會是完全確定的。蓋洛普的樣本有可能就是誤差超過4個百分點的5%樣本之一。

- 抽樣調查可以選擇95%以外的信心水準。較高的信心水準的代價，是較大的誤差界限。對於同一個樣本來說，99%的信賴敘述，其誤差界限就比95%信賴敘述的要大。如果你只要有95%的信心就很滿足了，得到的回饋就是較小的誤差界限。要記得，我們的速算法，所算的是95%信心的誤差界限。

- 報告誤差界限時，用95%的信心水準是很普遍的。如果一則新聞報導中只說明誤差界限而沒有信心水準，把信心水準當作95%是滿安全的做法。

- 想在同樣的信心水準下，要求較小的誤差界限嗎？取個大一點的樣本就成了。你應該還記得，較大的樣本有較小的變異性吧？只要願意付出取夠大樣本的代價，就可以要求所需的小誤差界限，並且仍然維持高的信心水準。

❖ 如何拒接電話推銷

抽樣調查訪問員痛恨做電話行銷這檔事。我們都接過很多不想聽的推銷電話，很多人在還沒搞清楚對方不是在賣塑膠外牆板，而是在做抽樣調查之前，就已經先掛了電話。在這兒教你一個分辨的訣竅。抽樣調查訪問員和電話推銷員都會隨機選擇電話號碼，但是電話推銷員會使用自動撥號系統打許許多多電話，在你接起電話之後，推銷員才會來跟你講話。你一旦知道了這個狀況，接了電話後若有停頓時間，等於是對方洩了底，就給了你在推銷員接電話之前先掛斷的機會。而抽樣調查的電話在你接起來的時候，就應該有個訪問員在電話線另一端等候。

例6 2016 年選舉民調

　　2016年總統大選前幾天，美國民調（SurveyUSA）這家民調機構在好幾個州訪問選民，問他們要投票給誰。他們在堪薩斯州隨機抽訪了581位可能投票的選民，其中47%說會投票給川普、36%說會投票給希拉蕊。美國民調說，該項民調的誤差界限是正負4.1%。他們在俄勒岡州隨機抽訪了654位可能投票的選民，其中38%說會投票給川普、48%說會投票給希拉蕊，誤差界限是正負3.9%。

　　我們看到：在俄勒岡州可能投票的選民中，所抽出的樣本比較大，因此俄勒岡州民調結果的誤差界限就比較小。我們有95%的信心說，在俄勒岡州可能投票的選民當中，會投票給川普的人，百分比介於34.1%（38% − 3.9%）和41.9%（38% + 3.9%）之間。2016年在俄勒岡州的實際投票結果是39.1%投票給凱瑞，這在誤差界限範圍內。

從大母體抽樣

蓋洛普的1,015名成年人的樣本，相當於在美國成年人當中，每243,300人抽出1人。這1,015人是在母體當中每100人抽1人，還是每243,300人抽1人，有影響嗎？答案揭曉。

母體大小無所謂

來自一個隨機樣本的統計量的變異性，並不受母體大小影響，只要母體至少比樣本大20倍即可。

對於從隨機樣本算出的統計量的表現，為什麼母體的大小影響很小呢？請想像以下的狀況：假使我們要從一鍋湯中抽樣，於是把杓子舀進湯當中。杓子並不知道自己是在小鍋當中、還是在大鍋當中。只要整鍋湯混得很均勻（如此杓子舀出的就是隨機樣本），所得結果的變異性就只與杓子的大小有關。

這對於像蓋洛普這樣的全國抽樣調查是好消息。一個大小為1,000或2,500的隨機樣本，因為樣本夠大，所以有低變異性。但是要記得，自發性回應樣本或方便樣本因為有偏差，所以再大也沒用。把樣本加大，並不能消除偏差。

然而，樣本統計量的變異性是由樣本大小決定，而不是由母體大小決定，這件事對於計劃在大學或小城鎮做抽樣調查的人來說，可就是壞消息了。舉例來說，不管是要估計亞利桑那州立大學的學生當中，有多少比例認為自己的政治立場屬於保守派，還

是要估計美國所有成年居民中的保守派比例，只要是要求同樣的誤差界限，就得要抽取一樣大的簡單隨機樣本。即使亞利桑那州立大學只有5萬9千2百名學生，而美國的成年人人數超過2億5千2百萬（2017年的數字），也不代表在亞利桑那州立大學可以取一個較小的簡單隨機樣本。

第 4 章

真實世界中的抽樣調查

▌ 個案研究：從調查中獲取樣本

　　某項民意調查訪問了隨機選出的 1,000 位民眾後，公布調查結果，並包括誤差界限。我們是不是就應該滿意了呢？恐怕不行。舉例來說，民調機構要聯絡多少人才能訪問 1,000 位民眾？

　　許多調查並沒有全盤告知和樣本有關的訊息。普優研究中心以某次訪問了 1,507 位民眾的調查為例，把細節詳述如下。

	住宅電話	行動電話
沒人接	2,464	3,114
資格不符	18,427	6,084
其他	104	56
資格不明	3,305	361
拒絕受訪、掛斷、未完成	4,719	4,836
訪問完成	902	605
總計電話數	29,921	15,056

　　大部分民意調查是利用電話進行的（包括住宅電話和行動電話），方法是用隨機撥號的方式來取得住宅的隨機樣本。按理來說，住宅電話可以代表一棟住宅，但行動電話通常代表一個人，而且他住的地方也可能有住宅電話，所以得納入考量。普優的說法是：「對住宅電話和行動電話抽樣，比例大概是每次行動電話訪問會配上兩次完成的住宅電話訪問。」除了平衡住宅電話與行動電話之外，普優還確保了電話號碼能代表美國本地。

　　一旦確認了電話號碼有哪些，每個號碼至少會撥打七次（假設前六次無人接聽）。撥打時「會選一星期中不同的日子，和每天不同的時段（至少會有一通在白天撥出），盡可能增加與潛在受訪者聯絡的機會。」普優總共必須打44,977通電話號碼（29,921個住宅電話和15,056個行動電話），才能得到1,507人（902個住宅電話和605個行動電話）的樣本。

　　回覆率的計算較為複雜，並非只是將完成住宅電話訪問和行動電話訪問的數量除以總計電話數。這次民調有1,507位受訪者，綜合回覆率是9%（住宅電話有10%，行動電話有7%）。普優研究中心在同一時期所做的另一個民調投入更多心力，最終獲得的綜合回覆率是22%。

　　我們從第3章知道1,507人的樣本大概會有正負2.6個百分點的誤差界限。

　　普優的確完成了預定的1,000人樣本，但這項民調的結論是否值得我們信任呢？民調結果真的能套用在只有行動電話的人身上嗎？

▌抽樣調查怎樣出錯

　　隨機抽樣方法在選樣本時可以消除偏差，也有辦法控制變異性的大小。所以，是不是只要看到了「隨機選取」和「誤差界限」這兩個關鍵詞時，就可以信任眼前的訊息了呢？它當然是好過自發性回應，但是有沒有像我們希望得那麼好，可就不一定。在真實世界裡抽樣，比起從教科書習題裡的名單當中抽一個簡單隨機樣本，要複雜得多，結果也比較不可靠。信賴敘述並沒有把真實抽樣的所有誤差來源都反映出來。

抽樣時會發生的誤差

抽樣誤差（sampling error）是抽樣這個動作所造成的誤差。抽樣誤差使得樣本結果和普查結果不同。

隨機抽樣誤差（random sampling error）是樣本統計量和母體參數之間的差距，是在選取樣本時因機遇造成的。信賴敘述中的誤差界限，只包含隨機抽樣誤差。

非抽樣誤差（nonsampling error）是和「從母體取樣本」這個動作無關的誤差。即使在人口普查中，也可能出現非抽樣誤差。

　　大部分的抽樣調查，都會遭逢到隨機抽樣誤差以外的誤差。這些誤差可能導致偏差，使得信賴敘述變得沒有意義。好的抽樣技巧都有減少各種誤差來源的技術。這種技術有一部分是統計科學，因為隨機樣本及信賴敘述都屬於統計科學的範疇。然而實際

應用上，要得到好的樣本，光靠好的統計是不夠的。我們來看看抽樣調查有些什麼樣的誤差來源，以及抽樣人員如何與之奮鬥。

▌抽樣誤差

隨機抽樣誤差是抽樣誤差的一種。誤差界限告訴我們，隨機抽樣誤差的嚴重程度，而我們可經由選擇隨機樣本的大小，來控制隨機抽樣誤差。另一個抽樣誤差來源是使用了糟糕的抽樣方法，比如自發性回應。糟糕的方法是可以避免的，但其他的抽樣誤差可就沒那麼好對付了。

▌非抽樣誤差

非抽樣誤差是連人口普查都可能逃不過的差錯。抽樣之前必先要有一個「清單」，上面列出母體所有成員，可讓我們從中抽取樣本。我們稱這個清單為**抽樣底冊**（sampling frame）。理論上來說，抽樣底冊應該涵蓋母體當中的每一個個體。但是整個母體的清單通常很難取得，所以抽樣底冊常常沒辦法準確或完整的反映整個母體，導致所謂的**底冊錯誤**（frame error）發生。常見的底冊錯誤是涵蓋不全。

涵蓋不全

在選樣本的過程中，如果母體當中的某些部分，根本未被納入選擇範圍，這時就會發生**涵蓋不全**（undercoverage）的問題。

如果抽樣底冊原本就漏掉了某些族群，那麼即使從這個底冊當中抽取隨機樣本，所得結果還是有偏的。比如說，假如用電話號碼簿當作電話訪問的抽樣底冊，就會漏掉所有未將電話號碼登錄於電話簿的人、買不起住宅電話的人、使用網路電話（VoIP）的人、只有行動電話的人。想想前面的個案研究，普優研究中心在撥出民調電話時也試圖在地理上做出平衡，但網路電話和行動電話都可能無法反映受訪者所在的地區。例如密西根州的一戶人家沒有固定電話，但有兩個行動電話號碼，區碼分別是俄亥俄州哥倫布市的614，以及亞利桑那州鳳凰城的602。

在很多大城市裡，有超過一半的家戶電話沒有登錄，所以抽樣調查的結果，會對城市居民有重大的涵蓋不全問題和偏差。不過事實上，電話調查是利用隨機數字撥號系統，在選定的訪問區域中隨機撥出電話號碼。這樣做的效果，等於是把所有住宅電話都納入了抽樣底冊。

例1 我們的確涵蓋不全

對美國大部分的民意調查來說，要涵蓋全國成年居民這樣大的母體，根本負擔不起，而且他們是用電話做訪問的，因此會漏掉沒有住宅電話、使用網路電話或行動電話的那2%。此外，無法經常使用電話的人，例如監獄裡的犯人，以及行動通訊不穩定的大部分軍人都被排除在外。還有，很多民調只用英語和西班牙語訪問，這又把一些移民家庭給排除在外了，當中包括說阿拉伯語和亞洲語言的移民家庭，他們的人數可是愈來愈多。

　　出現在大部分抽樣調查中的涵蓋不全類型，最容易漏掉年輕人、窮人或常常搬家的人。不過隨機撥號系統產生的樣本，可以說很接近有電話家戶的隨機樣本。在謹慎執行的抽樣調查中，抽樣誤差通常不大。真正的問題是在有人接起電話（或不接電話）時開始。

　　底冊錯誤也可能是因為**錯誤納入**和**重複納入**造成的。如果底冊所包含的個體不在我們感興趣的母體當中，那麼這個無效的個體有可能被抽樣，此時就發生了錯誤納入。如果有些母體成員在抽樣底冊重複出現，他們會有很高的機率被抽樣，導致發生重複納入。舉例來說，如果抽樣底冊是一本電話簿，母體中的某些成員很可能因為他們有很多電話而列出多筆資料。

　　非抽樣誤差包括**處理誤差**（processing error），也就是在機械化工作時犯的錯誤，例如計算錯誤、或將受訪者的回答輸入電腦時犯的錯誤。電腦普及之後，處理誤差就比以前少發生了。

例2　電腦輔助訪問

　　訪問員手上拿著寫字板的日子已經成為過去式，現在的訪問員若不是帶著筆記型電腦去做面對面訪談，就是一邊看著電腦螢幕、一邊做電話訪問。訪談由電腦軟體來處理，訪問員從電腦螢幕上讀取問題，再用鍵盤輸入受訪者的作答。電腦會自動跳過不相干的問題，例如只要受訪者說沒有小孩，後續關於小孩的問題就不會出現。電腦也可以檢查相關問題的答案是否一致，甚至還可以把問題隨機排序，以免老用相同順序問問題而造成偏差。

　　電腦軟體也可以處理抽樣的過程。電腦軟體會記錄哪些人已經作答了，而且把這些回答存檔。以前要把答案從紙上轉入電腦是很

繁瑣的工作，也是處理誤差的一大來源，而現在這些已成為歷史。電腦甚至可以安排電話調查的打電話時間，並會考慮到受訪對象所在的時區，如果有人在第一次接電話時表示沒時間、但有意願另約時間受訪，電腦還會履行這個約定。

　　另一種非抽樣誤差是**回應誤差**（response error），這在受訪對象給了不正確回答時就會發生。受訪對象也許會謊報年齡或收入，或者對於是否使用過禁藥沒有誠實答覆。在被問到上星期共抽幾包菸時，也可能記錯答案。受訪對象也許沒聽懂問題，但寧願用猜的，也不願顯得無知。若問到關於受訪對象在一段固定時間內的行為，尤其容易因記憶錯誤而導致回應誤差。比如說，「全美國健康大調查」問大家過去一年總共看了幾次醫生，結果對照健康紀錄之後卻發覺，人們會把看醫生的次數忘掉60%。另外，有關敏感議題的問題也容易發生回應誤差，從以下的例子就可看出。

例3 　種族效應

　　1989年，紐約市選出第一位黑人市長，維吉尼亞州選出第一位黑人州長。這兩個選舉中，出口民調所預測到的勝負差距，都比實際開票出來的差距要大。因此民調機構都相當確定，有些受訪選民因為不願承認沒投票給黑人候選人而說了謊。這種現象就是「社會期許偏差」（social desirability bias）和「布萊德利效應」（Bradley effect）。布萊德利效應源自前洛杉磯市市長布萊德利，他是1982年加州州長候選人，在選前一天的民調都還領先，結果卻落敗。

布萊德利效應在2008年總統大選時引起媒體關注。選舉前幾週，民調預測歐巴馬將獲勝，而且有可能是大勝。儘管如此，民主黨基於布萊德利效應，還是擔心民調過度樂觀。就當時的情況來看，他們是杞人憂天，不過有些政治學者聲稱，在預測歐巴馬和希拉蕊初選結果的民調中發現了布萊德利效應，例如新罕布夏州原先預測歐巴馬會以8個百分點贏得初選，但最後是希拉蕊以3個百分點獲勝。

在2016年的總統大選中，即使兩個主要政黨的候選人都是白人，也免不了受到種族影響。《華盛頓郵報》指稱：「與2012年相比，白人對於歧視白人的看法變得更加分歧。」早在2016年的初選時，《華盛頓郵報》就指出：「在共和黨初選中，相信白人受到不平等的待遇和白人的種族認同，都是支持川普的有利預測變數。」這種種族分歧和布萊德利效應不太一樣，它跟社會期許的關係較少，更多是因白人選民擔心自身權益受損。

利用現代科技再加上注重細節，可以把處理誤差減到最低。技巧熟練的訪問員也可以大幅減少回應誤差，特別是在面對面訪問的時候。但是對於像無回應這種最嚴重的非抽樣誤差，就沒有簡單的方法可以對付了。

無回應

無回應（nonresponse）是無法得到已經被選入樣本中的個體的資料。最常發生無回應的原因，是連絡不上受訪對象或受訪對象拒絕合作。

　　無回應是抽樣調查時面臨最嚴重的問題。人們愈來愈不情願回答問題，尤其是在電話上。電話推銷、答錄機以及來電顯示日漸普遍，也減低了對於電話調查的回應比例。封閉的社區和有警衛的大樓，又阻礙了面對面的訪問。無回應會使調查結果有偏差，因為不同族群的人有不同的無回應率。比如說，老人和大城市居民的拒答率就比較高。無回應造成的偏差，很容易就可超越誤差界限所描述的隨機抽樣誤差。

例4 無回應糟糕到什麼程度？

　　美國普查局的美國社區調查（ACS）是一個近30萬家戶的月度調查，它取代了普查局過去每十年一次的繁式問卷人口普查。美國社區調查是強制參加，如果家戶沒有回寄問卷，普查局會透過電話了解或登門造訪。

　　美國社區調查是我們所知道的所有民調當中，無回應率最低的：在2016年，樣本中只有約2.1%的家戶不願回應；若把「不在家」和其他因素算在內，總體的無回應率只有5.3%。這與2013年的無回應率形成明顯對比，當時的總體回應率為10.1%。當年10月到底發生了什麼事？因為國會沒有通過預算案導致聯邦政府關閉，所以那段時間沒有人寄送郵件、撥打電話、登門造訪，帳面上的總體回應率比一般情況低了7個百分點。若把2013年10月排除在外，那麼2013年美國社區調查的無回應率只有2.9%，跟往年差不多。

　　另一項高回應率的調查是芝加哥大學的全面社會調查，它是美國最重要的社會調查。全面社會調查（見第1章例7）也會和樣本面對面，而且這項調查是由一所大學來做的。即使占有這些優勢，

他們最近做的調查仍有30%的無回應率。

　　那麼由媒體、市調公司或者民調公司所做的民意調查又如何呢？我們往往不知道他們的無回應率，因為他們不肯說，但是這就表示不妙。從本章開頭「個案研究」裡普優研究中心所提出的數字，就可以看出狀況有多麼糟糕。普優共取得1,507個回應，卻有15,293件個案是不在家、拒絕受訪或者沒有訪問完。這樣的無回應率，算起來是16,800當中占15,293，也就是91%。請記住，普優的研究員已經比許多民調機構的調查員做得徹底。

　　做抽樣調查的人知道一些減低無回應率的技巧。只要對方肯接電話，受過嚴格訓練的訪問員就有辦法讓他們不掛掉。而沒訪問成功的，隔久一點再打回去也有用，或者在打電話之前，先寄封信也有幫助。但是又要寄信，又要不斷打電話回去，會使得調查進度緩慢，所以需要很快得到答案來滿足媒體的民意調查，就不會使用這些方法。就連過程最嚴謹的調查，也仍然被不回應所困擾，而且不論多麼專業，都無法完全克服這個難題。所以下面的這段叮嚀，就更形重要：

誤差界限不包括什麼？

一項抽樣調查中宣布的誤差界限，只包括隨機抽樣誤差。涵蓋不全、無回應以及其他實際執行上的困難，也會造成大偏差，但是誤差界限並沒有包含這些項目。

　　嚴謹的抽樣調查，就會告訴我們誤差界限未說明的這些誤差。比如蓋洛普民調就說：「除了抽樣誤差以外，問題的措辭以及執行調查時遇到的實際困難，會導致民意調查結果有偏差或產生其他誤差。」說得真對！

　　無回應是不是使得很多調查結果都沒用了呢？也未必如此。本章開始的時候，我們描述了普優研究中心執行的一項「標準」電話調查。普優的研究員其實還做了一項「嚴格」的調查：在打電話之前先寄信，然後在八週內不斷打電話，再寄快捷信件給拒絕受訪的人等。相較於標準電話調查的91%，這些做法使無回應率降到了78%。然後普優比較了兩次調查中，同樣問題的答案：兩個樣本在年齡、性別及種族各方面都相當接近，只不過嚴格樣本比較有錢一點；兩個樣本也都對種族以外的所有議題看法相近。而第一次電話調查時不肯回應的人，比起願意受訪的人，對黑人和少數族裔的境況比較缺乏同情心。整體來說，標準調查所得的結果，其精確程度似乎在合理的範圍。不過就像例3裡的狀況一樣，種族議題仍然是例外。

❊ 他先動手的！

有人研究酒吧裡的打架致死事件，發現其中有90%都是死掉的那個人先動手。這種調查結果，你可別相信。假如你跟人打架把人給揍死了，警察問你誰先動手的時候，你會怎麼回答？反正死人不會說話。這也是無回應的一種。

▋ 問題的措辭

　　最後一項對抽樣調查結果有影響的是問題的措辭。要把問題表達得完全清楚，是出乎意料的困難。有個調查問到：「你是否看足球？」可是這問題會因受訪者對「足球」的定義（美式足球或足球）而有不同的答案。

例5　小改幾個字，結果大不同

　　2013年5月，普優研究中心和《華盛頓郵報》／ABC新聞做了民調，問大眾是否認為司法部有權調取美聯社記者的通聯紀錄。每項調查對問題的措辭都不一樣，結果大不相同。

　　普優研究公司問：「司法部決定調取美聯社記者的通聯紀錄做為機密資料泄露案調查的一部分，你是否同意？」有36%的受訪者贊成。《華盛頓郵報》／ABC新聞的民調問：「美聯社報導了美國反恐工作的相關機密資料，檢察官透過法院命令取得美聯社的通聯記錄，你認為聯邦檢察官的這個行動合理不合理？」結果有52%的受訪者表示，聯邦檢察官的行動是合理的。

　　首先，在詢問贊成不贊成司法部的行動之前，普優問受訪者對本次導致調取通聯紀錄的問題投以多大關注，64%的受訪者表示沒有特別關切新聞報導。其次，普優研究中心的「決定調取」和《華盛頓郵報》／ABC新聞使用的「透過法院命令取得」有著措辭上的差異，後者的說法可能因司法部的行動得到更高層級的「許可」而合法化。或許提及了美國反恐工作使得它更為合理？又或者差異在於普優用了「司法部」，而《華盛頓郵報》／ABC新聞用的是「聯邦檢察官」。我們無從決定哪部分措辭影響了受訪者的回應。普優研究中心在自己比較兩次民調的文章說：「每個民調機構都善

盡職責,想把事實情況盡可能準確的陳述出來,但措辭的選擇與敘述的脈絡會讓我們很難判斷,哪個特定詞彙或概念影響了大眾的想法。」

問題的措辭總是會影響答案。如果問題的說法傾向於某個答案,則又是一個非抽樣誤差的來源。有一招受歡迎的把戲,是問受訪者是否贊同某項政策以便達到某種目標:「你是否贊成禁止私人擁有槍械以減低犯罪率?」及「你是否贊成判死刑以減低暴力犯罪的比例?」都是「加了料」的問題,可以讓擔心犯罪率的人都給予肯定的答覆。下面的例子就是有引導傾向的問題造成的影響。

例 6　繳稅

2018年4月,蓋洛普民調問了兩個有關個人所得稅的問題:

- 你認為你要繳的所得稅太高、適中、還是太低?
- 你覺得你今年要繳的所得稅公平嗎?

第一個問題有48%受訪者回答「適中」(有45%回答「太高」),而第二個問題則有61%受訪者說他們所繳的稅「公平」。問受訪者他們繳的稅是否公平時,對於稅務的看法則有了明顯的差異。

▌如何因應非抽樣誤差

非抽樣誤差,尤其是無回應,是躲也躲不掉的。嚴謹的抽樣調查應該要怎樣處理這些問題呢?首先,**用其他家戶來取代**不回

應的人。因為城市裡的無回應率比較高，如果用不回應家戶附近的其他家戶來取代，可以減低偏差。一旦數據蒐集完成，所有專業的調查機構都會用統計方法來**替回應加權**，以期導正偏差來源。如果城市裡太多家戶沒回應，就給城市裡有回應的那些結果加權；如果樣本裡太多婦女，就給男士們加權。舉例來說，以下就是《紐約時報》對他們某次抽樣調查的部分描述：

> 考慮到每個家戶人數和電話支數都有不同，也為了對樣本中有關地理位置、性別、種族、年齡以及教育程度的各種差異做調整，此調查結果已經過加權處理。

其目標是要使得結果「好像」來自於一個在年齡、性別、家戶地理位置以及其他各種變數都和母體符合的樣本。

執行加權這件事，替統計學家製造了許多工作機會。而這也表示，抽樣調查公布的結果，極少是像表面上看起來那麼簡單。蓋洛普2018年4月公布，他們訪問了1,509位成年人，發現其中56%有臉書帳號。表面上看起來，因為1,509的56%是845，所以蓋洛普的樣本當中，應該是有845人有臉書帳號。然而事實卻非如此。蓋洛普毫無疑問用了某些特殊的統計技巧，來給實際得到的結果加權；56%這個數字，是蓋洛普對於如果沒有人不回應時，所應該得到的結果的最佳估計。加權的確可以修正偏差，但也通常會增加變異性。在宣布誤差界限之前必須把這些都考慮進去，而這又給了統計學家更多的工作機會。

▌真實世界中的抽樣設計

抽樣的基本概念很清楚：從母體抽一個簡單隨機樣本（SRS），然後用一個從你這個樣本得來的統計量，去估計母體的某個參數。現在我們已經知道，為了補救無回應問題，樣本統計量被人在背後「動過手腳」。統計學家也對我們鍾愛的簡單隨機樣本「伸出魔手」。在真實世界中，大部分的抽樣調查使用了比簡單隨機樣本還複雜的抽樣設計。

例7 當前人口調查

「當前人口調查」（CPS）的母體，包括美國的所有家戶（阿拉斯加及夏威夷也在內）。大約6萬個樣本是分階段抽的。普查局把全美國分成2,025個地理區，稱之為基本抽樣單位（Primary Sampling Unit）。大體來說，是把鄰近的郡組成一個單位。第一階段抽樣抽出824個基本抽樣單位。不過這並不是簡單隨機樣本，因為如果所有的基本抽樣單位被抽中的機會都一樣，樣本裡面很可能漏掉芝加哥和洛杉磯。所以，有446個人口稠密的基本抽樣單位，會優先收進樣本。剩下1,579個基本抽樣單位，根據某些準則，把類似的結合為一個**層**，共形成378層。然後，在每一層隨機選取一個基本抽樣單位，做為那層的代表。

第一階段抽樣所得的824個基本抽樣單位，再細分成普查區塊（比較小的地理區域）。普查區塊再依住屋種類、少數族裔等條件而分層。同一個普查區塊的家戶依地理位置排序，然後每約4戶成一**叢聚**（cluster）。最終取得的樣本，是從區塊的每一層抽出的叢聚樣本，而不是家戶樣本。訪問員會去被抽出叢聚中的每一戶訪

問。從每一個區塊層裡抽出的叢聚樣本，也不是簡單隨機樣本。為了確保選出的叢聚在地理位置上能夠適度分散，選樣本時是先隨機選一個叢聚，之後就從這個叢聚後面每10個（比如說）再抽出一個叢聚。

「當前人口調查」的設計，說明了在真實生活中，使用面對面訪問的樣本所共有的一些特質。先把家戶組合成基本抽樣單位，再集合成叢聚，然後**分階段**抽樣，而且最後抽出的是**叢聚**，這樣的做法可以省掉訪問員許多的奔波時間。要注意的是，不是全部的抽樣策略都要用到叢聚，不過在當前人口調查的情形下，叢聚能帶來很大的幫助。

例7提到的各種細分概念中，最重要的是分層抽樣。

分層樣本

選取分層隨機樣本（stratified random sample）有以下步驟：

步驟1：將抽樣底冊中的個體先分成若干群，叫**層**（stratum）。分層的標準是，你對於這些層有特別的興趣，或者同一層中的個體有接近的性質。

步驟2：每層各取一個簡單隨機樣本，全部合起來就是我們要的樣本。

要選擇適當的「層」，當然必須根據抽樣前對母體的了解才辦得到。你或許會把某間大學裡的學生，依大學部或者研究所分

成兩層，也可能依住校和不住校分成兩層。分層樣本有幾點優於簡單隨機樣本：首先，因為是在每層分別取簡單隨機樣本，我們可以在每層決定樣本大小，因此能得到各層的個別資訊；其次，分層樣本的誤差界限，通常比同樣大小的簡單隨機樣本要小。理由是，同一層的個體之間，相似程度比起整個母體的個體之間來得大，所以藉由分層考慮，可以消除樣本中的某些變異性。

現在如果告訴你一件事，可能會讓你很驚訝；分層樣本可能違反了簡單隨機樣本最吸引人的性質之一，也就是分層樣本未必有給母體中每個個體同樣被抽中的機會，因為有些層在樣本中占的比例有可能被刻意提高。

例 8　把學生樣本分層

某大型大學有 30,000 個學生，其中 3,000 人是研究生。如果抽一個 500 人的簡單隨機樣本，每個學生被抽中的機率相同，機率是

$$\frac{500}{30,000} = \frac{1}{60}$$

我們預期，簡單隨機樣本中大約只有 50 個研究生，因為全部學生中 10% 是研究生，所以我們期望簡單隨機樣本中約 10% 是研究生。因為大小為 50 的樣本不夠大，無法適當精確估計研究生的意見。我們認為：不如改用包含 200 名研究生及 300 名大學生的分層樣本。

你應該知道怎樣選出這樣的分層樣本吧？給研究生 0001 ～ 3000 的代碼，然後用表 A 選出大小為 200 的簡單隨機樣本。再給大學生 00001 ～ 27000 的代碼，再用表 A 選出大小為 300 的簡單隨機樣本。將這兩個簡單隨機樣本擺在一起，就是所要的分層樣本了。

在這個分層樣本中，每個研究生被抽中的機率是

$$\frac{200}{3,000} = \frac{1}{15}$$

大學生被抽中的機會就小多了，每人是

$$\frac{300}{27,000} = \frac{1}{90}$$

因為我們有兩個簡單隨機樣本，就很容易可以分別估計大學生和研究生的意見。速算法（第 78 頁）告訴我們，樣本比例的誤差界限，對研究生來說應該大約是

$$\frac{1}{\sqrt{200}} = 0.07 \ （即 7\%）$$

對大學生來說應該大約是

$$\frac{1}{\sqrt{300}} = 0.058 \ （即 5.8\%）$$

因為例 8 中的樣本，刻意加重了研究生代表，所以最後的分析必須做調整，才能得到所有學生意見的不偏估計。請記得，我們的速算法只能用在簡單隨機樣本上。事實上，要做專業分析的話，還得特別考慮到母體「只有」30,000 個個體的這項事實，所以統計學家又有更多工作機會了。

例 9　電話樣本之頭痛篇

理論上來說，利用隨機撥號來進行的電話訪問，用簡單隨機樣本應該就可以了。用電話訪問不太需要做叢聚，但分層可以減低變

異性，所以以美國來說，電話訪問常分兩階段抽樣：先抽一個電話前碼（區域碼加上電話號碼前 3 碼）的分層樣本，再在每個抽中的前碼當中，隨機撥個別號碼（最後 4 碼）。

電話號碼簡單隨機樣本的真正問題在於，太少電話號碼真正屬於家戶。這只有怪科技了。傳真機、行動電話、網路電話用掉許多電話號碼。在 1997 到 2017 年間，美國的家戶增加了 25%，但使用手機的人愈來愈多，潛在的電話號碼一直增長。有些分析師確信，在不久的未來，可能得把電話號碼從 10 碼（含區域碼）升級到 12 碼。這問題之後會愈演愈烈。電話訪問現在利用「對照清單樣本」，先對照電子電話簿，把底下沒列電話號碼的前碼去掉，剩下的前碼才做隨機抽樣。這樣可以減少白打的電話數，但是如果有人位在所有電話都沒登錄在電話簿的地區，就會被排除在外了。因此，他們會另外針對底下沒列電話號碼的前碼做抽樣（還是分層），以補不足。

行動電話的普及為電話訪問帶來額外的問題。在 2017 年 12 月，大概有 53.9% 的家戶只有行動電話。用機器隨機撥號的辦法不適用於行動電話，因為分配給行動電話的號碼取決於提供服務的電信公司所在地，與用戶的實際居住地不必然相同。這導致依地理位置分層抽樣的高級抽樣方法難以實施。

或許是因為電話抽樣遇到了困難，蓋洛普近年來在民調結束後，就很少在敘述調查方法時提到「隨機抽樣」一詞。這大概能避免有人將結果誤解為來自簡單隨機抽樣。他們在詳細說明用於蓋洛普世界民意調查和蓋洛普全球幸福指數（可從蓋洛普的網站取得資料）的調查方法時，說樣本與隨機抽樣有關。

❖ 紐約，紐約

他們說紐約市更大、更富裕、更快、更粗魯了。這可能
不是隨便說說而已。抽樣調查公司國際佐格比（Zogby
International）說，以全美國平均來講，他們每打5通電話才
有一個真人接電話；但如果是打到紐約，則要打12通才找得
到。幾家調查公司都派最好的訪問員打電話到紐約，而且常
常因為他們必須面對的壓力，給予額外津貼。

▋ 網路調查的挑戰

　　網際網路深深影響了人類做的許多事，民意調查也包括在
內。用網路來調查變得愈來愈流行。相較於傳統的調查方法，網
路調查有幾個優點：可以用更低的成本蒐集大量數據、任何人都
能在提供服務的免費網站上提出調查問題──只要能連上網路，
就能蒐集大規模的數據。此外，使用者可透過網路調查向受訪者
提出多媒體調查內容，帶來更多的可能性，這是傳統調查難以企
及的嶄新領域。所以有些人認為，網路調查最終會取代傳統調
查。

　　雖然網路調查很容易做，但要做好並不容易。原因包括我們
在本章中講到的許多問題，其中三大問題是：自發性回應、涵蓋
不全、無回應。自發性回應出現的形式很多元。像是Misterpoll.
com這類網路調查，會邀請特定網站的使用者進行民調，使用者
可以參與正在進行的民調、建立自己的民調，並重複回應同一個

民調。其他的網路調查則會利用新聞群組的公告、電子郵件邀請函、高流量網站上的橫幅廣告徵求受訪者，例如喬治亞理工學院的「圖形、視覺化和可用性中心」（GVU）曾在1990年代做了一系列共十次的民調。

　　Misterpoll.com說網站上所做的民調主要是為了娛樂，而GVU似乎聲稱他們的民調有一定程度是合法的，GVU的網站（https://www.cc.gatech.edu/gvu/user_surveys/）指出，這些調查來的資訊「可視為發展網路人口統計、文化、使用者態度和使用模式的觀點，既獨立又客觀。」

　　第三個自發性回應的例子更為複雜。民調機構建立了一個它認為具有代表性的小組，成員都是自願參加，再以小組成員做為抽樣底冊，從中隨機取樣後，以選中的樣本做為民調的受訪者。Harris Poll Online 就用過這個方法，過程更加複雜。

　　像 Harris Poll Online 這樣的網路調查，從一個明確定義的抽樣底冊中隨機抽樣，當抽樣底冊清楚代表某個較大的母體、或感興趣的只有抽樣底冊中的成員時，這麼做是合理的。舉例來說，有個網路調查是用系統抽樣來選擇第 n 個造訪網站的使用者，目標母體嚴格的定義為造訪網站的人。另一個例子是大學校園裡的一些網路調查，因為當中的學生可能都分配了電子郵件地址，也能連上網路，所以這些電子郵件地址的清單就可以做為抽樣底冊，並從中隨機抽樣。如果感興趣的母體是特定大學的全部學生，這些調查會有非常好的效果。以下是這類網路調查的例子。

例10　醫生與安慰劑

　　安慰劑是一種假的治療方法，會給病患鹽丸這類沒有直接療效的藥物，但病患會因為期待有療效而產生反應。私人執業的教學醫師會給病患安慰劑嗎？芝加哥醫學院裡的內科部醫生幾乎都有列出電子郵件地址，正好可以用來做網路調查。

　　網路調查發了一封電子郵件給每個醫生，信中解釋了研究目的並保證匿名，醫生可以從信裡的網路連結來回覆。結果有45%的受訪者表示，他們有時會在臨床實務時使用安慰劑。

　　為了消除自發性回應所造成的問題，已經引進幾種其他類型的網路調查方法，其中一種是在參與調查的各種方式中納入網路，美國勞工統計局和普查局就用過這個方法。另一種方法則是，一樣是從小組中隨機抽樣，但小組的成員並不是自願參與，而是來自隨機抽樣（例如隨機撥號）。電話訪問能夠收集背景資料，找出那些可以上網的人，再邀請適合的人進入小組。如果目標母體是最近使用網路的人，就有可能產出可靠的結果。普優研究中心便採用了這個方法。

　　如果把野心放大一點，改從更為普遍的母體中取得隨機樣本，可以從感興趣的母體中用機遇選取個體（定義請參下一頁），並提供必要設備和工具，以便他們參與後續的網路調查。這個方法跟尼爾森調查電視收視率的方法系出同源，現已停業的InterSurvey幾年前就用過。

　　然而，儘管網路和電子郵件愈來愈普及，採用網路調查還是會遇到挑戰。據普優2018年2月的資料，美國18歲以上成年人有89%能上網，如果網路調查從中獲取結論，就會有涵蓋不全

的問題。你可能想透過加權來修正可能的偏差，但研究指出，網路使用者存在許多傳統加權方法無法處理的差異，所以並不能解決涵蓋不全問題。

此外，即使全部的美國人（100%）都能上網，也沒有網路使用者清單可以用來做為抽樣底冊，更別提用類似隨機撥號的技術從所有的網路使用者中隨機抽出樣本。

最後，網路調查的無回應比率非常高。儘管利用電話訪問或信件調查有助於增加回應率，但也會使得網路調查的成本和難度提高，抵消它的優勢。

▍機率樣本

從例7、8、9及「網路調查的挑戰」應該已清楚看出，抽樣設計是專家的工作，就連大部分統計學家也都無法勝任。所以我們不用花精神在這些細節上，只要了解主要的概念是：好的抽樣設計是利用機遇從母體選取個體。也就是說，所有好的樣本都是機率樣本。

機率樣本

機率樣本（probability sample）是靠機遇抽取的樣本。我們要先知道哪些樣本是可能的，以及每個可能的樣本被抽中的機會或機率是多少。

有些機率樣本，比如說分層樣本，並不包括母體所有可能的樣本，即使包括母體在內的樣本，被抽中的機會也未必一樣。因此，不是每個機率樣本都是隨機樣本。

　　舉例來說，一個含300名大學生、200名研究生的分層樣本，必定是由300名大學生及200名研究生組成的；而簡單隨機樣本則可以由任何500名學生組成。這兩種都屬於機率樣本。我們只需要知道，從機率樣本得到的估計值，也擁有和從簡單隨機樣本得到的估計值同樣的好性質。我們一樣可以做出不偏的信賴敘述，如果把樣本加大，也一樣可以縮小誤差界限。像自發性回應樣本這種非機率樣本，就沒有這些優點，也無法提供值得信任的母體資訊。現在我們已經知道，大部分全國性的樣本比簡單隨機樣本更複雜，不過在接下來各章，我們還是會常常假裝認為好的樣本就是簡單隨機樣本，這樣既可以保留重要概念，也可以隱藏囉哩囉嗦的細節。

▌相信民調結果之前該問的問題

　　如果民意調查員使用好的統計技巧，而且認真準備抽樣底冊、注意問題的措辭、減少無回應，意見調查及其他抽樣調查就可以提供精確有用的資訊。可是很多調查，尤其是那些刻意設計要影響公眾意見、而不只是要記錄意見的調查，並不能提供精確有用的資訊。在進一步關注民調結果前，你應該先問以下這些問題：

● **誰做的調查**？就算是政黨，也應該請專業的抽樣調查機構來做，專業機構為了名聲，會好好做調查。
● **母體是什麼**？也就是說，調查是在尋求哪些人的意見？
● **樣本是怎樣選取的**？注意看有沒有提到隨機抽樣。

- **樣本多大？**除了樣本大小以外，最好還要有誤差界限，也就是用同樣方法可能得到的所有樣本之中的95%會落進去的範圍。
- **回應率是多少？**也就是說，原來預定的受訪對象中有百分之多少確實提供了資訊？
- **用什麼方式連絡受訪者？**電話？郵件？面對面訪談？
- **調查是什麼時候做的？**是不是剛好在一個可能影響結果的事件發生之後？
- **問題是怎麼問的？**

　　學術界的調查中心和政府的統計部門，都會在公布抽樣調查結果時回答以上的問題。全國性的民意調查通常不宣布回應率（往往很低），但會提供其他資訊。報社編輯和新聞播報員則有壞習慣，常要刪掉這些「無聊」內容而只報告結果。利益團體、地方報紙及電視台的許多抽樣調查，更是根本不理會這些問題，因為他們的調查方法事實上是不可靠的。假如有政客、廣告商或地方電視台宣布民調結果、卻沒提供完整的資訊，我們最好是抱持懷疑的態度。

第 5 章

實驗面面觀

▌ 個案研究：線上課程與傳統課程

大學裡有許多線上課程，它跟傳統課程相比起來怎麼樣呢？如果線上課程更好，或是至少打平，那麼用網站取代掉教室裡的課，可以替大學省很多錢，所以就此看來，我們應該多多使用線上課程。

卡內基研究推廣大學曾比較過線上課程與傳統課程。有一門課程拆分成兩間教室，一間用來進行傳統的教學，另一間則是以線上進行，但課程說明在印製時出了差錯，沒有提到有一部分是線上教學，等學生到了教室才發現是線上課程。

兩邊的課程都是同一位教師，指定閱讀和考試也完全相同。線上課程還有一些必備的資料，例如傳統課程所用到的簡報檔，還有教學錄音檔。研究人員透過這門課程的第一次考試分數來測量學生的學業能力、努力程度，以及花了多少時間學習。

標準化的期末測驗分數是用來測量學生的學習程度,而用第一次考試測得的成績來評估不同學生的能力時,也需要跟性別一樣,要做出一些調整。這是一項好的研究嗎?讀完這章之後,你就有能力判斷類似研究的優點和缺點了。

▌談談實驗

觀測研究是被動的數據蒐集方式。我們只觀察、記錄或度量,但是不干擾。而實驗卻能主動產生數據。做實驗的人會主動介入,他會把某項實驗處理加諸於受試者,來觀察受試者有何反應。所有的實驗以及許多觀測研究,都是想要知道一個變數對另一個變數有何影響。以下是我們用來分辨哪個變數是影響者、哪個是被影響者的字彙。

實驗用語

反應變數(response variable)是指用來度量研究結果的變數。

解釋變數(explanatory variable)是指我們認為可以解釋或造成反應變數變化的變數。

實驗中所研究的個體,通常稱為**受試者**(subject)。

處理(treatment)是指任何一個加諸於受試者的特定實驗條件。若實驗當中有數個解釋變數,則處理就是每個變數都設定一個特定值後的組合。

很多地方把解釋變數叫做自變數（independent variable，或稱獨立變數），而把反應變數叫做應變數（dependent variable）。用這樣的名稱，是因為反應變數是跟著解釋變數在變的。我們不大喜歡以前用的這些名詞，部分原因是「獨立」這個詞在統計學裡面另有很不一樣的意思。

例1 線上學習

有一項關於線上學習的樂觀報導，報告了在佛羅里達州羅德岱堡的諾瓦東南大學（Nova Southeastern University）執行的一項研究。撰寫研究結果的人聲稱，學生在線上修習大學部的課，和在教室裡學習的學生「學得一樣好」。

大學生是這項研究中的受試者；解釋變數是學習環境（是教室還是在線上），反應變數是修完課之後，學生的考試成績。此研究當中還度量了其他變數，包括學生在修課之前所考的課程內容考試成績。雖然這項成績並不是此研究當中的解釋變數，然而修課前對課程內容的了解仍可能對反應變數有影響，研究者希望能確定情況並非如此。

例2 性侵抵抗計畫的成效

大學年輕女性有被性侵的風險，犯人主要是男性熟人。為了減低這個風險，加拿大三所大學調查了性侵抵抗計畫的成效，試圖制定有效的策略。性侵抵抗計畫的目標是要讓學員有能力評估熟人的風險、遭遇危險時克服情緒障礙、做出口頭嚇阻和自衛。計畫有四堂課，每堂三小時，會傳授相關資訊、技能，並加以練習。

大一女生會隨機分配到性侵抵抗計畫或另一個只提供性侵抵抗宣導手冊的講座（這是一般大學的做法）。結果在一年的隨訪中，

性侵抵抗計畫明顯減少性侵案的發生。

　　加拿大的研究是一項實驗，受試者是893名大一女生。這項實驗比較了兩項處理。解釋變數是「性侵抵抗教育，有或者沒有」；反應變數則有幾個，最主要的一個是在一年隨訪期中，參加者是否發生性侵案。

怎麼樣做爛實驗

　　上網修課的學生，是不是和在傳統教室修同樣課程的學生學得一樣好？要知道答案最好的方法，是指定一些學生到教室上課，而讓其他學生線上修課。這樣就是實驗。諾瓦東南大學做的研究不是實驗，因為他們沒有對受試學生加諸任何實驗處理，而是由學生自行選擇要在教室上課還是線上學習。研究中只度量他們的學習成果。選擇上網的學生，本來就和選擇到教室上課的學生很不一樣。比如說，在修課之前的課程內容考試表現方面，線上修課學生的平均分數是40.70，而選擇到教室上課的學生平均分數是27.64。在線上學生原本就已經大大超前的情況下，很難比較出教室學習及線上學習的優劣。線上學習以及教室學習的效果，已經和一些潛藏在背後的因素，無可救藥的混雜在一起了。圖5.1表示了這種混在一起的影響。

　　在諾瓦東南大學的研究中，學生原來的程度（潛在變數）就和解釋變數交絡在一起了。研究報告說兩組學生在期末考試中考得一樣好。我們沒法判斷，線上學習那組學生的表現，有多少部分可歸因於他們原來的程度。一組程度本來就很好的學生，和原來程度沒那麼好的教室修課學生，修完課後的成績表現一樣，這

樣的結果好像不能算是網路課程有神奇效果的證據。以下是另一個例子，在這個例子當中談到，藉由第二項實驗，把第一項實驗中的交絡狀況給解套了。

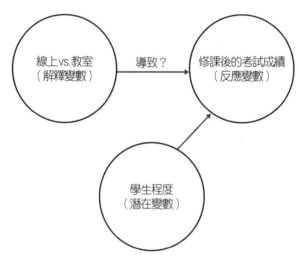

圖 5.1 諾瓦東南大學研究中的交絡狀況。不同教學環境（解釋變數）的影響，和學生程度（潛在變數）對結果的影響，沒有辦法辨別得出來。

潛在變數

潛在變數（lurking variable）是指對研究中其他變數間的關係有重要影響、卻未被列為解釋變數的變數。

兩個變數對反應變數的影響混在一起而無法區分時，我們稱這兩個變數是**交絡的**（confounded）。交絡的變數可能是解釋變數，也可能是潛在變數。

❊ 因果推理

隨機化比較實驗是用來推出因果關係。可是，許多因果問題無法用隨機化比較實驗來回答。在這種情況下，我們能說當中有因果關係嗎？加州大學洛杉磯分校的珀爾（Judea Pearl）教授是因果推理科學的先驅，對因果問題有許多見解，他在《因果革命》一書中做了許多討論，很容易理解。

例 3　偏頭痛

　　偏頭痛是一種常見疾病，症狀是經常性的反覆頭痛，往往伴隨著噁心、嘔吐、眩暈和認知能力失調。艾久維（fremanezumab）可能是偏頭痛的有效預防治療藥物。

　　實際在病人身上研究醫療效果的實驗，叫做**臨床試驗**（clinical trial）。可行的臨床試驗是提供艾久維給偏頭痛患者，確認偏頭痛的天數在 12 週內是否有減少。這是一個「單軌」實驗──也就是說，試驗當中只實施了一種處理：

給予治療　→　度量病人的反應

艾久維　→　減少偏頭痛天數？

　　病人的確表示偏頭痛天數減少，但我們並不能據此宣稱，是艾久維讓症狀減輕的。這可能只是**安慰劑效應**（placebo effect）。**安慰劑**是一種假的治療，沒有有效成分。許多病人對任何治療都有正面反應，即使只是安慰劑。這種對假治療的反應，就稱為安慰劑效應。安慰劑效應可能是一種心理作用，起因於對醫生有信心以及預期病會治癒。也許這也只是一種說法，用來描述「許多病人在毫無明顯原因下病況好轉」這個事實。實驗使用了單軌設計，代表安慰劑效應會和艾久維可能產生的任何效應絡在一起。

　　研究人員注意到這點，於是強力建議應以更好的實驗設計、再做進一步的研究。比如說，可考慮把偏頭痛病人分成兩組，其中一組病人仍舊服用艾久維，另一組則得到安慰劑。兩組病人都不知道自己接受了哪種處置；記錄病人症狀的醫師也不知道病人接受何種處置，所以做診斷時，醫師不會因而受到影響。受試者和記錄症狀的醫師，兩方面都不知道病人接受哪種處置，像這樣的實驗，就叫做「雙盲」實驗。

　　觀測研究和單軌實驗，都常常因為和潛在變數交絡在一起的問題，而產生沒有用的數據。如果只能觀察，交絡現象很難避免。透過做實驗，情況就好得多，這從剛才說到的偏頭痛實驗就可以看出來。設計實驗的時候，可以包含一組只接受安慰劑的受試者，這樣就讓我們可以比較出正在檢驗的這項處置，效果是否比安慰劑要好；若結果為是的話，則它的效果應不僅只是安慰劑效應而已。有效的醫療方法會通過安慰劑測試。

▍隨機化比較實驗

　　設計實驗的第一個目標，是要確保實驗可以顯示出解釋變數對於反應變數的影響。單軌實驗常常因為交絡而達不到這個目標，補救的方法是同時比較二個或多個處理。如果交絡的變數對所有受試者的影響都一樣，那麼受試者接受不同處理所產生反應的系統差異就不能算在交絡的變數頭上，而要歸因於處理方式。安慰劑就是運用這個道理，因為所有受試者都接受相同的處理，也就都受到安慰劑效應的影響。接下來就是一項新療法經由直接比較，而通過安慰劑測試的例子。

例4 鐮形血球貧血症

鐮形血球貧血症是一種遺傳性的紅血球異常，在美國得這種病的大多是黑人。它可能導致劇痛和許多併發症。美國國家衛生研究院執行過一項臨床試驗，用藥物羥基脲（hydroxyurea）來治療鐮形血球貧血症。受試者為299個成年病人，這些人在過去一年當中，都因為鐮形血球貧血症，至少發作過三次劇痛。劇痛的定義是病患至醫院就診時，因鐮形血球貧血症引起的急性疼痛連續超過四小時。時間從病人在醫療機構登記開始算起，候診的時間也包括在內。

如果光是把羥基脲給所有299個受試者服用，就會把藥效和安慰劑效應及其他潛在變數的效應（例如自知是實驗的受試者而產生的效應）全部混雜在一起。所以，只有大約一半的受試者服用羥基脲，而另一半服用的是看起來和嚐起來都像羥基脲的安慰劑。除了藥物的成分以外，所有受試者的治療過程完全一樣（比如說，檢查時間的安排都一樣）。因此，潛在變數會對兩組產生同樣的影響，對兩組的平均反應不會造成差異。

兩組受試者在服藥之前，應該在各方面條件都要相近。就跟抽樣一樣，選擇哪些受試者服用羥基脲時，要避免偏差的最好方法就是：避開人為選擇，完全隨機決定。我們從所有受試者中，選出大小為152的簡單隨機樣本來組成羥基脲組，剩下的147人就組成安慰劑組了。圖5.2有這個實驗設計的大略描述。

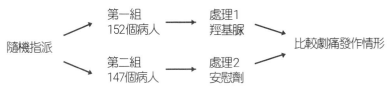

圖 5.2 為了將羥基脲對鐮形血球貧血症的治療效果和安慰劑做比較，所執行的隨機化比較實驗的設計。

實驗比預定時程提早結束，因為羥基脲組的劇痛發作次數比安慰劑組少得多。這已經是足以令人信服的證據，證實羥基脲是鐮形血球貧血症的有效療法，對身受這種嚴重疾病之苦的人來說，真是好消息。

圖5.2說明了最簡單的**隨機化比較實驗**（randomized comparative experiment），實驗只比較兩種處理。圖裡描述了實驗設計中的重要資訊：隨機指派、一個處理分配一組人、每組人數（通常最好是讓各組人數接近）、每一組分配到哪種處理，以及所比較的是什麼反應變數。你在第2章已經知道怎麼用隨機指派方式分組了：例如我們選擇簡單隨機取樣，可以將受試者編上代碼1到299，再用電腦軟體選擇152個受試者編入第一組；如果沒有電腦軟體，先把299個受試者編上代碼001到299，然後從隨機數字表（表A）讀出三個一組的數字，直到選出152位受試者編入第一組為止。剩下的147位受試者就是第二組。

例4中的安慰劑組，叫做**控制組**（或稱對照組），因為藉由實驗處理組和控制組的比較，使我們能夠控制潛在變數的影響。控制組不一定是接受像安慰劑那樣的假治療，在例2中，隨機分配到提供性侵抵抗宣導手冊講座（一般大學的做法）的學生就是控制組。臨床試驗常常會把新的治療方法和已經在使用的療法進行比較，而不是和安慰劑比，此時隨機指派到現有療法的病人，就構成控制組。如果要比較的處理超過兩個，我們可以將所有受試者隨機指派到不同組去，組數和處理數相同。以下是分成三組的例子。

例 5　節約能源

很多公共事業公司都有鼓勵民眾節約能源的方案。有一家電力公司考慮在住宅裝一種電表，能夠顯示出如果當時的用電量持續整個月，電費會是多少。這種電表會降低用電量嗎？還是有什麼更省錢的方法也有同樣的功效？這家公司決定要設計一個實驗來測試。

有一種比較省錢的測試辦法是：給用電戶一套程式並告訴他們如何用程式監測用電量。這個實驗對這兩種方法（電表、程式）及控制組進行比較。控制組的用電戶會得到有關節約能源的資訊，但不會得到監測用電量方面的任何幫助。反應變數是一整年的總用電量。該公司在同一個城市找到60個願意參加實驗的一般小家庭，所以三個處理中的每一個，都各有20個被隨機指派的家庭。圖5.3說明了設計概要。

圖 5.3　家戶節能計畫三個方案的隨機化比較實驗設計。

為了執行隨機指派，我們將60戶從01到60編代碼，然後用電腦軟體選出大小為20的簡單隨機樣本來接受電表，再次用電腦軟體選出20戶來接受程式，剩下20戶就當控制組；如果沒有電腦軟體，從表A選出大小為20的簡單隨機樣本來接受電表，再次從表A選出20戶來接受程式，剩下20戶就當控制組。

▍ 實驗設計的邏輯

隨機化比較實驗是統計學裡面最重要的概念之一。它的設計是要讓我們能夠得到釐清因果關係的結論。我們先來弄清楚隨機化比較實驗的邏輯：

- 用隨機化的方法將受試者分組，所分出的各組在實施處理之前，應該各方面都類似。
- 之所以用「比較」的設計，是要確保除了實驗上的處理外，其他所有因素都會同樣作用在所有的組身上。
- 因此，反應變數的差異必定是處理的效應所致。

我們用隨機方法選組，以避免人為指派時可能發生的系統性偏差。例如在鐮形血球貧血症的研究中，醫師有可能下意識就把最嚴重的病人指派到羥基脲組，指望這個正在試驗的藥能對他們有幫助。那樣就會使實驗有偏差，不利於羥基脲。從受試者中取簡單隨機樣本來當作第一組，會使得每個人被選入第一組或第二組的機會相等。我們可以預期兩組在各方面都接近，例如年齡、病情嚴重程度、抽不抽菸等。舉例來說，隨機性通常會使兩組中的吸菸人數差不多，即使我們並不知道哪些受試者吸菸。

如果實驗不採取隨機方式，潛藏變數會有什麼影響呢？安慰劑效應就是潛藏變數，只有受試者接受治療後才會出現。如果實驗組別是在當年不同時間進行治療，所以有些組別是在流感季節治療，有些則不是，那麼潛藏變數就是有些組別暴露在流感的程

度較多。在比較實驗設計中，我們會試著確保這些潛藏變數對全部的組別都有相似的作用。例如為了確保全部的組別都有安慰劑效應，他們會接受相同的治療，全部的組別會在相同的時間接受相同的治療，所以暴露在流感的程度也相同。

要是告訴你，醫學研究者對於隨機化比較實驗接受得很慢，應該不會讓你驚訝，因為許多醫師認為一項新療法對病人是否有用，他們「只要看看」就知道。但事實才不是這樣。有很多醫療方法只經過單軌實驗後就普遍使用，但是後來有人起疑，進行了隨機化比較實驗後，卻發覺其效用充其量不過是安慰劑罷了，這種例子已經不勝枚舉。曾有人在醫學文獻裡搜尋，經過適當的比較實驗研究過的療法，以及只經過「歷史對照組」實驗的療法。用歷史對照組做的研究不是把新療法的結果和控制組比，而是和過去類似的病人在治療後的效果做比較。結果，納入研究的56種療法當中，用歷史對照組來比較時，有44種療法顯示出有效。然而在經過使用合適的隨機化比較實驗後，只有10種通過安慰劑測試。即使有跟過去的病人比，醫師的判斷仍過於樂觀。目前來說，法律已有規定，新藥必須用隨機化比較實驗來證明其安全性及有效性。但是對於其他醫療處置，比如手術，就沒有這項規定。上網搜尋「comparisons with historical controls」（以歷史對照組來比較）這個關鍵字，可以找到最近針對曾使用歷史對照組試驗的其他醫療處置，所做的研究。

對於隨機化實驗有一件重要的事必須注意。和隨機樣本一樣，隨機化實驗照樣要受機遇法則的「管轄」。就像抽一個選民的簡單隨機樣本時，有可能運氣不好，抽到的幾乎都是相同政治

傾向一樣，隨機指派受試者時，也可能運氣不好，把抽菸的人幾乎全放在同一組。我們知道，如果抽選很大的隨機樣本，樣本的組成和母體近似的機會就很大。同樣的道理，如果我們用很多受試者，加上利用隨機指派方式分組，也就有可能與實際情況非常吻合。受試者較多，表示實驗處理組的機遇變異會比較小，因此實驗結果的機遇變異也比較小。「用足夠多的受試者」和「同時比較數個處理」以及「隨機化」，同為「統計實驗設計」的基本原則。

實驗設計的原則

統計實驗設計的基本原則如下：

1. **要控制**潛在變數對反應的影響，最簡單的方法是同時比較至少兩個處理。
2. **隨機化**：用非人為的隨機方法指派受試者到不同的實驗處理組。
3. 每一組的**受試者要夠多**，以減低實驗結果中的機遇變異。

▋ 統計顯著性

因為機遇變異的存在，讓我們應該更仔細觀察隨機化比較實驗的邏輯。我們不能夠說，只要痙基脈組和控制組的病患，劇痛發作的平均次數有差別，就一定是因為藥的效用所導致。就算兩組進行完全一樣的處理方式，被指派到兩組的個體之間還是永遠

會有機遇差異。隨機化只能消除控制組與處理組之間的系統差異。

統計顯著性
我們觀察到的效果如果大到某種程度,光靠機遇產生這種結果的機率很小時,我們就稱此結果有**統計顯著性**（statistical significance）。

羥基脲組和控制組之間,劇痛發作的平均次數差別已經有「高度統計顯著性」。意思是說,這麼大的差別幾乎不可能全靠機遇產生。我們的確有很強的證據,證明羥基脲對鐮形血球貧血症患者的幫助勝過了安慰劑。在很多不同研究領域的調查報告當中,你常常會看到「有統計顯著性」這樣的用語。這就是告訴你,對於想要證明的效應,調查者找到好的「統計」證據了。

當然,比起得到統計顯著性的認證,實際的實驗結果更加重要。在鐮形血球貧血症的實驗當中,處理組一年裡劇痛發作的平均次數是2.5,而控制組是4.5。有這樣大的差距,對病患來說是很重要的結果。如果差別只是2.5對2.8,即使有統計顯著性,這個結果也無足輕重。

觀察到的效應要大到什麼程度,才能視為有統計顯著性?這和參與實驗的受試者人數多寡有關。如果研究規模很大（受試者夠多）的話,相對來說較小的效應差別（從實際角度來看或許不算重要的差別）,也可能有統計顯著性。因此在鐮形血球貧血症

的實驗當中，如果受試者夠多的話，每年平均劇痛發作2.5次和控制組的平均2.51次比起來，有可能具有統計顯著性。當受試者非常多的時候，如果實驗處理組和控制組實際並無差別、唯一差別是因機遇產生的話，兩組的每年平均劇痛發作次數應該幾乎會相等。從另一個角度看，即使兩組效應差別很大，結果也可能不具統計顯著性。當參與一項實驗的受試者數目很少時，有可能完全因為機遇而使得兩組有較大的效應差別。我們會在第三部和第四部更詳細的討論這個主題。

因此在評估統計顯著性時，應該要將觀察到的差異大小和受試者的數目都列入考慮。或許用「有統計差異性」的說法，會比「有統計顯著性」要好。

▍ 只能做觀測研究的時候怎麼辦

被霸凌的小孩長大後會有憂鬱症嗎？醫師在治療心臟病時，對女性有歧視嗎？電子菸安全嗎？這些都是因果問題，所以應該用我們喜愛的招式：隨機化比較實驗。可是很抱歉，我們沒辦法隨機指派小孩被霸凌；我們也不能用隨機數字表，來隨機指定心臟病人是男性或女性；而要求受試者抽電子菸，是我們不願意做的事情，因為可能有害。

對於以上這些問題，以及許多其他因果問題，我們能得到的最好數據，是從觀測研究來的。我們知道，觀察是僅次於實驗的第二選擇，而且所得結果比實驗結果薄弱，但是好的觀測研究可絕不是一無用處。我們會在第15章進一步探討，怎樣的觀測研究才算好呢？

　　首先，好的研究不管是不是實驗，都一定要做**比較**。我們可以從被霸凌的小孩和沒有被霸凌的小孩當中，各抽隨機樣本出來比較。也可以比較醫師如何治療男病患和女病患。也許我們可以比較同樣幾個人，在開車時講手機和不講手機時的狀況。我們常常可以藉著同時運用比較和**配對**（matching），而創造出控制組。想要知道懷孕期間服用止痛藥的影響，我們可比較曾服用止痛藥和未服止痛藥的婦女。如果我們從許多未服藥的婦女中，選出一些婦女，在年齡、教育背景、子女數以及其他潛在變數的各方面，都和服止痛藥那組婦女很接近，這樣我們就有兩組婦女，在所有這些潛在變數的各方面都近似，所以這些潛在變數就應該不會影響兩組婦女的比較結果。然而，如果有其他沒度量到、或沒有想到的重要潛在變數，還是會影響比較的結果，使得交絡的情況仍然存在。

　　配對並不能完全消除交絡。小時候被霸凌的人，可能較容易成為受害者，得到憂鬱症的風險也相應增加。他們更有可能是女性、小時候在情緒和心理健康方面有問題、父母是憂鬱症患者，或小時候在家遭到虐待。配對可以縮小某些差距，但不是所有差距。如果把小時候被霸凌的青年和小時候沒有被霸凌的青年直接做比較，就會把霸凌的影響和孩提時期心理健康問題、父母的心理健康問題、小時候是否受虐等影響交絡在一起。所以好的比較研究，**必須能度量並且調整交絡變數**。如果我們度量性別、小時候是否有心理健康問題、父母是否有心理健康問題，以及家庭環境各方面等變數，就可以用統計技巧來減少這些變數對憂鬱症的影響，而只剩下（我們希望如此）霸凌的影響。

例6　霸凌與憂鬱症

英國近期對一個有3,898名參加者的大型觀測研究進行了調查，從中確認在13歲時遭同儕霸凌且18歲時有憂鬱症的資料。研究者除了解釋變數（13歲被霸凌）和反應變數（18歲有憂鬱症）之外，還度量了許多其他變數。研究指出：

> 跟孩提時未被霸凌的人相比，那些經常被同儕霸凌的人患有憂鬱症的機率增加了2倍以上……調整交絡變數的影響後，兩者的關聯性略為下降。

「調整交絡變數的影響」的意思是說，最後得到的結果，曾經根據兩組的差異做調整。這些調整減低了「13歲被霸凌」與「18歲有憂鬱症」之間的關聯性，但患有憂鬱症的機率仍有近2倍。

我們注意到，研究人員確實繼續指出，使用觀測資料並不能讓他們做出結論，說兩者的關聯是因果關係。

例7　治療心臟病有性別歧視？

醫師對於女性心臟病患，比較不常像對同樣症狀的男性病患那樣，給予積極治療。這是不是代表醫師有性別歧視？未必見得。婦女的心臟問題，通常比男性晚發生，因此女性心臟病患年紀比較大，也通常還有別的健康問題。這也許可以解釋，為何醫師治療她們時更小心。

這個情況需要做一次比較研究，並用統計方法來調整交絡變數的影響。類似的研究已有許多人做過，但結果卻相互矛盾。有的結果以醫師的話來說是：「當男病患和女病患除性別以外其他方面都相同時，治療方式是很接近的。」其他的結果卻指出，即使已根據男病患和女病患的差距調整之後，女病患得到的治療還是比較少。

從例 7 可以看出，統計調整是頗微妙的。隨機選擇可以製造出在所有已知或未知變數都接近的組。而配對和調整，對研究中沒有考慮要度量的變數，並不產生效用。即使你相信研究者什麼都考慮到了，還是要對統計調整稍微存疑。要決定調整哪些變數，有很多作弊空間。而且「經過調整」的結論，實在是等於在說：

> 如果女性心臟病患年紀輕些，身體健康些，而男性心臟病患老一點，健康差一點，那麼兩種性別的病患就會得到同樣的治療。

也許最好就只能做到這樣，而且還要感謝有統計才能達到這種智慧。不過，這可真讓我們想念起好實驗做出來的清清楚楚的結果了。

第 6 章

真實世界中的實驗

▎個案研究：咖啡因依賴症候群

咖啡因真的會讓人上癮嗎？約翰霍普金斯大學醫學院的研究人員想要確認，是否有些人會得到「咖啡因依賴症候群」，也就是對咖啡因嚴重上癮。他們從已被診斷咖啡因嚴重上癮的人當中，找到 11 位自願者。在兩天的期間內，研究者給參加的每個人一顆膠囊，有的膠囊內含他們每天的咖啡因量，有的則用假的內容物替代。至少經過一週之後，又在兩天的期間內給膠囊，但是內容互換。每個受試者先拿到含咖啡因的膠囊還是含替代物的膠囊，則用隨機方式決定。研究期間，受試者的飲食受到限制，所有含咖啡因的飲食都禁止食用。為了轉移受試者對咖啡因的注意力，內含某些特殊成分（例如人工甜味劑）的飲食也在禁止之列。每次兩天研究期結束時，會讓受試者填問卷，藉以評估他們是否情緒低落、身體是否出現某些症狀。受試者也要完成一項測驗，必須用最快的速度按一個按鈕 200 次。最後受試者還要接受

研究者的訪談，以便判斷受試者是否有其他的功能障礙，而該研究者並不知道受試者服用的是哪種膠囊。統計實例及習題電子百科全書（EESEE）的電子文章「咖啡因真的會讓人上癮嗎？」裡面，還有關於這項研究的更多細節。

這是不是一項好的研究？等你讀完這章，就有能力判斷這類研究的優缺點了。

▎一視同仁

機率樣本是重要概念，但是實際抽樣時會發生困難，而這並不光是用隨機樣本就可以解決的。隨機化比較實驗也是重要概念，但同樣沒解決實驗時發生的所有問題。抽樣的人必須完全清楚他要什麼樣的資訊，並且把問題寫得夠明確，使他能從樣本當中汲取所要的資訊。做實驗的人則必須確實知道，他要的是哪些處理和哪些反應的資訊，並且必須能夠建構出執行處理和度量反應所必需的裝置。這就是心理學家、醫學研究者或工程師說到「設計實驗」時的實際意思。我們關心的是實驗設計的統計面，這些統計觀念對於心理學、醫學、工程及其他領域的實驗都同樣適用。即使我們討論的層面並不深入，還是應該要了解哪些實際問題，會使得實驗無法產生有效的數據。

隨機化比較實驗背後的邏輯是，對所有的受試者在各方面都一視同仁，唯一的不同就在於實驗所設計來比較的處理。在任何其他方面有不同的對待就會產生偏差，但是要對所有受試者在所有方面一視同仁，是很困難的任務。

例1　大白鼠及兔子

　　許多實驗中的受試者是特別繁殖的老鼠和兔子，這些動物經特別繁殖而擁有相同的遺傳特徵。然而，動物就和人一樣，對於怎樣被對待可能相當敏感。以下是三個關於不同對待方式會如何製造偏差的有趣例子。

　　想知道某種新上市的早餐穀片有沒有營養？為了找出答案，就餵一些老鼠吃新產品，另一些老鼠吃標準食物，然後比較兩組的體重增加情形。老鼠被隨機指派吃哪種食物，而且住在架疊起來的籠子裡。結果發現，住在上層籠子的老鼠長得比住在下層的快些。如果實驗者把吃新產品的老鼠放在上層，而把吃標準食物的老鼠放在下層，則這個實驗就會有偏差，有利於新產品。解決方法是：將老鼠隨機指派到籠子裡。

　　另外有個研究是想看看人類的情感對兔子的膽固醇濃度有沒有影響。所有受試兔子都吃一樣的食物，但某些兔子（隨機選取）會定時被放出籠子，讓一些友善的人搔牠們毛茸茸的頭。結果，受到關愛的兔子膽固醇濃度較低。所以，在以兔子的膽固醇濃度為反應變數的實驗裡，如果只對某些兔子表達關愛，而沒有遍及其他兔子，就有可能對結果造成偏差。

　　《自然》有一篇論文指出，讓老鼠接觸男性能抑制疼痛，接觸女性則無此效果。就算使用男人穿過的衣服或其他雄性哺乳動物的床邊物，也能看到疼痛抑制效果。因此，在測試老鼠行為的實驗中，性別差異會影響到老鼠所表現的基本反應。

▌雙盲實驗

　　安慰劑有作用。僅僅因為這項事實，醫學研究就必須特別費事去證明，一項新療法並不只是安慰劑而已。對所有受試者一視

同仁的部分原因，也是為了要確定安慰劑效應已作用在每一個受試者上面。

例2 強而有效的安慰劑

想幫開始禿頭的男性保住他們的頭髮嗎？給他們安慰劑就成了！有一項研究發現，一些禿頭男性在服用安慰劑之後，有42%的人腦袋上的頭髮保住甚至增加了。而有另外一項研究告訴13個對野葛敏感的人說，塗在他們一隻手臂上的東西是野葛，但其實那是安慰劑，最後13人全部起了疹子。事實上，塗在另一隻手臂上的才真的是野葛，但是受試者被告知那是無毒的——結果13人當中只有2人起疹子。

接下來的例子更令人訝異。研究人員隨機的把有慢性腰痛的病患分配成兩組，一組繼續以平常的方式治療，服用病患先前用來預防疼痛的藥物；另一組則拿到了病患慣用的止痛藥，還有裝在一般處方藥瓶中的安慰劑，除了瓶身標有「安慰劑，一天服用兩次，每次兩片」，研究人員也告知病患，安慰劑沒有療效。這兩組病患在三週後都再填了一次疼痛問卷。平均來說，無安慰劑組的一般疼痛下降9%、最大疼痛下降16%，失能則沒有改善。相較之下，安慰劑組的一般疼痛和最大疼痛平均下降30%，失能部分也有差不多的改善，下降了29%。

有些專家認為，對於比較不明確、而且是心理層面的疾病，比如說憂鬱症，最常用藥物的成效之中，約有四分之三不過是安慰劑效應罷了。但這個說法有些人並不同意。醫學治療中安慰劑效應的強度很難確定，因為環境因素有很大的影響。而醫師是否很積極，也有非常大的影響。不過當你考慮要計畫一項醫學實驗時，先想到「安慰劑有作用」，會是個好的開始。

安慰劑效應的強度，是隨機化比較實驗的有力論據。在禿頭實驗中，安慰劑組有42%的人保住或增加了頭髮，但是使用防禿新藥的那一組，有86%的人保住或增加了頭髮。防禿藥打敗安慰劑，所以代表防禿藥的效用，不只是安慰劑效應而已。當然，安慰劑效應仍然是這種藥以及其他療法有效的部分原因。

因為安慰劑效應這麼強，所以如果告訴醫學實驗的受試者他接受的是新藥抑或是安慰劑，可就有點笨了；如果他們知道自己得到的「只是安慰劑」，可能會減低安慰劑效應，使得實驗結果有偏差，偏向對其他療法有利。如果告訴醫師或其他醫療人員，每個受試者接受的處理是什麼，也一樣不智；如果他們知道某個受試者得到的「只是安慰劑」，他們的期望就會比「知道受試者得到的是有希望的實驗藥物時」來得低。醫師的期望會改變他們和病人的互動方式，甚至影響他們對病人病況的診斷。因此只要有可能，任何以人當受試者的實驗，都應該做到雙盲。

雙盲實驗

在雙盲實驗（double-blind experiment）當中，不論是受試者，還是會和受試者有互動的人，都不知道哪位受試者接受了哪種處理。

直到研究結束、結果出來為止，只有做該研究的統計學家知道全部狀況。我們以一項針對鼻噴劑形式的流感疫苗做的研究當例子，可以發現醫學期刊中的報告通常是如此開始的：「這項

研究是隨機化、雙盲而且有安慰劑控制組的試驗。參加者是在 1997 年 9 月中到 11 月中之間，在遍布美國大陸的 13 個地點登記加入的。」醫師都應該知道這些話代表什麼意思，現在你也知道了。

▎拒絕參加、不合作者及退出者

抽樣調查有「無回應」的問題，原因是連絡不到樣本中的某些人或有些人不願意回答。用人做受試者的實驗也有類似的困擾。

例 3　臨床試驗中的少數族裔

對重大疾病（比如癌症）療法的醫學實驗來說，「拒絕參加」已成為嚴重問題。跟抽樣時面臨的情況一樣，如果拒絕參加的人和願意參與的人之間有系統性的差異，就可能造成偏差了。

臨床試驗是需要人來參與的醫學實驗。少數族裔、女性、窮人以及老人，長期以來在臨床試驗中的代表性都不足。很多時候都是沒人找他們參加。在美國，現在法律已有規定必須包括女性和少數族裔，從數據中可以看出，現在大部分的臨床試驗，女性和少數族裔已獲有公平的代表性。但是拒絕參加仍然是問題，其中少數族裔不願加入的機會最大，尤其是黑人。少數族裔健康管理局說：「雖然最近一些研究顯示，非裔美國人對於癌症研究的態度漸趨肯定，還是有些研究結果顯示，他們對臨床試驗仍然有疑慮。使他們不願參加的主要阻礙，是對於醫療機構的不信任。」對於缺乏信任的補救措施，包括提供完整而清楚的實驗資訊、把實驗中的療法納入保險範圍、有黑人研究者的參與，以及與黑人社區的醫師及醫療組織合作等。

　　參加實驗計畫、卻不遵循實驗處理的受試者，叫做**不合作者**（nonadherer），不合作者也可能造成偏差。舉例來說，參加新藥試驗的愛滋病人有時會自己加上其他的治療。還不只這樣，有些愛滋病人把他們的藥拿去化驗，如果發覺自己不是分配到新藥組，就會退出或自己加其他的藥。這樣會造成對新藥不利的偏差。

　　持續時間較長的實驗也常碰上**退出者**（dropout），也就是開始時參加實驗、卻沒有完成實驗的受試者。如果退出的原因與實驗處理無關，則沒什麼妨礙，只是受試人數減少罷了。如果受試者退出是因為對某個處理的反應，就可能造成偏差。

例4　醫學研究中的退出者

　　「羅氏鮮」這種藥物，會阻礙我們從食物中吸收脂肪，因此可能可以幫助減肥。像一般程序一樣，這種藥經過一項雙盲隨機化試驗，和安慰劑做了比較。以下是實驗研究的過程。

　　受試者是1,187位肥胖的人，先給四週的安慰劑，然後把不願按時服藥的人剔除。這樣做是先把不合作者做了初步過濾，如此剩下892人。把這些人隨機指派到羅氏鮮組或安慰劑組，並為他們設計了減肥餐。此減重計畫開始一年後，還有576人繼續參與。平均來說，羅氏鮮組比安慰劑組多減了3.15公斤。計畫又繼續了一年，這一年的重點是保持前一年已減掉的體重不要回升。第二年結束時，還剩下403位受試者，是剛開始隨機分組時的892人的45%而已。羅氏鮮又打敗了安慰劑，回升的體重平均少了2.25公斤。

有那麼多受試者退出時，結果還可靠嗎？兩組的整體退出率很接近：羅氏鮮組是54%，安慰劑組57%。退出的原因和處理有關係嗎？減重實驗中接受安慰劑的受試者，通常因為體重沒有減少而退出，這點會使研究偏向對羅氏鮮不利，因為研究結束時仍在安慰劑組的人，可能是那些只要肯持續吃減肥餐就能減肥的人。研究者詳細檢視了退出者的所有資料。兩組的退出者，減輕的體重都比留下的人要少，但是經過仔細的統計分析，發現偏差很小。也許這是事實，但是這樣的結果就比較不明確，不像我們原先認為實驗應該達到的結論。

▌ 我們的結論可以推廣嗎？

設計完善的實驗可以告訴我們，解釋變數的改變造成了反應變數的改變。說得更明確一點的話，它會告訴我們，在這個特定實驗的特定環境下，發生在特定受試者身上的事。但我們希望的不僅如此。我們希望昭告世人說，我們這個新的數學教學法能使一般中學生學得更好、我們的新藥對眾多病人來說比安慰劑有效。究竟能不能把我們的結論，從一小組受試者推廣到廣大群眾呢？

首先要確定的是，我們的結論有統計顯著性，也就是說證據強到很少會光靠機遇而發生。這件事很重要，但它是技術上的細節，參與研究的統計學家會幫我們確認這一點。比較嚴重的威脅是，實驗處理、受試者或者實驗環境也許不切實際。我們來看一些例子。

例5　音調與知覺

研究人員找來需要換取課程學分的在學生，請他們觀看一則把旁白移除掉的筆記型電腦廣告，並用一首沒什麼名氣的純樂器搖滾樂充當背景音樂。研究人員讓隨機一半的學生聽音調較高的樂曲，另一半則聽音調較低的樂曲。廣告結束後，再請學生評判，廣告中的筆記型電腦有多重。

在實驗室當中看無旁白廣告並聽一小段音樂，比起真實廣告中的音調對商品大小感知的影響，可差了十萬八千里。學生在實驗室的行為，能提供多少資訊，讓我們了解「所有成年人的行為」呢？

如果心理學家的目標，是要對「廣告中的音調對商品大小感知的影響」做出結論的話，那麼例5當中的受試者（知道自己是實驗受試者的學生）、實驗處理（無名搖滾樂的音樂）以及環境（心理實驗室）就很不切實際。雖然心理學家盡量設計貼合現實的實驗來研究人的行為，但是實驗和實際情況的差距仍然讓這個領域的實驗用處有限。

例6　托兒所的成效

政府應不應該為低收入戶提供托兒照護呢？如果這項服務能幫助這些孩童以後受更多教育，並且有好的工作，則政府也可以因為少支出救濟金以及增加稅收而省錢，因此連斤斤計較政府支出的人都可能支持托兒照護計畫。「卡羅萊納啟蒙計畫」從1972年開始，就持續追蹤一群孩童。結果顯示：良好的托兒照護計畫，對孩童以後的就學及就業，有長足的影響。

「啟蒙計畫」是一項實驗，受試者有111人，這些人在1972年

時仍是嬰兒，出生在北卡羅萊納州教堂山的低收入黑人家庭中，且身體健康。所有這些嬰兒都接受了社工的幫忙以及營養補充品；其中並隨機選出一半的人，給予密集學前教育。這項實驗比較了這兩項處理。解釋變數只是「學前教育，有或者沒有」；反應變數則有很多，且記錄的時間超過30年，這些變數包括學力測驗成績、是否上大學以及就業情況。

這項既費時又費錢的實驗確實顯示出，密集的托兒照護，對兒童的日後生活有很大的好處。研究中所做的托兒照護確實夠密集：有許多優秀的工作人員、家長的參與，以及兒童從很小就開始參加精密策劃的活動，全部的花費差不多是每個兒童每年11,000美元。我們的社會不大可能會決定給所有低收入兒童這樣的照顧。有個大問題還沒有答案：托兒照護要好到什麼程度，才能真的幫助兒童在未來成功？

例7　受試者是不是受到太好的待遇？

醫學實驗應該切合實際了吧？畢竟受試者都是真正的病人，在真正的醫院裡，因為真正的疾病而接受治療。

不過即使在這種狀況下，仍然有一些問題。參與醫學試驗的病人得到的醫療照顧，比大多數其他病人來得好，即使是被分到安慰劑組的亦然。他們的醫師是研究此種病症的專家；他們也比其他病人得到更多照顧；因為一直有人提醒，所以他們更會按時服藥。除了實驗療法和控制療法的不同之外，對所有病人提供「相同的照顧」，其實等於說「對所有病人提供最好的醫療照顧。」結果就是：當新療法提供給一般病人使用的時候，效果也許不如臨床試驗中的受試者那樣好。在臨床試驗中勝過安慰劑的療法，用於平常醫療時多半也會贏過安慰劑，只是試驗結果預估出的「治癒率」或其他可衡量成功程度的數字，可能會偏於樂觀。

　　在實驗不完全切合實際時，實驗數據的統計分析沒法告訴我們，結論可以推廣到什麼程度。實驗者如果把結果從實驗室的學生身上，推廣到真實世界的上班族身上，必須能夠根據他們「對人如何運作的了解」來說服大家，而不是只根據數據。要從實驗室的老鼠推廣到真實世界的人身上，就更難上加難了。因此，即使實驗設計的邏輯非常有說服力，單單一個實驗也極少能使人完全信服。新發現常常必須經過許多實驗、每次實驗要用到不同的設定，才能找到真正適用範圍。

　　實驗是否已夠實際到可以產生有用的資訊？能不能讓人信服？這不是根據統計理論決定，而是根據實驗者對於實驗主題領域的知識來決定。要避免產生隱性偏差所需注意的一些細節，也依賴主題領域的知識。好的實驗必須結合統計原則及對研究專業領域的了解。

❋薈萃分析

　　對一項重要議題只做了一次研究，很難就此下結論。通常會有好幾項研究，它們的設定不同、設計不同、品質也不一樣。我們能不能把不同研究的結果整合在一起，當作一個整體的結論呢？這就是「薈萃分析」（meta-analysis）的概念。當然啦，各個研究之間的差異，使得我們無法直接把結果湊在一起。統計學家會用較深奧微妙的方法來整合結論。薈萃分析曾被用在二手菸的影響、補習是否可以提高SAT考試分數等議題。

▌真實世界中的實驗設計

我們已見過的實驗設計都遵循同樣的模式：先把受試者隨機分組，組數和處理數相同，然後對每一組施行一種處理。這些叫做完全隨機化設計。

完全隨機化設計

在完全隨機化（completely randomized）的實驗設計中，所有的實驗受試者都是隨機配置給所有的處理。

還不只如此，到現在為止我們的例子當中都僅有一個解釋變數（真藥對應於安慰劑，教室學習對應於網路學習）。而完全隨機化設計可能有任何數目的解釋變數。以下舉的就是有兩個解釋變數的例子。

例8　低脂食品標示會導致肥胖？

低脂食品標示對食物吃的多寡會有什麼效應？零食包裝上的低脂標示會讓人吃得更多嗎？答案可能取決於食物是否標為低脂，以及是否標有份量資訊。有人以某所大型大學裡的教職員工、研究生、大學生為對象，做了一項實驗來探討這問題。實驗進行超過十場，所有受試者會在下午三到四點到校園劇院，看一個60分鐘的電視節目，並對節目評分。因為時間有點晚，所以會讓校園裡的知名餐廳Spice Box提供一瓶700毫升的水和一包穀麥片給受試者，並告訴受試者不要客氣，盡情享受，但不想吃也沒關係。每個參加者

都會拿到一個裝有640大卡（160克）的密封包穀麥片，上面貼有8 × 10公分的醒目彩色標籤。參加者會隨機拿到標示「一般洛磯山穀麥片」或「低脂洛磯山穀麥片」的密封包，而下方則會標示「內含1份」、「內含2份」、或沒有份量標示。參加者離開劇院時會問他們，他們覺得自己拿的穀麥片有幾份。研究人員會在參加者看不到的地方為每個穀麥片密封包稱重。「參加者對於份量的描述」和「穀麥片包的實際重量」是反應變數。

實驗有兩個解釋變數：脂肪含量（分成2種等級）以及份量（分成3種等級）。兩個變數的各一種等級搭配起來，共有6種組合，構成了6種處理。圖6.1顯示出處理的配置情形。

		變數B（份量）		
		未標示	1份	2份
變數A（脂肪含量）	一般	處理 1	處理 2	處理 3
	低脂	處理 4	處理 5	處理 6

圖6.1　例8中的實驗處理。兩個解釋變數共搭配出6種處理。

實驗者常常會想同時研究好幾個變數的聯合效應。幾個因素的交互影響所產生的效應，無法從每個因素的單獨效應預測出來。或許長一點的廣告會使觀眾對產品的興趣增加，多播幾次廣告或許也會增加興趣，但是若我們既將廣告加長，又多播幾次，觀眾可能就會厭煩了，對產品的興趣也隨之減低。諸如例8裡的實驗會幫我們找出答案。

▍配對設計及區集設計

完全隨機化設計是統計實驗中最簡單的，而且這類設計清楚描述了控制及隨機化這兩項原則，不過完全隨機化設計常常不如一些更複雜的統計設計。確切一點說，用各種方式將受試者做一些配對，得到的結果比起只做隨機化還更精確。

結合配對和隨機化的常用設計就是**配對設計**（matched pairs design）。配對設計只比較兩項處理。先選取成對的受試者，同一對中的兩個要盡量接近。然後利用擲銅板方式，或者從表 A 中讀出的隨機數字為奇數或偶數來決定，把二個處理分別指派給每一對當中的兩個受試者。有時候配對設計中的「一對」，實際上只包含一個受試者，只是分時間先後分別接受兩個處理。此時每個受試者就是他／她自己的控制組。接受處理的順序可能影響受試者的反應，所以會再用銅板來隨機化每個受試者接受處理的順序。

例 9 驅蟲劑測試

《消費者報告》提出一個方法，可以比較兩種驅蟲劑的效果；其中一種的有效成分是 15% 待乙妥（DEET），另一種則是檸檬尤加利精油。為了測試驅蟲劑，首先召募幾個自願者，在每個自願者的右手臂噴上其中一種，左手臂噴上另外一種。這就是配對設計：由每一個受試者比較兩種驅蟲劑。因為反應可能會和噴在哪邊手臂有關，所以哪一邊手臂噴哪一種驅蟲劑應該隨機選擇。噴完驅蟲劑 30 分鐘後，受試者每小時要把兩隻手臂分別放進兩個 8 立方英尺的籠

子裡，籠子裡有200隻無害雌蚊，正為了產卵需要吸血。受試者會把手臂放在籠子裡5分鐘，只要5分鐘內被咬了兩下以上，就判定驅蟲劑失效。驅蟲劑失效前的小時數就是反應變數。

配對設計當中用到了比較處理以及隨機化兩項原則。不過此處的隨機化並不是完全隨機化，因為我們並沒有同時把所有受試者都隨機指派給這兩個處理。我們做的只是在每一個配對中隨機化而已。這樣的做法可經由配對，減少受試者間的變異所產生的影響。配對設計是區集設計的一個特例。

區集設計

一個**區集**（block）就是一組實驗受試者，這些受試者在實驗之前，就被認為在會影響反應的某些方面很類似。

區集設計（block design）當中，將個體隨機指派到各處理的這個步驟，是在每個區集裡面個別執行的。

區集設計結合了用配對來製造相近的實驗處理組的概念，以及用隨機方式產生各處理組的原則。區集是另一種形式的控制：藉著把外在變數引進實驗裡來造成區集，可以控制這些外在變數的影響。以下是區集設計的一些典型的例子。

✳ 霍桑效應

霍桑效應（Hawthorne effect）是指某些參加實驗的人會更努力並有更好表現的傾向。實驗個體的行為可能不是因為操縱自變數所造成，而是因為他們受到研究人員的關注。

1950 年代的蘭斯伯格爾（Henry A. Landsberger）最早描述了霍桑效應，他分析了 1920 年代和 1930 年代在霍桑電子公司進行的實驗。這間電子公司為了確認生產效率與工作環境的關係，曾託人進行研究。

一開始研究的重點是確認員工所接受的照明度與生產效率是否有關。員工的生產效率看似因為照明度改善而增加，但在實驗結束之後就衰退。研究人員提出，生產效率增加並不是因為環境變數的改變，而是因為研究團隊投以關注。蘭斯伯格爾為霍桑效應下了定義：觀察員工造成生產效率出現短期提升。

後續的霍桑效應研究指出，一開始的結果可能被誇大了。芝加哥大學的研究人員在 2009 年重新分析了原始資料，發現生產效率還受到其他因素的影響，所以一開始描述的霍桑效應不管再怎麼說都很微弱。

例 10 男性、女性和廣告

女性和男性對廣告的反應不一樣。有個實驗要比較同一產品三支電視廣告的成效，除了對這些廣告的整體反應外，也想要知道男性和女性的反應各為何。

　　完全隨機化設計會把所有受試者，包括男性和女性，全部放在一起考慮。「隨機化」的部分是把受試者分派到三個處理組，完全不管他們的性別。但這樣做等於將男、女性的差別置之不理。比較好的設計是將男性、女性分開考慮：將女性隨機指派到三個組，每組看一支廣告，再將男性也隨機指派到三個組。圖6.2描繪了這個經過改良的設計。

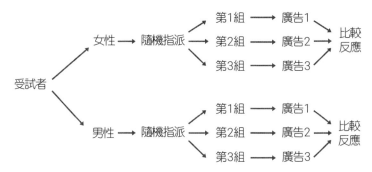

圖 6.2　用來比較三支電視廣告效果的區集設計。男性受試者和女性受試者構成了兩個區集。

例11　比較福利政策

　　某一項社會政策實驗，想要評估幾個新提出的福利制度對家庭收入的影響，並和現有的福利制度做比較。由於一個家庭的未來收入和它目前的收入密切相關，因此願意參加這項實驗的家庭，就依照收入多寡，分成幾個區集，收入接近的分在同一個區集。然後同一區集中的家庭，再隨機分派到不同的福利制度。

　　區集是在實驗開始之前就先分好組的受試者。我們把「處理」這個名詞特別保留,來當作我們加在受試者上的條件。雖然在例10當中,我們可以比較由2個區集(男性、女性)及3支廣告形成的6組人的反應,我們卻不把那6組叫做6個處理。區集設計類似抽樣中的分層樣本。區集和層都是把近似的個體聚集起來。我們用不一樣的名稱,只是因為這個概念是在抽樣和實驗兩方面分別發展出來的。區集設計的優點和分層樣本一樣,有了區集,可以讓我們分別對每個區集做結論;比如說,在例10的廣告研究中可以分別對男性及女性做結論。分區集也可以使得整體結論更精確,因為當我們研究3支廣告的整體效果時,可以把男性和女性之間系統性的差異去除掉。區集的觀念,是統計實驗設計中另一個重要原則。有智慧的實驗者,會根據實驗受試者之間最重要、且無法避免的差異來源,來建構區集,然後剩餘變異的效應,會被隨機化加加減減平均掉,讓各個處理之間能有不偏的比較。

　　就像設計樣本一樣,要設計複雜的實驗也是專家的事。既然我們已經對實驗的相關知識略知皮毛,在以下各章節,我們通常還是會假設大部分的實驗是完全隨機化實驗。

第7章

資訊倫理

▍個案研究：大麻與駕駛表現

　　大麻劑量與駕駛表現有哪些關係？使用大麻後會影響駕駛表現多久時間？執法者如何在現場測出有無使用大麻？加州大學聖地牙哥分校醫用大麻研究中心的研究人員試圖要回答這些問題，在2017年1月到2019年6月召募受試者。受試者的年齡必須在21到25歲之間、有駕照、視力矯正前後都在0.5以上。一旦有下列情況，受試者就不能參與研究：在醫生檢查時被排除、不願在篩檢和實驗訪問前兩天不用大麻、懷孕、對指定藥物的測試呈陽性、不願在服用研究藥物四小時內不開車或操作大型機械。受試者會隨機分配三種研究藥物，分別含有0%四氫大麻酚（安慰劑）、5.9%四氫大麻酚、13.4%四氫大麻酚。

　　很多成人都想要參加這樣的實驗，但讓受試者服用足以影響判斷力的5.9%、13.4%四氫大麻酚合乎倫理嗎？等讀完這章，你將學到回答此問題所需要參考的一些原則。

▌首要原則

產生資料和使用資料就像許多其他人類行為一樣，都會引發倫理學上的問題。例如一些推銷員，明明是要用電話推銷，卻一開始就說：「我在做一項調查。」這種欺騙行為很明顯是不道德的。而這樣做也使合法的抽樣機構非常生氣，因為他們發覺一般大眾比較不願意接受他們的訪談了。還有少數的研究員，為了在專業領域更上層樓，而發表不實資料——這不只是道德問題，因為靠著捏造數據來達到功成名就，根本就是錯的。一旦被揭露，研究生涯就完了。至於對於真實、沒有作假的資料，研究人員應該誠實到什麼程度呢？下面的例子建議了答案：「絕對誠實，更甚於平時。」

例 1 ▷ 漏掉細節

科學研究報告應該簡短且無贅言，但精簡的結果，常使研究人員沒有全盤托出關於資料、數據的事實。選擇研究對象的方式有沒有偏差？是不是只公布了部分研究對象的數據？是不是試了好幾種統計分析方法，然後只公布了看起來最好的結果？統計學家貝勒（John Bailar）於《新英格蘭醫學期刊》擔任顧問的十年多間，曾審查超過四千篇醫學論文。貝勒說：「從統計觀點審查這些文章時，常常可以很明顯看到，重要資訊付之闕如，而缺漏的部分幾乎總是有一種很實際的效應，也就是使作者的結論看起來比實際該有的還要強。」在論文審查較鬆的領域，這種情況鐵定更嚴重。

最複雜的資訊倫理問題，產生於從人的身上蒐集資料時（但用動物進行研究也會引起倫理問題）。而和只蒐集資訊的抽樣調查相比，對人做某些處理的實驗牽涉到的倫理問題，又更加嚴重。舉例來說，新藥的臨床試驗可能對受試者有好處，但也可能有傷害。以下是資訊倫理的一些基本標準，不論是抽樣調查還是實驗，任何要從人蒐集資料的研究都應依照這個標準行事。

基本資訊倫理

施行研究的機構必須設立**試驗審查委員會**，負責事先審查所有的研究計畫，以保護受試者，使受試者免於受到可能的傷害。

在蒐集資料前，研究中的每一個受試者都必須在**知情且同意**的狀況下受試。

任何個人資料都必須**保密**，只有整體的統計結果可以公開。

如果受試者是年幼兒童，那麼除了父母或監護人的許可之外，也要取得他們的同意（同意參加實驗）。父母／監護人許可必須符合知情且同意的標準。

如果研究被歸類為人類受試者研究，許多期刊都有正式要求，以解決人類受試者問題。例如《美國醫學會雜誌》作者指引的聲明：

對於涉及人類受試者或動物的研究，其數據的所有稿件，都
需要由適當的試驗審查委員會或倫理委員會進行正式審查和
批准，或正式審查和豁免，並應在「方法」部分進行描述。

若沒有正式倫理審查委員會，應遵循赫爾辛基宣言的原則。與人
類受試者一起工作的研究人員應在「方法」部分說明，如何讓研
究參加者知情且同意（例如口頭或書面），以及是否向研究參加
者提供津貼。期刊編輯可以要求稿件作者提供，負責監督研究的
試驗審查委員會或倫理委員會的正式審查和推薦文件。此外，美
國的法律規定，任何由聯邦政府補助的研究都必須遵照這些原
則。可是不論是法律還是輿論專家，都不完全清楚全部的執行細
節。

▌試驗審查委員會

設置試驗審查委員會的目的，並不是要決定某項研究計畫是
否能提供有價值的資訊，或者計畫的統計設計是否健全。委員會
的目的，套用某大學委員會的話：「是要保護被徵召參加研究活
動的受試者（包括病人）的權利和福利。」委員會審核研究計
畫，而且可以要求做一些改變；委員會也審核同意書，以便確定
受試者有被告知研究的性質及可能的風險。一旦研究開始進行，
委員會將一年至少監督進展情況一次。

　　審查委員會最迫切的危機是，他們的工作量是不是過大，以致使他們保護受試者的成效降低。1999年當美國政府基於對受試者的保護不夠，而暫時中止杜克大學醫學中心以人為受試者的研究時，共有超過2,000件研究案正在進行。這可是很繁重的審查工作。受試者承受很少風險的研究計畫，比如大部分的抽樣調查，可以適用較精簡的審查程序，當委員會工作量過大的時候，免不了會想把更多的研究計畫歸入低風險類，以加快審查速度。

▌知情且同意

　　在「知情且同意」這個語詞當中，「知情」和「同意」兩部分同樣重要，而且也同樣具有爭議性。受試者必須在事前被告知該研究的性質，及任何有可能發生的傷害。如果是抽樣調查，當然不會對身體造成傷害，但受訪對象應該被告知調查中會問到哪類問題，以及大概要花多少時間。而實驗者必須告訴受試者研究的性質及目的，並描述可能的風險，然後取得受試者的書面同意。

例2　誰有能力同意？

　　是不是有些受試者沒有辦法完全自主的「知情且同意」呢？舉例來說，曾經有一段時間，新疫苗常常都以監獄囚犯做試驗，囚犯如果同意，就可以得到行為優良紀錄做為回報。但現在我們擔心，囚犯並不見得真的能依照自由意志拒絕，因此法律已禁止在監獄中做醫藥試驗。

　　兒童也沒能力做到完全知情然後同意，所以一般的程序是去問他們的父母或監護人。有一項對教導新閱讀方法的研究即將在本地

小學展開，因此研究團隊也把同意書寄到家裡給家長。不過很多家長都不把同意書寄回來，而因為家長沒說「不同意」，所以他們的小孩是不是可以參與研究？還是我們應該只讓家長有寄回同意書並且說「同意」的小孩參加？應該讓家長沒寄回意書的小孩到安慰劑組（教導閱讀的標準方法），而家長寄回同意書並且說「同意」的小孩才教導新閱讀方法嗎？

　　對於精神病患新療法的研究要怎麼辦？救助急診室病人的新方法的研究，又要怎麼進行？這些病人有的陷入昏迷，或有的中風。大部分的時候，連徵求家屬同意都來不及，例如急診室。「知情且同意」這項原則，是不是阻斷了對昏迷病人實際試驗新治療法的機會？

　　這些問題都沒有清楚的答案。理性的人對這些問題也都有非常不同的意見。知情且同意可不是件簡單的事。

　　即使對有行為能力的受試者來說，「知情且同意」的難處仍然存在。有些研究者，特別是在醫學實驗中，認為要求同意是讓病人參與研究的障礙。所以他們也許不會提到所有的風險；也可能不會說明，有比正在研究的療法更好的選擇；即使同意書上有所有正確細節，他們告知病人時也可能表現得太過樂觀。從另一方面來看，提及每一項可能的風險，會使同意書又臭又長，而真的造成障礙。有個律師說：「同意書像租車合約一樣。」有些受試者看到五、六頁的同意書，根本就不讀了。另外有些受試者被那麼多可能發生（但其實機會很小）的災難嚇壞了，結果臨陣脫逃。當然，機會很小的災難有時還是會發生，一旦發生，官司跑不掉，然後同意書就會變得更長、更詳細了。

✳ 誠實和不誠實的統計學家

已開發國家依賴政府部門的統計學家來提供正確的數據。比如說，我們以每月的失業率數字，做為公、私領域決策的依據。但是可別理所當然的以為官方統計學家都很誠實。1998年的時候，俄國政府逮捕了俄國國家統計委員會的幾位頂尖統計學家。他們被指控收賄，偽造數據幫公司逃稅。2017年，前希臘統計局局長安德烈亞斯‧耶奧爾耶歐因為「違反職責」被判有罪，處以緩刑。耶奧爾耶歐真的違反了他的職責嗎？《獨立報》報導說：「耶奧爾耶歐真正的『罪行』是，終於開始說出2010年希臘公共部門借貸規模的真相。」

█ 保密原則

　　研究計畫由試驗審查委員會通過，並獲受試者同意，而且已取得關於受試者的資料之後，倫理問題並沒有就此消失了。保護受試者的隱私權很重要，而要做到這點，必須對個人資料保密。民意調查的報告可以說，1,500個回應者中，有多少比例認為合法移民人數應該減低，但不可以公布其中一人對這件議題或其他議題的意見。

　　保密和匿名不一樣。匿名的意思是受試者保持匿名身分，任何研究相關人員都無法得知，因此連研究主持人都不知道他們的姓名。換句話說，無法在研究中將他們識別出來，研究人員便找不出特定受試者，也就不可能確定匿名受試者產生哪些資料。匿名在統計研究中很少見。即使可能做到（主要是在郵寄實體、電

子問卷或透過網路的情況下發生），匿名仍然有無法進行後續工作以增加回應率，以及無法將調查結果通知回應者的壞處。

任何違背保密原則的行為，都嚴重違反了資訊倫理。最好的做法是，一開始就把受試者的身分資料和其他資料分開，研究人員通常是把身分資料從研究感興趣的資料剔除，然後分析看不出身分的資料。比如說，在抽樣調查中，身分辨識資料只用來檢查哪些人沒有回應。

然而，在現在這種高科技的時代，光是確知每一組資料都保障了隱私權還不夠。比如說，政府保留了大量的國民資料，分別存在許多不同的資料庫中：普查結果、所得稅申報書、社會保險資料，以及類似「當前人口調查」之類的各種調查資料等。這當中許多資料庫的內容，都可經由電腦取得，以供統計研究用。即使你的名字和辨識身分的資料已從可供搜尋的資料中移除了，只要用高超的電腦搜尋技巧來搜尋數個資料庫，再把這些資料結合起來，仍有可能把你認出來，並得知許多關於你的訊息。

❊ 誰擁有已公開的資料？

研究者蒐集資料，然後公開發表，那麼資料屬於誰？美國最高法院裁定「資料」是事實，不受版權保護。不過，將事實彙整編輯一般來說還是有版權的。所以「誰擁有資料？」的答案並不是那麼清楚。我們不需取得允許就可以使用已公開資料，或用有創意的方式使用資料的子集。將表格資料表現成圖形，或從圖形讀取資料，都不需要取得許可。但除了這些使用規則，是否需要取得許可仍有非常大的分歧。

　　我有一個德國同事曾評論：「在美國取得博士學位的女性統計學正教授」足以讓她在德國8,300萬居民中無所遁形。在這個電腦時代，資料的隱私和保密，在統計學家之間已經是熱門議題。電腦駭客和筆記型電腦小偷讓問題變得更麻煩，既然儲存在資料庫裡的資料有可能被駭或被盜，那麼該怎麼確認資料的保密程度？圖7.1是美國社會安全局網站的網路隱私權政策。

圖 7.1　美國社會安全局網站的隱私權聲明。（來源：Social Security Administration）

> **例 3** 政府資料庫的使用

　　國民有義務提供資訊給政府，想想所得稅申報及社會保險費就知道了。政府需要這些資料，是為了行政管理目的，也就是要看看我們付稅的金額對不對，以及到我們退休的時候，政府欠我們多大一筆社會保險給付。有些人認為，每個人應該有權禁止自己的資料被用在任何其他方面，即使身分辨識資料已去除也一樣。可是這樣也同時禁止了利用政府紀錄來研究問題，比如獲得社會保險補助者的年齡、收入和每戶人數等問題。在討論如何改革社會保險制度時，這些研究很可能事關重大。

▍臨床試驗

　　臨床試驗是為了研究療效，而實際在病人身上進行的實驗。治療可能可以治好疾病，但也可能對病人造成傷害，所以臨床試驗就成了以人當作受試者的實驗當中，倫理問題的焦點。我們就從以下幾點開始討論：

- 隨機化比較實驗是可以肯定新療法真正有效的唯一方法。若不做隨機化比較實驗，一些有風險且療效頂多等於安慰劑的新療法，就可能被普遍使用。
- 臨床試驗有很大的好處，然而大部分的好處是由未來的病人享用。試驗也有風險，卻由試驗中的受試者承受。所以我們應該在未來的好處和目前的風險之間找尋平衡點。
- 醫學倫理和國際人權標準都主張：「受試者的福祉，永遠要優先於科學利益和社會利益。」

引號中的話引用自世界醫學會1964年制定的赫爾辛基宣言（最近一版的更新是在2013年），這是最受尊敬的國際標準。而不合乎倫理的實驗中最過分的例子，就是那些不顧受試者權益的實驗。

例4　塔斯克吉梅毒研究

1930年代，梅毒在美國南方鄉下的男性黑人之間相當普遍，而這些人幾乎沒有什麼醫療資源。公共衛生處（Public Health Service）從窮苦的黑人佃農中，召集了399位梅毒患者和201位沒有感染梅毒的人，來觀察未經治療時，梅毒病情會怎樣發展。從1943年開始，已經可以用盤尼西林來治梅毒，但該研究的受試者卻沒有獲得治療。事實上公共衛生處還阻止他們接受任何治療，直到1972年消息走漏，研究被迫喊停為止。

這項在阿拉巴馬州塔斯克吉（Tuskegee）進行的研究，是研究者為了自己的利益、不顧受試者權益的一個極端例子。1996年的一篇評論中說：「這個事件代表了醫學界的種族歧視、人類研究中的倫理瑕疵、醫師的父權心態，以及政府對弱勢人民的濫權。」1997年柯林頓總統在白宮的一場典禮上，向存活下來的受試者正式提出道歉。

塔斯克吉研究事件也說明了，為什麼今日有許多黑人由於不信任，而不願參與臨床試驗：「從歷史的角度來看，基於欺騙與虐待的程度和持續時間，以及塔斯克吉梅毒研究對人類受試者審查和批准的影響，多數認為塔斯克吉梅毒研究是不信任的理由之一。」不幸的是，受到塔克克吉研究影響的不只非裔美國人。相關的研究很多，足以讓哈莉特‧華盛頓（Harriet S. Washington）寫下528頁的著作《醫學種族隔離：從殖民時代至今的美國黑人醫學實驗黑暗

史》，她在書中記載醫學界以研究之名而虐待非裔美國人，解釋了
非裔美國人為什麼不願參與臨床試驗。

　　因為「受試者的福祉永遠優先」，因此只有在有理由相信某
項療法對受試病人有幫助時，才可以進行臨床試驗來檢定該療法
的療效。對於以人當作受試者的實驗，光是未來對病人有好處，
不算充分理由。當然，如果已經有強烈證據，顯示某個療法有效
而且安全，不給病人用，也是不合乎倫理的。哈佛醫學院的亨內
肯斯醫師（Dr. Charles Hennekens）曾主持大型臨床試驗，證明
阿斯匹靈能減低心臟病風險，他這樣說過：

> 一方面，必須對新療法的可能療效有足夠的信心，才有理由
> 讓一半受試病人去嘗試。另一方面，又得對它的療效有足夠
> 懷疑，才有理由讓另外一半得到安慰劑的病人不試用這個療
> 法。

　　為什麼給控制組病人安慰劑，不能算不合乎倫理呢？這是因
為，我們知道安慰劑通常對病人有幫助。除此之外，安慰劑也沒
有不良副作用。所以在亨內肯斯醫師所描述的權衡狀態下，安慰
劑組得到的療效，有可能比治療組的還好。如果我們知道哪種療
法較好，我們就會讓大家都接受這種治療。但當我們不知道的時
候，兩種都試並做比較，就是合乎倫理的。以下是一些和安慰劑
有關、比較難回答的問題，並包含了正反意見。

例5　用安慰劑當控制組？

你正在測試一種新藥。如果有一種有效的藥已經存在，還給控制組吃安慰劑是否合乎倫理？

是：安慰劑為新藥的有效性提供了真正的基準。一共有三組來比較：新藥、現有最好的藥物，以及安慰劑。每個臨床試驗都會有些不一樣，即使真正有效的治療，也不見得在任何狀況下都有效。用安慰劑當控制組，可以幫我們審視是否研究有瑕疵，使得現有最好的藥物連安慰劑都贏不了。有時安慰劑會贏，此時就有必要懷疑新舊藥物的功效，因此絕對有理由使用安慰劑。所以除非是在性命交關的狀況，否則用安慰劑當控制組，就是合乎倫理的。

否：故意給病人比較差的治療是不合乎倫理的。我們不知道新藥是不是比既有藥物好，所以兩種藥都給病人，以期找出答案，這是合乎倫理的。但是如果過去的試驗已顯示，現有藥物優於安慰劑，再給病人安慰劑就不對了。畢竟現有藥物也會有安慰劑效應。只有當既有藥物是較久以前就有，因此未曾經過恰當的臨床試驗，或者藥效不理想甚至有危險性的時候，給安慰劑才是合乎倫理的。

例6　假手術

「隨機化、雙盲、有安慰劑控制組的試驗，是評估新療法的黃金守則，經常使用在判斷新療法的療效。」《新英格蘭醫學期刊》的一篇文章如是說。這篇文章的內容是在討論帕金森氏症的治療，但它談的不是可能可以減低顫動及缺乏控制等症狀的新療法，而是在談研究該療法時的倫理問題。

法律規定，要經由完善設計的實驗來證明新藥有效而且安全。對手術則沒有這樣的規定——關於手術的研究，只有大約7%使用隨機化比較實驗。外科醫師認為他們做的手術成功了，但是改革者總是認為自己的改革是可行的。即使病人的狀況改善了，也可能大

部分要歸功於安慰劑效應。所以我們並不知道，和必須承擔的風險對比起來，許多已普遍執行的手術到底值不值得病人做。要知道是否真的有效，必須做適當的實驗，其中要包括「假手術」當作安慰劑。以帕金森氏症為例，可望有效的新療法之一，是一項植入新細胞的手術。安慰劑組的受試者也要接受手術，但是不會植入新細胞。

安慰劑有效，給予安慰劑的病人往往有好轉的跡象，而且納入安慰劑組病人的實驗，是比較好的實驗。當愈來愈多醫師認清這個事實，就有愈來愈多醫師有疑問：「如果我們在藥物試驗中可以接受安慰劑，為什麼在手術試驗中不也接受呢？」這是一個非常有爭議性的問題。以下是針對手術試驗中該不該有安慰劑的兩個論證。

同意： 大部分的手術並沒有經過比較實驗的檢驗，其中有一些毫無疑問只是安慰劑而已。然而跟安慰劑藥丸不一樣的是，安慰劑手術會有風險。把真的手術和安慰劑手術做比較，可以免除掉數以千計的不必要手術，挽救許多性命。安慰劑手術可以做得很安全。比如說，可以給安慰劑組的病人一種安全的藥，讓他們不記得手術過程，而不必真的進行高危險性的麻醉。受試病人會被告知他們參與的是一項有安慰劑控制組的試驗，而他們仍同意參加。只要安慰劑組承受的風險很小，而且病人知情且同意，手術的安慰劑控制試驗就合乎倫理（除非有性命交關的情況）。

不同意： 安慰劑手術和安慰劑藥丸不一樣，總是有一些風險。記得前面說過的「受試者的福祉永遠優先。」除非這些受試者立即能享有某些好處，即使日後有很大的好處，也不足以成為讓受試者承受風險的充分理由。我們可以給病人安慰劑藥物當作治療，因為安慰劑的確有效，而且沒有風險。但因為假手術有風險，所以沒有醫師會把它當作一般療法。如果我們在治病時不會這麼做，那麼把它用在臨床試驗就是不合乎倫理的。

▌行為及社會科學實驗

當我們從醫療問題轉移到行為科學及社會科學時，受試者的直接風險減低了，但是他們可能獲得的利益也減少了。我們來看看以下心理學家為研究人類行為所做的實驗。

例7　別侵犯我的領空

心理學家觀察到，每個人都有一個「個人空間」，在別人太靠近的時候會渾身不舒服。在咖啡館裡，如果還有別的空位，我們就不喜歡陌生人來和我們共桌，我們也看到人們在電梯裡會盡量站開。美國人又比其他大部分文化的人，需要更多的個人空間。個人空間被侵犯時，身體和心情是否都會受影響？

1970年代，研究人員在一間男公廁內動了手腳。他們把一些小便池封住，使得走進去尿尿的男士，要嘛去用一位實驗者（處理組）旁邊的小便池，要嘛去用和實驗者隔很遠的小便池（控制組）。而有另一位實驗者在一個馬桶間裡，用潛望鏡觀察並記錄受試者多久才開始尿尿以及尿多久。

這個個人空間實驗說明了，要計劃和評估行為研究的人，面臨了怎樣的困難。

● 受試者並沒有受到傷害的風險，雖然他們一定不同意被人用潛望鏡偷窺。當身體受傷害的機會很小的時候，應該保護受試者哪方面的傷害？可能的情緒傷害？尊嚴受損？還是隱私？

● 又該怎麼做到知情且同意？例 7 中的受試者根本不知道自己參與了一項實驗。許多行為實驗都必須隱瞞真正的研究目的。如果事先知道研究者在觀察什麼，受試者的行為就會改變。受試者被要求同意時，根據的是模糊的資訊。只有在實驗結束之後，他們才會知道全部的真相。

　　美國心理學會的「倫理原則」要求，除非該項研究僅在公開場合觀察行為，否則都要事先取得受試者同意；此外，隱瞞只有在對研究有必要時才可以，而且不可隱瞞可能影響受試者參加意願的資訊，事後也要盡快向受試者說明真相。例 7 的個人空間研究是 1970 年代做的，並不符合現行的倫理標準。

　　我們已經見到，醫界和心理學界對於知情且同意的基本要求認知不同。底下的例子描述了另一種情境，對於什麼合乎倫理又有另一種解釋。受試者既不知情，也沒同意；他們甚至渾然不知，有個實驗可能要送他們去監獄過夜呢。

例 8　家庭暴力

　　警察接到家暴報案的時候，應該怎麼回應呢？在過去，通常的做法是叫施暴者離開，規定他整晚不准回家。因為受害者極少會提出告訴，所以警察並不願意進行逮捕。婦女團體主張，逮捕施暴者，即使不提出告訴，也有助於防止暴力再度發生。有沒有證據可以證明，逮捕會減少暴力的發生呢？實驗就是要回答這類問題。

　　一個典型的家庭暴力實驗要比較兩種處理：逮捕嫌犯並拘留過夜，或是警告嫌犯後就放了他。當警官到達家暴現場時，他們先讓

雙方冷靜後再調查。若有使用凶器或威脅對方生命，就必須逮捕。若依情況可以逮捕，卻不是非逮捕不可，警官就用無線電向總部請求指示。值班的人由文件夾中拿出最上面的信封，文件夾由統計學家事先準備好，信封內含處理方式，且順序經過隨機排列。警察根據信封裡的內容，逮捕嫌犯或警告後放了他。然後研究者會看警察的紀錄，並訪問受害者，以了解有沒有再發生家暴事件。

　　這類實驗第一次進行後似乎顯示出，逮捕家暴嫌犯，會減少他們日後的暴力行為。由於有這樣的證據，逮捕已經成為警察對於家暴案件的一般處置方式。

　　家庭暴力實驗使我們對一個重要的公共政策議題，有更多了解。由於沒有受試者知情且同意，那些用來規範臨床試驗和大部分社會科學研究的倫理原則，會禁止這些實驗的實施。但試驗審查委員會卻批准了家暴研究，理由就如一位家暴研究者所說的：「這些人是因為從事了讓警察可以逮捕他們的行為，才變成受試者的。你要逮捕某個人，可不需要經過他同意。」

第 8 章

度量

個案研究：度量智力

　　大腦比較大的人有比較高的智力嗎？從古至今都有人在研究這個問題。要找到答案，必須要能夠度量「智力」。這代表我們得要把模糊的概念轉換成數字，才能夠分出高低。首先要釐清，我們說的智力到底是什麼意思。對很多主題都懂很多，是否就代表智力高？還是說，要能解決困難的謎題、或是做複雜的數學計算才算？或者是要把上述能力綜合起來考量？

　　一旦決定了什麼才是智力，我們還得想辦法用一個數字代表它。要用某一項筆試的成績嗎？還是把在校成績也計入會比較好？不僅明確定義「智力」很困難，有定義之後要用數字代表它也很困難。到頭來，我們對這個數字是否有信心也成問題。讀完本章之後你會學到一些原則，有助你了解度量過程，以及判斷度量結果是否可靠。

▎量度的基本原理

統計是討論數字的。光是計劃如何利用樣本及實驗來產生數據，並不會自動產生數字。一旦找到我們的回應者樣本或實驗受試者，我們還必須度量我們感興趣的特性。首先要大概考慮一下：我們準備度量的是不是正確的東西？有沒有忽略什麼也許不易度量、卻很重要的因素？

例1　救命和省錢

根據報導，「達成心血管健康訓練計畫」（COACH Program）改善了生物醫學和心血管疾病風險因子。最近有一項關於心血管疾病的研究，是要調查這項計畫對生存率和治療成本的影響，研究重點在於，度量達成心血管健康訓練計畫對心血管疾病患者整體存活率和住院費用的長期影響。研究人員需要決定，參與研究的心血管疾病患者的存活率與住院費用該如何度量。

一旦我們決定了要度量什麼性質，就可以想想應該怎麼量。

度量

我們**度量**（measure，也作量、評量或測量）人或物的某一性質，即是指用數字來代表那個性質。

通常我們用某種**器具**（instrument）來取得量測值（measurement）。對於記錄量測值所用的**單位**（unit），我們也許有不同選擇。

量度的結果是一個數值**變數**（variable），不論我們量的是什麼，只要我們要測量的人或東西在這項上有差別，這個變數的值就會不同。

例2　長度、適不適合讀大學，以及公路行車安全

你可以用數位雷射測距儀當器具，來測量你的房間有多長。量度單位可以選擇英寸或公分。若選擇公分，你的變數就是房間長度的公分數。

要評量學生是否適合讀美國的大學，你也許會叫學生去考SAT考試的推理測驗部分。SAT考試卷就是所使用的器具；變數是學生的測驗分數，如果把SAT的實證式閱讀、寫作和數學部分合計的話，分數大約會在400和1,600之間。「分數」是量度單位，但SAT的分數是由一套複雜的計分系統決定的，在SAT的網站有說明（www.collegeboard.com）。

要怎樣度量公路上的行車安全呢？也許你會決定要用一年之中因車禍死亡的人數，來當作度量公路安全的變數。美國的「死亡事故通報系統」蒐集了所有死亡交通事故的資料。量度單位是死亡人數，而死亡事故通報系統是我們的度量器具。

以下是你對任何統計研究中的變數應該問的問題：

1. 變數到底是如何定義的？
2. 該變數是否能有效描述它所聲稱要度量的性質？
3. 量測值有多精確？

我們並不常自己設計度量方式，例如我們會用SAT或者死亡事
故通報系統的結果，所以我們不會深入探討以上問題。但既然要
用別人的數字，就得多了解一下這些數字是怎麼產生的。

❋ 你的單位是什麼？

不注意量度的單位，會讓你陷入大麻煩。1999年的時候，火
星氣象觀測軌道號太空船在火星大氣中焚毀。它原本應該位
於火星上方150公里，實際上卻只距離57公里。這似乎是因
為，該太空船的製造商洛克希德馬丁公司，採用英制（磅、
英里）來標示重要的量測值，但負責太空船飛行任務的美國
航太總署（NASA）團隊，卻以為數字的單位是公制（公斤、
公里）。一億兩千五百萬美元就這樣燒掉了。

▌ 了解你的變數

量度是將諸如長度或受雇狀況等概念，轉換成明確定義的變
數的過程。用數位雷射測距儀可以直截了當的把「長度」這個概
念變成數字，因為我們明確知道長度是什麼意思。但要評量適合
上大學的程度就有爭議性，因為一個學生怎樣才「適合」讀大學
並不完全清楚，用SAT分數至少明確說明了我們的數字會怎麼
來。要度量休閒時間，我們必須先說明，什麼算是「休閒」時
間。即使要算公路死亡人數，也得先說清楚怎樣才算是公路死
亡：被車子撞到的行人算嗎？坐在汽車裡而在平交道上被火車撞
算不算？車禍6個月之後才因車禍中受的傷而死亡呢？沒錯，我

們可以用官方的數字，但總有人得回答上面這些以及其他問題，才知道什麼可以算進去。舉例來說，「事故必須和車子有關，車子要行駛在開放給公眾的道路上，且事故後至少有一個人（車內乘員或非汽車駕駛）在30天內死亡」，才可算在死亡事故通報系統的交通事故死亡人數之內。這些細節滿煩人的，但是對數字有影響。

例3　度量失業率

　　美國勞工統計局每個月都宣布上一個月的失業率。沒有準備要就業的人（比如說退休人士，或者不想打工的在學學生），並不能因為沒有工作而算成失業人口。一個人要被歸類為失業，必須先屬於勞動人口；也就是說，他必須是待業中，也正在尋求工作機會。失業率的算法是：

$$失業率 = \frac{失業人數}{屬於勞動人口的人數}$$

為了要把失業率確確實實定義清楚，勞工統計局對於「屬於勞動人口」以及「已就業」的定義，有非常詳盡的描述。比如說你正在罷工，但是準備要回到原來的工作崗位，你就屬於已就業族。如果你沒在工作，而過去兩星期也沒在找工作，你就不屬於勞動人口。所以那些說想要工作，但是已經洩氣而沒有繼續找工作的人，並不算是失業。依據勞工統計局的說法：「被動的求職方法不太可能將求職者與潛在雇主聯繫起來，所以不具備主動求職方法的條件。被動求職方法的例子包括參加職業訓練計劃或課程，或單單只是閱讀（刊載的）徵才消息。」細節是很重要的，如果政府用不一樣的失業率定義，那麼官方的失業率數字就會不一樣了。

　　美國勞工統計局根據每個月的「當前人口調查」樣本的受訪結果，來估計出失業率。訪問員不能只是問：「你屬於勞動人口嗎？」及「你有就業嗎？」，而是要問許多問題，才能夠將一個人歸類為就業、失業或不屬於勞動人口。改變問題，可能就會改變失業率。1994年初，在規劃若干年之後，勞工統計局開始採用電腦輔助訪問，並且將問題改進。圖8.1是顯示失業率的圖表，出現於勞工統計局每月發布的就業狀況新聞稿首頁上。因為訪問過程做了改變，使得圖在1994年1月的地方有個缺口。在舊制之下那個月的失業率應該是6.3%，照新制卻是6.7%。這麼大的差別讓從政者很不高興。

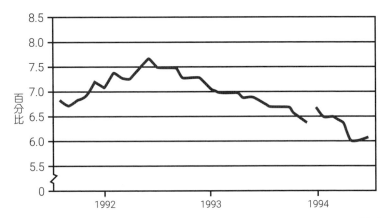

圖 8.1　1991年8月到1994年7月的失業率。缺口顯示出政府改變度量失業率的方法所產生的影響。

▌有效量度和無效量度

　　沒有人會反對用以公尺為單位的數位雷射測距儀，來量自己的房間有多長。卻有很多人反對，用SAT或學測分數當作是否適合讀大學的指標。我們就別爭論了，乾脆量一量所有申請者的身高，然後錄取個子最高的。餿主意，你一定會這麼說。為什麼呢？因為身高和適不適合讀大學一點關係也沒有。用比較正規一點的用語來說，身高並不是學生學業表現的有效量度。

> **有效量度**
> 當變數和某一性質有關，或者適合做為那個性質的代表時，我們稱此變數為該性質的**有效**（valid）量度。

　　用數位雷射測距儀來量長度是有效的，而用學生的身高來評量她是不是適合讀大學是無效的。勞工統計局的失業率是有效量度，即使改變度量失業率的定義會使量度稍有改變。讓我們看看其他情境下的有效量度和無效量度。

例 4　評量公路安全性

　　路愈建愈好，速限放寬了，大型SUV休旅車取代了一些汽車，其他的則被小型車、油電混合車、電動車取代，而且取締行動減少了因藥物或酒精引起的低控制力和分心駕車。在這種變動的環境中，公路安全有沒有隨著時間改變？

　　只要看看車禍死亡數字就知道了。死亡事故通報系統說，美國2007年有41,259人死亡，而九年之後的2016年，有37,461人死亡，死亡人數減少了。單看這些數字顯示出有進步，但是我們需要考慮這個時間區段的其他資料，才能確定到底進步了多少。例如，有駕照的人從2007年的2億零6百萬，增加到2016年的2億2千2百萬。同一時期，美國人開車的總里程數，也從30,310億英里，增加到31,740億英里。如果更多人開了更多里程，即使道路安全了，死亡人數也可能增加。死亡人數不是公路安全的有效量度。

　　因此，用計數來看道路安全並不理想，我們更應該用的是比率。計算每車英里（或車公里）的死亡人數，就可以把如今更多人開更多英里的這個事實考慮進去。2016年時，所有車子在美國總共開了3,174,000,000,000英里。這個數字太大了，所以評量安全性，通常是用每億車英里（或每百萬車公里）的死亡人數，而不是用每車英里死亡人數來計算。以2016年來說，交通肇事死亡率是：

$$\frac{車禍死亡人數}{總開車的億英里數} = \frac{37,461}{31,740} = 1.2$$

　　死亡率從2007年的每億車英里1.4人，降到2016年的1.2人。這是很大的差距——和2007年比起來，2016年每億車英里死亡人數減少了15%。在這段期間，儘管上路的駕駛愈來愈多，但開車已經愈來愈安全了。

比率和計數

通常來說，某件事情發生的**比率**（rate，或比例、百分比）和僅僅將發生次數做**計數**（count）二者比較起來，前者是較有效的量度。

用身高來評量適不適合讀大學，或者在該用比率時卻用計數，都是很清楚的無效量度的例子。而比較難搞定的問題，牽涉到既非確定無效、亦非明顯有效的量度。

例 5 ▶ 評估成果測驗的有效性

當你在考統計這科時，你會希望考題涵蓋課程大綱中的重點。這樣的試題，是評量你對該課程題材有多了解的有效量度。主持 SAT 考試的大學委員會，也提供各種學科的學科測驗（包括一個高等級的統計能力測驗）。這些測驗並沒什麼爭議性。專家可以藉由比對考題和考試範圍的內容大綱，來評斷考試的有效性。

例 6 ▶ 評估 IQ 測驗的有效性

心理學家想要測量人格特質中不能直接觀察的一些層面，諸如「智力」或「權威性格」。IQ 測驗能不能測量智力？有些心理學家會很大聲回答「可以」。他們會說，有一種叫做「普通智力」的東西，而各種標準的 IQ 測驗，雖然沒法做到完美，但確實可以測量出普通智力。例如用魏氏成人智力量表可以度量成人的普通智力。有些其他專家卻說「不能」，而且聲音一樣大。霍華德‧加德納（Howard Gardner）在 1980 年代主張，智力不是單一的，它是由各種不同的心理能力所構築而成，例如邏輯、語言、空白、音樂、運動知覺、人際關係和個人內在能力，而沒有任何單一器具可以量出各種不同的心理能力。也有其他心理學家質疑加德納的方法，尤其是因為加德納相信這類實驗證據並不恰當，所以從來沒有為他所謂的各種心理能力發展出評估方法。

對於 IQ 測驗是否有效有不同的意見，是植根於對於智力的本質看法不同。如果我們沒有辦法對智力到底是什麼取得共識，也就沒辦法對該如何度量智力取得共識。

例7　評估世界幸福度的有效性

　　聯合國永續發展網站（UNSDSN）每年都會發布「世界幸福報告」。依據蓋洛普世界調查2015到2017年的測量，2018年的報告指出，芬蘭是最幸福的國家（在移民人口中，芬蘭的移民也是最幸福的）。但，幸福要怎麼測量呢？聯合國永續發展網站在全球156國裡，請人們回答一道關於幸福排名的題目：「為自己的生活打分數，最差是0分，最佳是10分……該指標稱為『生活滿意度』，至於這個指標是否真的能代表『幸福』則有些不同的意見。」許多人可能不同意這個方法能用來度量幸福。

　　對這些例子中的問題，統計幫不上什麼忙。問題的開始，是像「統計知識」、「智力」或「幸福」這樣的概念，若概念本身就不明確，則有效性變成由個人主觀決定。不過如果我們把有效性的概念變得更精確一些，統計就很有用了。

例8　再談 SAT

　　SAT因為同時有文化和性別偏差而飽受批評。美國企業研究院的馬克‧佩里（Mark J. Perry）撰文說道：「我對年度SAT測驗結果感到好奇的地方主要在於，SAT數學測驗一直有性別差距，有利於男性。」大學委員會在2016年回答，大學畢業生SAT測驗的數學部分性別差距比較大，女生平均494分，男生平均524分。如果我們依照種族和性別來檢查平均數學成績，會發現亞裔或亞裔美國男性的SAT數學部分得分最高，平均614分，而黑人或非裔美國女性的SAT數學部分得分最低，平均422分。

　　負責SAT試務的大學委員會回答，造成某些族群的平均分數比

其他族群低的原因有很多。舉例來說，來自低收入及低教育程度家庭的 SAT 考生，女生比男生多。平均來說，父母收入低且教育程度也低的學生，在家裡和學校的資源都不及有錢的同學。他們的 SAT 分數比較低，是因為他們的背景使他們為進大學所做的準備比較不夠。不能說他們分數較低就代表 SAT 不是有效量度。

　　SAT 是不是檢測有沒有準備好讀大學的有效量度？「為讀大學做好準備」是個模糊的概念，其中可能包含了先天的智力（不管我們怎麼定義它）、學來的知識、讀書方法、考試能力以及學習學術科目的動機。對於 SAT 分數（或任何其他量度）是否能精確反映這個模糊的概念，永遠都會有不同的意見。

　　換個角度看，我們問一個比較簡單、且容易回答的問題：SAT 分數是否有助於預測學生能否勝任大學學業？能否勝任大學學業是很明確的概念，可以用學生能否畢業和他們的大學成績來衡量。比起 SAT 分數低的學生，SAT 分數高的學生更有機會畢業，並得到（平均來說）較高的學業成績。因此我們說，以 SAT 分數做為是否準備好讀大學的量度，具有預測有效性。這是唯一可以用數據直接評估的有效性。

> **預測有效性**
> 如果某一個性質的量測值，可以用來預測跟這個性質有關的一些課題是否成功，我們稱這個量測值具有**預測有效性**（predictive validity）。

從統計的觀點來看，預測有效性是最明確而且最有用的一種有效性。「SAT分數是否有助於預測大學成績？」這個問題，要比「IQ測驗分數是不是可以測量智力？」明確多了。然而預測有效性可不是「是或否」的觀念。我們得要問，用SAT分數來預測大學成績，精確程度如何？還有我們得問，SAT是對怎樣的族群有預測有效性？比如說有可能SAT預測男生的大學成績很準，對女生卻不準。有許多統計方法可以描述「精確程度」。

❋ 量不出的仍然很重要

1981年愛德蒙頓油人隊的某位球員，差不多在可度量的每一項都敬陪末座，包括：力量、速度、反應和眼力。那個球員就是葛瑞茨基（Wayne Gretzky），但很快他就成為聞名的「天王」。他在那年打破了國家冰球聯盟的得分紀錄，接著在後來的七個賽季中得到更多的分數。不知怎的，一些很具體的量測，都沒能顯示出葛瑞茨基是史上最偉大的冰上曲棍球員，所以並不是所有重要的特質都可以量出來。

▍準確和不準確量測

用家裡的體重計來量你的體重是有效的。可是如果你的體重計像大多數人的體重計一樣的話，量出來的體重就不見得很準了。它的確可以量體重，但量出來的也許不是真正的體重。無論你的體重計是傳統型還是數位型，都會有這狀況。假設你的體重計總是會多量2磅，那麼：

$$量出來的體重＝真實體重＋2磅$$

如果真是如此，則對於同樣的真實體重，體重計的讀數就會相同。但是大部分體重計都會有少許變動，就算你離開體重計再馬上站回去，讀數也不見得會一樣。說不定你的體重計有點老舊不靈光了，因為沒有真正歸零，再加上不穩定，所以總是多量出2磅。今天早上機械零件有點不順，使讀數減了1磅。所以讀數是：

$$量出來的體重＝真實體重＋2磅－1磅$$

你重新站上去的時候，體重計指針又往另一邊跑，使讀數變成多0.4磅。現在你看到的讀數是：

$$量出來的體重＝真實體重＋2磅＋0.4磅$$

第二次量居然比第一次重，你無法接受，所以你又離開體重計再重新站回去。現在你看到另一個讀數：

$$量出來的體重＝真實體重＋2磅－1.2磅$$

如果你閒閒沒事幹，繼續在體重計上上下下，就會得到各種不同的讀數。讀數會以超過真實體重2磅為中心，而上下變動。

你的體重計有兩種誤差。如果沒有任何失靈情況，讀數永遠是多出2磅，不管誰站上磅秤都是這樣。這種每次度量時都發生的系統誤差，叫做偏差。你的體重計會因為機械失靈而不大順，但是讀數會改變多少，卻是每次有人站上體重計時都不一樣。有

時失靈情況會使讀數變高，有時卻又使讀數變低。結果就是，體重計平均來說會多秤出2磅，但是把同樣一個東西重複過磅時，讀數卻會上下變動。這種因機械不順而產生的誤差我們根本無法預測，所以叫它做隨機誤差（random error）。

量測誤差

我們可以這樣子看度量時產生的誤差：

度量出來的值＝真正值＋偏差＋隨機誤差

度量過程如果有系統的量出比真正值大的值，或者有系統的量出比真正值小的值，就叫做有**偏差**（bias）。

度量過程如果在重複度量同一個體時，每次的值都不同，就是有**隨機誤差**（random error）。若隨機誤差很小，我們稱該量度很**可靠**（reliable）。

為了判斷隨機誤差的大小，我們可以使用**變異數**（variance）。對同一個體進行n次重複測量，變異數的計算如下：

1. 算出這n個觀測值的平均數。
2. 找出每個觀測值距平均數的距離，並把這個距離平方。
3. 把所有的距離平方加起來，並除以$n-1$。所得到的距離平方的平均，叫做變異數

度量過程愈可靠，變異數就愈小。

假設真實體重是140磅，在不穩定的磅秤上測量了三次，分別測出：

$$140 + 2 - 1 = 141 磅$$
$$140 + 2 + 0.4 = 142.4 磅$$
$$140 + 2 - 1.2 = 140.8 磅$$

這三個觀測值的平均數是

$$(141 + 142.4 + 140.8)/3 = 424.2/3 = 141.4 磅$$

每個觀測值距平均數的距離為

$$141 - 141.4 = -0.4$$
$$142.4 - 141.4 = 1$$
$$140.8 - 141.4 = -0.6$$

加總這些距離的平方，得到

$$(-0.4)^2 + (1)^2 + (-0.6)^2 = 0.16 + 1 + 0.36 = 1.52$$

所以這些隨機誤差的變異數是

$$1.52 / (3 - 1) = 0.76$$

　　度量過程愈可靠，變異數就愈小。在上面的例子中，變異數是0.76，跟真實的體重比起來相當小，意思是以這個磅秤來進行度量是可靠的。

　　即使是有偏差，量同樣的東西永遠得到同樣讀數的磅秤仍是百分之百可靠的。這種磅秤觀測值的變異數會是0。

　　可靠的意思只是說結果會重複，而偏差是指重複度量出的量

測值，會傾向於高估或低估真正值，但意思不一定是說每次的量測都會高估或低估真正值。偏差和不可靠，是不同種類的誤差。可是別因為可靠和有效都像是好的性質，就把它們混為一談了。即使體重計並不可靠，用體重計量體重仍是有效的。

下面的例子，就在說明某種可靠卻無效的量度。

例9　大頭裡裝的是聰明腦袋嗎？

十九世紀中期，有人認為度量頭顱的體積，就可以量出頭顱的主人智力是多少。要可靠的度量頭顱的體積很困難，即便這顆頭顱已經和它的主人分家了，也一樣困難。外科教授布洛卡（Paul Broca）指出，把頭顱裝滿小型鉛彈，再把鉛彈倒出來秤重，可以相當可靠的度量出頭顱的體積。只不過，這些準確的量測卻不是智力的有效量度。頭顱的體積事實上和智力或成就無關。

例10　不準的鐘

假如你把鬧鐘設在早上7:00，但它每天都是在早上6:45開始響。

這個鬧鐘極為可靠，但無效。

▋ 增加可靠度，減少偏差

現在是什麼時間？許多現代科技都要求能非常精確的度量時間，例子之一是全球定位系統（GPS），它利用衛星訊號來告訴你，你的所在位置。從1967年開始，時間根據標準秒來算，而

標準秒的定義是銫原子振動9,192,631,770次所需要的時間。[*]一般的鐘會受溫度、溼度和氣壓改變的影響，但銫原子卻不受這些因素影響，所以需要非常精確計時的人可以買原子鐘。美國國家標準與技術研究院（NIST）保存了一個超級精確的原子鐘，並且經由廣播、電話及網際網路來報時（不過會因為傳輸，而產生一點誤差）。

例11　非常準確的時間

NIST的原子鐘（圖8.2）非常準確，但並不是百分之百準確。世界標準時間是世界協調時（UTC），是由位在巴黎近郊塞佛赫（Sèvres）的國際度量衡局（BIPM）統合發布的。國際度量衡局並沒有比NIST更好的鐘，而是從世界各地超過200個原子鐘的時間算出平均值。NIST告訴了我們（事後）他們的時間距正確時間的差距。以下是我們寫作此書時NIST的最後12項誤差，單位是秒：

0.0000000075	0.0000000012
0.0000000069	−0.0000000020
0.0000000067	−0.0000000045
0.0000000063	−0.0000000046
0.0000000041	−0.0000000042
0.0000000032	−0.0000000036

---

[*]　編注：標準秒的定義在2019年略有調整，簡單來說，是將銫原子的振動頻率固定為9,192,631,770次／秒，以此反推秒。

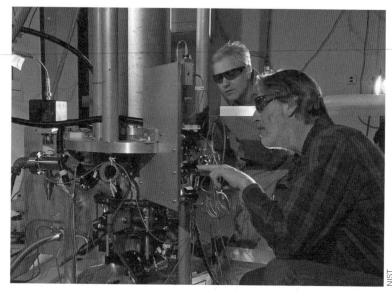

NIST

圖 8.2 在美國國家標準與技術研究院的這座原子鐘，每 6 百萬年誤差 1 秒。

　　長期來講，NIST 的時間量測值並沒有偏差。NIST 的秒，有時 比國際度量衡局的短，有時又比較長，並不是都較短或都較長。 NIST 的量測很可靠，但是從上面的數字還是可以看出有些變異。世 界上沒有百分之百可靠的量測這回事。好幾個量測的平均值，比起 只量一次的結果，可靠度更高。這正是國際度量衡局要結合很多原 子鐘的時間量測的原因之一。

　　世界各地的科學家都會做出重複量測，再求取平均值，來得 到比較可靠的結果，就連做化學實驗的學生也常這樣做。就像比 較大的樣本可以減低樣本統計量的變異一樣，多用幾個量測值來 平均，也可以減少結果的變異。

> **用平均來提升可靠度**
>
> 沒有任何度量過程是百分之百可靠的。相較之下，重複度量同一個個體再取**平均**，比單一量測值更可靠（變異較小）。

　　不幸的是，卻沒有同樣直接的方法，可用來減低量測偏差。偏差大小取決於度量器具有多好。要降低偏差，就需要好一點的器具。NIST原子鐘的準確度，是每6百萬年誤差1秒，但它要是放在你的床邊，恐怕體積稍嫌大了些。幸運的是，行動電話裡的時鐘已相當準確。

例12　再次度量失業率

　　度量失業率也是一種「量度」。就如同度量時間一樣，偏差和可靠度的觀念同樣適用於失業率。

　　勞工統計局會叫監督員重新訪問5%的樣本，來檢查他們的失業率量測是否可靠。這就是對同一個體的重複量度，就像學生在化學實驗室裡，量一個東西的重量好幾次一樣。

　　勞工統計局藉由改善器具來減少偏差。1994年發生的就是這回事，那時當前人口調查進行了超過50年以來的最大翻修。比如說，度量失業率的舊系統低估了女性失業率，因為度量的細節過程，並沒有隨女性工作型態轉變而跟著調整。新的度量系統更正了這個偏差，因而提高了所公布的失業率。

▌度量心理和社會因素

　　統計學家是習慣的動物：他們對於量度的考慮，就和他們考慮抽樣時差不多。兩種情況下的主要概念都是要問：「如果我們重複做很多次，會發生什麼狀況？」在抽樣時我們想要估計一個母體參數，得擔心估計值是不是有偏差，或者不同樣本之間估計值的差別是不是太大。現在我們想要度量某個性質的真正值，就得擔心我們的量度也許有偏差，或者當我們重複度量同一個體時變異太大。偏差是每一次都會發生的系統誤差；高變異性（低可靠度）表示我們的結果因為不具重複性，所以不可信任。

　　在你量體重的時候，這樣子考慮量度是滿直接的方式。首先，你對自己的「真正體重」很清楚。你也知道去哪裡找很好的磅秤：可以先考慮去診所，或者去某個物理實驗室，甚至到國家標準檢驗局。想量到多精確，就可以量到多精確。這樣很容易發現，你家的磅秤總是多秤了2磅。而可靠度也很容易描述：在體重計上上下下很多次，看看讀數變化有多大。

　　然而當我們想度量「智力」或「是否適合讀大學」的時候，若想要知道「如果我們重複許多次，會發生什麼狀況」的話，執行起來可要困難得多了。我們來看看，政治心理學家想要找出「兩個心理和社會因素量表」和「選民會在2016大選投給誰」之間關係的例子。

例13　心理學與 2016 年大選

　　2016 年大選民調發現，在威權主義信念得分較高的美國人，比較不會投票給希拉蕊，而有投票給川普的傾向。加拿大和英國的研究人員想要知道，是否右翼威權主義信念（RWA）和社會支配取向（SDO）能指出美國人在 2016 年總統大選的投票偏好。研究人員還假設 RWA 和 SDO 意識形態的基礎可能是認知能力。

　　研究的目標之一是要確認，本性比較威權主義（在 RWA 和 SDO 的得分較高）的人是否在 2016 總統大選會比較喜歡支持川普，且 RWA 和 SDO 得分較低的人會偏向支持希拉蕊。研究人員指出，所有的分析都控制了政黨認同因素。

　　以下是 RWA 和 SDO 量表的例子：

- 在 12 題版本的 RWA 量表中，其中一題的描述是「如果不摧毀那些蠶食我們傳統道德信念的謬誤，我們的國家總有一天會毀滅。」評分由 1（非常不同意）到 7（非常同意）。幾個題目的得分平均後，分數愈高的人代表愈支持右翼威權主義信念。

- 在 16 題版本的 SDO 量表中，有一題的描述是「劣等群體就該保持現狀。」評分由 1（完全不同意）到 7（非常同意）。跟 RWA 一樣，會平均各題的得分，分數愈高的人代表愈支持社會支配取向。

　　研究人員從這個研究發現，兩種威權量度得分較高的選民在 2016 年總統大選中比較喜歡支持川普。威權主義和社會支配的概念，在心理學上一直很重要，尤其是在研究偏見和極右派政治運動的時候。

對於用 RWA 或 SDO 量表來度量「權威性格」，我們也許會問下面這些問題。當我們在考慮 IQ 測驗或者 SAT 考試的時候，同樣的問題也會浮現。

1. 到底什麼是「右翼威權主義信念」或「社會支配取向」？我們對這些概念的了解程度，遠遜於我們對自己體重的了解。實際的答案似乎是：「反正就是 RWA 和 SDO 量表在度量的東西。」要說這種量度有效，必須先知道 RWA 和 SDO 量表的高分數代表什麼樣的行為，也就是說，我們要轉而考慮預測有效性。

2. 就如例 13 中問題所暗示的，具有強烈傳統道德信念和認為某些群體低劣的人，跟非常相似卻沒有這些想法的人比起來，前者較可能在 RWA 和 SDO 量表中得高分。度量器具是不是反映了發展出這套器具的人自己的想法？如果換個不同想法的人，是不是就可能發展出其他不一樣的器具呢？

3. 你認為你知道自己真正的體重有多重。那你真正的 RWA 或 SDO 量表分數應該是多少呢？國家標準局可以幫我們找出真正的體重，但是沒法幫我們找到真正的 RWA 或 SDO 分數。如果我們懷疑「右翼威權主義信念」的度量器具有偏差，因為它對有強烈傳統想法的人不公平，我們又要怎麼樣去檢測呢？

4. 你可以量很多次體重，看看你家的體重計可不可靠。但如果你接受 RWA 或 SDO 量表的測驗很多次，你會記得自己第一次寫了些什麼答案。也就是說，重複同樣的心理量度很多次，並不能算是真正的重複。所以，實際上很難檢驗出可靠度。也許心

理學家可以把同一項器具，發展成好幾個不同的形式，以便執行重複量度。但是我們又怎麼知道，這些不同形式的器具效果是不是真的一樣呢？

　　重點並不是說心理學家對以上問題都提不出答案。前兩個問題本來就有爭議性，因為並不是所有心理學家對人類性格的思維方式都一樣。後兩個問題至少有部分答案，但是答案並不簡單。問題是，在我們量體重時，「量度」這個詞的意義十分清楚明瞭，但在我們想要度量性格的時候，可就變得極其複雜了。

　　這裡還有個更重要的課題。當你看到諸如權威性格、智力、甚至適讀大學這類不明確主題的相關統計「事實」時，一定要小心。數字看起來總是很可靠，但是數據是人製造出來的，因此會反映出人的欲望、偏見和弱點。如果我們對到底在度量什麼都不了解、也未取得共識，數字可能反倒會製造爭議，而不是澄清問題。

第 9 章
數字合不合理？

▋ 個案研究：估算人群規模

群眾科學能用來估算一大群人的數量。在眾多資格中，群眾科學家可能要有人口普查工作、地理空間分析、遙測、或製圖等背景。沒有受過群眾科學訓練的人可能不擅長估算人群規模。

來看看川普 2017 年 1 月 20 日的就職典禮。川普總統估算參加人數落在 100 萬到 150 萬之間是否正確？ 2017 年就職典禮的隔天是華盛頓女性大遊行，參加人數估算在 50 萬到 100 萬之間。把兩個活動的照片並排對照，看起來女性大遊行的參加人數比就職典禮多。

川普總統和女性大遊行的組織者都想讓參與活動的人數盡量的高，但我們要如何得知參與活動的準確人數？

商業數據、廣告詞、對公共議題的辯論——我們每天都被數字圍攻，這些數字的目的是要證明觀點、加強論據，或者只是要我們放心。有時候，我們接收到的是假數據；有時候，引用數據

來爭論某件事的人，只關心爭論事項而不管數據的正確性。還有的人簡直沒有處理數字的能力。我們知道永遠要問：

- 數據是怎樣產生的？
- 我們想要度量的是什麼？
- 真正要度量的是什麼？

我們也相當了解，怎樣的答案才像是這些問題的好答案。這樣子很棒，但是還不夠。我們還缺乏「數字感」，也就是檢驗數字是否合理的習慣。本章的目標就在建立數字感。為了幫大家建立數字感，我們要來看看，爛數據或者錯誤使用的好數據，會怎樣讓粗心的人上當。

▋數字說了多少訊息？

最常見的誤用數據方式是，雖然引用了正確的數字，但因為沒把事實全說出來，所以數字的意義並非表面上看起來的那樣。數字並不是捏造的，所以資訊有點不完整也許只是無心的疏失。這兒有些例子，你自己決定他們到底有多「無心」。

例 1　雪！雪！雪！

魁司特崗（Crested Butte）小鎮打廣告說，在科羅拉多州所有的滑雪小鎮裡，他們的平均降雪量最高，藉此吸引滑雪者。這是事實。但滑雪者需要的是雪下在滑雪坡，不是下在鎮上，而在許多其他的科羅拉多度假勝地，滑雪坡上的雪比較多。

例2 又一個雪的例子

對於暴風雪，新聞報導會這樣說：「這場暴風雪橫掃該地區，造成28件小車禍。」威斯康辛州密爾瓦基市的記者邁爾說，他常打電話給警長，蒐集這類資訊。有一天他決定問警長，天氣好的時候通常有幾件小車禍？警長說大約48件。邁爾說，也許新聞中應該這樣寫：「今天的暴風雪，防止了20件小車禍的發生。」

例3 我們吸引優秀的學生

美國各大學都知道，許多學生都會參考某些很受歡迎的入學指南，來決定要向哪所學校申請入學。指南當中的資訊是大學自己提供的，當然沒有哪間大學會公然假造一些資料，比如說該校入學生的平均SAT分數。可是，我們確實希望分數看起來很好、錄取標準看起來很高。如果提交申請書的時候，可以選擇要不要提供SAT的分數，又會發生什麼事？分數低的學生不會把分數列入申請書中，所以平均分數會提高，此外，申請人數會增加、錄取率下降，而大學的選擇看起來變多。

有些人覺得，考試成績非必要條件政策（TOP）能讓大學錄取更多樣的學生族群。事情是如何發生的呢？在以前，「對考試文化和種族偏差的批評、缺少預測能力，而且無法量測出每個學生的智力」為那些想要增加多樣性的學校帶來麻煩。鮑登學院在1969年採用考試成績選擇繳交政策，是最早這麼做的學校，鮑登學院主張標準考試「容易對社會中占優勢的人更為有利，同時阻礙了其他人」。最近，赫伯特和威廉史密斯學院在2006年秋季採用SAT成績選擇繳交政策，他們說SAT分數向上躍升20分。與此同時，全國的SAT平均分數下降。

這些例子的重點是，數字都有背後的脈絡。如果你不知道背後的脈絡，那麼單獨、赤裸裸的數字就沒法給你太多訊息。

▌數字彼此之間是否相合？

以下是一個例子。

例 4　消失的廂型車

通常汽車製造商會借錢給他們的車商，好讓他們有車可以展售，等到車子賣出時，車商再償還貸款。紐約長島有一位叫做麥納瑪拉（John McNamara）的車商，在1985到1991年之間，向通用汽車（GM）公司借貸了超過60億美元。光只是在1990年12月的一個月當中，麥納瑪拉先生就借了4億2千5百萬，購買了17,000輛通用廂型車，交由印第安納州一家公司來改裝，號稱要銷售到海外。因為麥納瑪拉的還款紀錄良好，所以通用汽車很樂意借錢給他。

讓我們暫停一下，仔細想想這些數字——這是通用汽車當初該做卻沒做的。整個廂型車改裝的行業，一個月差不多只生產17,000輛廂型車。所以麥納瑪拉等於宣稱他一個人買下了全美整個月的生產量。而這些豪華又耗油的大型車，是為了美國的州際公路所設計的。休旅車貿易協會說，這類車在1990年只有1.35%（不到2,800輛）的車輛外銷。宣稱在一個月內要購買17,000輛廂型車來外銷，是不足採信的。即使和廂型車的全部生產量相比，麥納瑪拉所宣稱購買的量也相當大。以雪佛蘭公司為例，1990年整年才生產了100,067輛正常大小的廂型車。

看到這些數字之後，你也猜得出是怎麼回事了。麥納瑪拉於1992年在聯邦法庭中承認，他大大的詐騙了通用汽車公司。印第安

納州的公司是麥納瑪拉創立的空殼公司，開出的發票是偽造的，號稱購買的廂型車根本不存在。麥納瑪拉大量向通用汽車借錢，其中大部分用來還前次的借款（因此而建立了良好的信用紀錄），而自己也揩了一些油。前後加起來，他總共詐騙了超過4億美元。通用汽車撥出2億7千5百萬來補這個漏洞，而有兩位應該要仔細審查相關業務數字的主管，因此被開除了。

麥納瑪拉耍了通用汽車，因為通用汽車沒有把他的數字和別的數字做比較。在整個改裝廂型車行業一個月只生產17,000輛車，而且只有比1%多一點的車外銷的情況下，竟沒有人問，為什麼會有車商在一個月內，可以買17,000輛廂型車來外銷？下面還有一個例子，是關於數字彼此之間有點對不上的問題。

例5　失業率可信嗎？

第8章的例3提到，美國勞工統計局自1994年來一直使用相同的公式來計算美國的失業率。有趣的是，川普在成為總統之前批評勞工統計局報告的失業率，甚至在2016年12月說算出來的數字「完全是假的」。

2012年10月，川普說7.8%的失業率數字並不正確，聲稱失業率實際上至少有15%。三年後，他說報告中5.4%的失業率更像是40%或42%。《華盛頓郵報》的一篇文章指出，川普在2012到2016年間至少十次稱失業率數字是「騙人的東西」。可是川普總統在2017年3月表示，失業率「在過去可能是騙人的東西，但現在非常真實」。勞工統計局和川普總統過去多年來報告的數字並不一致。如果勞工統計局自1994年來一直使用相同的公式，那麼現在的失業率怎麼可能既真實又正確呢？

在川普總統的競選活動期間，他把每一個沒有工作的人都算作失業，包括退休人士、學生、全職父母。可是勞工統計局並不把這些族群列入勞動人口，也就不會算進失業率中，一旦把他們算進來，失業率便會一飛衝天。這解釋了川普總統和勞工統計局報告的數字為何不一致。或許是因為川普在當總統之前不知道該把什麼納入計算，而在他當選總統之後，他就知道勞工統計局的計算正確無誤。如果不知道官方的數字是怎麼冒出來的，那我們都有可能算出不一樣的數字。

下面的例子中我們確知有問題，因為數字不對。這個例子是一篇文章的一部分，內容在批評史隆凱特林癌症中心的一位癌症研究員，他被指控犯了科學上的滔天之罪：偽造數據。

例 6 假數據

明尼蘇達老鼠實驗的論文中有一個統計表，表裡面有 6 組動物，每組各 20 隻，並包含每組成功的百分比。雖然 20 的任何百分比都應該是 5 的倍數，但史隆凱特林癌症中心的一位癌症研究員所記錄的百分比卻是 53、58、63、46、48 以及 67。

▎數字可信嗎？

我們常常只因為數據看起來實在不可信，就查出可疑數字。有時候你可以用如《美國統計精粹》（*Statistical Abstract of the United States*）等可靠來源的數據，來檢查不大可信的數字。有時候，就如下個例子說明的，你只要做些計算，就能證明某個數字不可能是正確的。

例7　救濟來了！

　　2005年8月的卡崔娜颶風襲擊了墨西哥灣沿岸地區，造成嚴重破壞。2005年9月，路易斯安那州參議員瑪麗·蘭德魯（民主黨）和大衛·維特（共和黨）在國會提出卡崔娜颶風救災和經濟復甦法案，試圖為紐奧良和墨西哥灣沿岸地區的人民提供長期救濟和援助，所需的聯邦資金達2千5百億美元。這筆錢不會只花在紐奧良，也不會直接分配給受颶風影響的居民。不過當時有人注意到，如果你是紐奧良484,674名居民的一員，那麼2千5百億美元相當於

$$每個居民可得 = \frac{250,000,000,000}{484,674} = 515,810.6美元$$

這表示一個四口家庭能得到2,063,240美元！

▌數字是否好得不像真的？

　　例6裡面，因為數字自相矛盾，才使人懷疑數據是假的。而過分精確或太有規律，也一樣叫人起疑，就像學生實驗報告裡的數據和理論結果一模一樣的狀況。實驗助教知道，儀器的準確性和學生的實驗技巧，都沒有好到可以得出這麼完美的結果，所以助教會懷疑結果是學生編出來的。底下是兩個在醫學研究中造假的例子。

例8　醫學研究造假

　　2018年1月，京都大學的幹細胞科學家被判有罪，因為他偽造論文數據，發表在《幹細胞報告》。京都大學要求期刊撤回這篇論文。科學家是怎麼偽造數據的呢？調查結論是「研究中的圖表對作

者山水康平的結論來說非常重要，而六個主要圖表全都遭到作者變造。」

學術研究造假

1986年的資料造假案例很經典。史勒次基（Slutsky）是加州大學聖地牙哥分校嶄露頭角的放射學家，看似發表了許多論文。然而，審稿人受邀為史勒次基寫升職推薦函的時候，發現他兩篇論文當中的數據完全一樣，但是受試者的數目卻不相同。不用說，史勒次基沒有升職，其實他辭職了。

在史勒次基這個例子裡，可疑的規律性（兩篇論文中的數據相同）加上不一致性（兩篇論文中的受試者數目不同），足以讓一個細心的讀者懷疑資料有假。

▌ 算術對不對？

錯誤的結論或令人無法理解的結論，常常只是粗心大意的結果。其中，比率以及百分比尤其容易出錯。

例10 這是什麼百分比

以下是跟百分比有關的一些例子。2009年12月4號，電視節目《福克斯與朋友們》展示了一張圖片，問：「科學家是否為了他們對於全球暖化的理論而捏造研究？」拉斯穆森報告民意調查的結果顯示：59%的民眾覺得「有點可能」、35%覺得「非常可能」、26%覺得「不太可能」。受訪民眾總和高達120%！原來是因為《福克斯與朋友們》弄錯了拉斯穆森報告民意調查的實際結果，但他們

沒有發現錯誤。

　　就連聰明人也會搞不清百分比。一份給女性大學教師的新聞信中問：「女性被指派為某一專業等級的機會，比男性少550%（5倍半），這樣合理嗎？」不管什麼東西，100%就是全部了。如果拿走100%，就什麼都不剩了。「少550%」是什麼意思？我們一點也摸不著頭緒。雖然我們沒辦法確定，但有可能新聞信的意思是說，女性的機會是男性的機會除以5.5。如果是這樣的話，減少的百分比應該這樣計算：

$$減少的百分比 = \frac{男性機會 - 女性機會}{男性機會} \times 100\%$$

$$= \frac{男性機會 - （男性機會/5.5）}{男性機會} \times 100\%$$

$$= \frac{1 - （1/5.5）}{男性機會} \times 100\% = \frac{4.5}{5.5} \times 100\% = 81.8\%$$

　　似乎一離開學校之後，很少人會去做算術。而會去做算術的人，比較不會被沒意義的數字給欺騙。其實只要稍微思考一下、拿個計算機算一算，就萬事搞定了。

例11　夏天多小偷

　　一個住宅保全系統的廣告上說：「你去度假的時候，小偷就開始工作了。根據FBI的統計資料，有超過26%的住宅竊案，發生在陣亡將士紀念日和勞動節之間。」

　　這樣講應該是想說服我們，小偷在暑假期間特別活躍。可是看看你的行事曆。陣亡將士紀念日和勞動節之間隔了14週。在一年52週當中，14週占的百分比是：

$$\frac{14}{52} = 0.269（即 26.9\%）$$

所以廣告詞等於在說：一年當中有 26% 的竊案，發生在 27% 的時間當中。這一點兒也不稀奇。

例12 老年大軍來了

1976 年的某期《科學》期刊中有位作者提出：「在美國，65 歲以上人口現在共有 1,000 萬，到 2000 年時將會達到 3,000 萬，而且占美國人口的 25%，是前所未有的高比率。」警鐘響起了：老年人會在四分之一個世紀裡變成 3 倍，會構成全體美國人口的四分之一。我們來檢查一下算術。3,000 萬是 1 億 2,000 萬的 25%，因為：

$$\frac{3}{12} = 0.25$$

所以 2000 年的人口總數必須是 1 億 2,000 萬，作者說的數字才說得通。但美國人口在 1975 年已經是 2 億 1,600 萬了。這計算一定有什麼地方不對。

既已警覺有錯，我們來查一下《美國統計精粹》，看看事實如何。1975 年的時候，在美國，65 歲以上人口共有 2,240 萬，而不是 1,000 萬，所占總人口的比率超過 10%。至於 2000 年預估的 3,000 萬老年人，不過是占該年預估總人口 2 億 8,100 萬的 11% 而已。從 2000 年的立場來看，我們知道 65 歲以上人口占全美總人口的 12%。人的壽命愈來愈長，所以老年人的數目會持續增加。不過，是在 25 年間從 10% 增長到 12%，比《科學》期刊那位作者說的，可要慢得多了。

計算某個量增加或減少了多少百分比時，很容易算錯。一個數量改變的百分比是這樣算的：

$$改變的百分比 = \frac{改變的量}{起始的值} \times 100\%$$

❊ 只不過算錯一點罷了

1994年的時候，有個由祖母級婦女組成的投資俱樂部，寫了一本暢銷書《鬍鬚鎮女士之簡易投資指南》（*The Beardstown Guide*）。在書的封面上以及她們多次在電視上露面時，這群來自鄉下的作者都聲稱她們的年報酬率是23.4%，打敗大盤以及大部分專業操盤者。四年後，一位懷疑者發現，俱樂部會計登打資料時輸入錯誤。鬍鬚鎮女士的實際獲利是9.1%，比同期大盤的14.9%差很多。我們都會犯錯，不過大部分的錯不會像這個錯這樣，還能賺進大把鈔票。

例13　股市起伏

2018年3月26日當天，美股那斯達克指數收在7220.54點，上揚227.87是第九大漲點。那斯達克指數前一天收在6992.67點。它上揚的百分比是多少？

$$改變的百分比 = \frac{改變的量}{起始的值} \times 100\%$$

$$= \frac{7220.54 - 6992.67}{6992.67} \times 100\%$$

$$= \frac{227.87}{6992.67} \times 100\% = 0.033 \times 100\% = 3.3\%$$

當然，股市有起就有落。那斯達克指數隔天收在 7008.81 點，滑落 211.73 是第九大跌點。那斯達克股市新聞說：「週五的指數表現（benchmark）因投資人擔心美中貿易戰而嚴重下滑。……此外，今年和 2017 年一直推動市場的科技股遭到重挫。」

滑落的百分比是：

$$\frac{改變的量}{起始的值} \times 100\% = \frac{-211.73}{7220.54} \times 100\% = -2.9\%$$

記得分數的分母永遠是要用起始的值，而不是用較小的那個值。也要記得，你感興趣的是百分比，而不是實際相差的值（以本例來說，−2.9% 才是該報導的數值，而不是相差 −211.73）。

一個量可以無限的增長，增加 100% 只不過代表它變成原來的 2 倍。但是全世界沒有什麼量可以減少超過 100%──減少 100%，就已經全部沒有了。

▌背後有什麼該注意的嗎？

很多人對於各式各樣的議題有強烈立場，強烈到希望看到的數字可以支持自己的立場。通常只要他們很小心的選擇數字來報導，或者努力想辦法把數字擠壓成想要的形狀，就可以找到支持他們立場的數據。以下是兩個例子。

例 14　婦女的心臟病

公路邊一個廣告看板上簡短的寫著：「死於心臟病的人當中，有一半是婦女。」這個真實敘述的背後，到底藏著什麼目的？也許立廣告看板的人只是要女性知道，她們也應該注意心臟病的風險。（調查顯示，許多婦女低估了心臟病的風險。）

從另一方面看，也許廣告主想要反擊對男性心臟病的過度強調（有些人這樣認為）。如果是這樣的話，我們也許應該指出，雖然死於心臟病的人有一半是女性，然而她們的平均年齡卻比男性大很多。大致來說，全美每年約有 50,000 名不到 65 歲的女性及 100,000 名不到 65 歲的男性死於心臟病。美國心臟學會說：「女性死於冠狀動脈心臟病的風險，差不多和年輕 10 歲的男性一樣。」

例 15　貧富差距

美國在 1980 年代和 1990 年代經濟起飛的時候，最高收入群和最低收入群的差距加大了。1980 年的時候，最低收入的那五分之一家戶，只賺到全美總收入的 4.3%，而前五分之一高收入戶得到43.7%。到了 1998 年，最低收入的五分之一，收入還降到整體的3.6%，而最高的五分之一則上升到 49.2%。也就是說，前五分之一的所得，幾乎是最低收入那五分之一的 14 倍。

我們有沒有辦法揉捏一下這些數字，把差距縮小呢？《富比士》雜誌（主要是有錢人讀的雜誌）裡面有篇文章就這樣做了。首先，根據當前人口調查的資料，家裡成員愈多、家戶所得可能就愈高，所以我們應該改算每人的收入。有錢人繳比較多稅，所以就考慮稅後收入。窮人有食物代券及其他補助，也應該算進去。最後，收入高的人工作時數比收入低的人多，所以應該根據工作時數調整。這樣重算之後，前五分之一高所得者的收入，變成只有底層五

分之一低所得者的3倍。當然啦，工作時數較少，有可能是因為生病、身體殘障、照顧孩童和年邁父母等各種原因。如果《富比士》的背後動機是要說明所得分配不均並不重要，我們可不一定同意。

此外，還有一些地方可以做調整。普查局的這些數字當中，並不包括資本利得，比如說股票上漲賣出所賺的錢。資本利得絕大多數都進了有錢人的荷包，所以把這項加進去會使差距更大。但《富比士》可沒這樣做。普查局說，如果把任何可想像得到、可叫做「收入」的東西都調整進去的話，1998年最低所得的五分之一家戶的收入，會占總收入的4.7%，而最高所得的五分之一會占45.8%。

最高收入群和最低收入群的差距持續擴大。普查局的數據指出，2017年，底層五分之一的家戶獲得了總收入的3.1%，前五分之一的家戶獲得了51.5%，前5%的家戶獲得了22.6%。

第二部 整合數據

　　文字本身不構成故事。得由作者把文字組成句子，再把句子組成故事。如果文字組合得不好，故事可能讓人看不大懂。數據也一樣，如果要讓人看清楚數字隱含的訊息，一樣需要經過整合。字用得太囉嗦，會讓主題變模糊而不是變清楚。一大堆的數據更是叫人難以消化，因此我們常常需要一個精簡的摘要，來凸顯出重要內容。應該如何整理、綜合及呈現數據，就是本書第二部的主題。

　　整理及彙整大量的事實時，最容易把事實扭曲，其中有些是無心的，有些卻是故意的。不管呈現事實用的是數字還是文字，上述情況發生的機會都差不多。我們將指出在呈現

數據時，會讓不小心的人上當的一些陷阱。把統計看成說謊藝術的人，看統計時注意力都放在數據的彙整及呈現上。我們卻主張，誤導的綜合資料及選擇性的呈現資料，早在亞當、夏娃偷食禁果之後和上帝的對話中，就看得到了。不要怪統計。要記得那句老話：「數字不會說謊，但騙子會算計。」所以要小心。

第 10 章

好的圖及壞的圖

▌個案研究：主要死因

　　美國國家衛生統計中心每年都會提出報告，總結美國當年度的主要死因、死亡率隨時間的變化，以及其他關於死亡的性質。國家衛生統計中心2017年12月發布的「死亡：2015年最終資料」簡報以及「2015年依年齡分組的十大死因」報告，列出了四個年齡層的前五大死因，如圖10.1。清楚的圖能告訴我們資料的訊息，還能讓我們知道這幾個變數是如何產生關聯。圖能讓政策制定者或決策者更容易作出決定，該如何分配資源給預防措施或干預措施。舉例來說，快速瀏覽一下1到24歲年齡層的圓瓣圖，就能知道這個年齡層有15%是死於自殺，這個驚人數據清楚的告訴我們，資源分配可能有很大的問題。

　　統計處理的就是數據，而我們常用圖表來呈現數據。圖表可以幫助我們看出數據當中所含的訊息。不過，並不是所有的圖表都能夠正確呈現、或者清楚呈現數據當中所含的訊息。在本章當

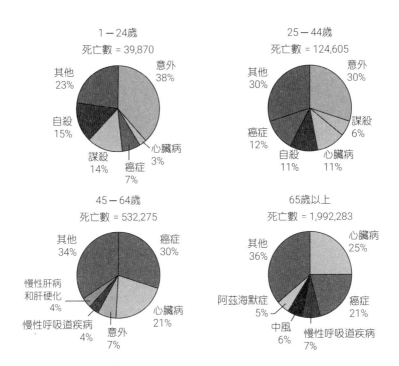

圖 10.1 四個年齡層的前五大死因。（資料來源：Murphy, SL, Xu, J, Kochanek, KD, et al. Deaths: Final data for 2015. National vital statistics reports; vol 66 no 6. Hyattsville, MD: National Center for Health Statistics. 2017. https://www.cdc.gov/nchs/data/nvsr/nvsr66/nvsr66_06.pdf）

中你會學到呈現數據的基本方法，以及如何評估你在媒體上看到的圖表品質好壞。讀完這章你就能夠判斷，圖10.1是好的圖還是壞的圖了。

▍數據表

　　建議你看看《美國統計精粹》，它每年出一本，裡面有各式

各樣的數值資訊。私立小學和中學的數目是不是有成長？這些學校的學生中，少數族裔占多少？過去幾年當中，每年共有多少人得到學士學位？這些學位若根據學習領域來分，或者根據畢業生的年齡、種族、性別來分的話，各有多少？所有這些以及更多其他的資訊都可以在《美國統計精粹》的教育一節裡找到。這些數據表把資料做了摘要。我們並不想看每一個大學學位的資訊，只想知道我們感興趣的一些類別當中的計數。

例1 怎麼樣的表才清楚？

成人的教育程度如何？表10.1呈現了25歲以上人士的資料。這個表是數據表的一個好示範。表的標示很清楚，所以資料的主題一目了然。主標題描述了資料的總主題，並且列出年份，因為這種資料會逐年改變。表裡面的標題闡明了變數，並且說明了度量變數所用的單位，例如，你可以注意一下，計數以千為單位。資料來源出現在表的底部。這份普查局發表的結果，內容資料事實上是從「當前人口調查」取得的。

表10.1先列出不同教育程度的25歲以上社會人士的計數。比率（或百分比、比例）通常要比計數清楚——聽到有10.4%的社會人士沒有讀完高中，比起聽到有22,540,000人沒有讀完高中，前者的資訊要清楚得多。表10.1也列出了百分比。中間和右邊的這兩行數字，用兩種不同方式呈現了「教育程度」這個變數的分布；每一行都在告訴我們這個變數可能有些什麼值（即6種教育程度），以及該變數等於其中每一個值的比率。

表10.1　2017年25歲以上人士的教育程度

教育程度	人數（千）	百分比
未達高中	22,540	10.4
高中畢業	62,512	28.8
大專肄業	35,455	16.4
專科畢業	22,310	10.3
學士學位	46,262	21.3
更高學位	27,841	12.8
總　　數	216,921	100.0

資料來源：美國普查局《2017年美國教育實況》

變數的分布

一個變數的**分布**（distribution），告訴我們變數有些什麼可能值，以及每一個值出現的比率。

例2 捨入誤差

　　你有沒有檢查一下表10.1中的數字是否相合？人數的總數應該是：

22,540 + 62,521 + 35,455 + 22,310 + 46,262 + 27,841
= 216,920（千人）

可是表裡面的總數是216,921。怎麼回事？裡面每一單項的數字，在換成以千人為單位時經過四捨五入。因為是每一項個別做四捨五入，加起來和總數不合是正常的。在這章開始，這種**捨入誤差**（roundoff error）在我們做算術的時候，都會一直跟著我們。

表裡面出現捨入誤差不算稀奇。比如說當表裡面的數字是百分比的時候，總數加起來可能會和100%有微小差距，常常是99.9或100.1%。當表裡面的數字是比例時，總數加起來可能會和1有微小差距，像是0.99或1.01。

▌變數的類型

當我們在考慮各種圖的時候，把變數稍加分類會有幫助，有的變數具備有意義的數值刻度（例如身高幾公分、 SAT分數等），而有的變數例如性別、職業或者教育程度，只是把個體分到不同類別而已。

類別變數和數量變數

類別變數（categorical variable）是把個體歸類到其中一個組或類別。

數量變數（quantitative variable）的值是數值，因此拿來做算術比如加法或平均的時候，是有意義的。數量變數有時也稱為數值變數（numerical variable）。

▌ 圓瓣圖及長條圖

　　表10.1當中的分布很簡單，因為「教育程度」只有6種可能值。要把這個分布用圖來表示的話，可以用**圓瓣圖**（pie chart）。圖10.2就是25歲以上人士教育程度的圓瓣圖。圓瓣圖可以顯示一個整體怎樣分為幾個部分。要畫圓瓣圖，先得畫個圓，圓代表全體，在這個例子中，就是所有25歲以上人士。圓裡面的楔形就代表各部分，各楔形的圓心角和各部分的大小成比例。比如說，有21.3%的人有學士學位但沒有更高的學位。因為一個圓的內角為360度，所以代表「學士學位」的楔形，圓心角就有：

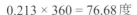

$$0.213 \times 360 = 76.68 度$$

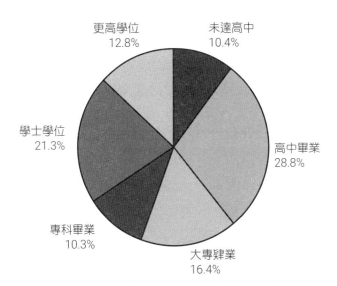

圖10.2　2017年25歲以上人士教育程度分布的圓瓣圖。

圓瓣圖的好處是讓我們看到，所有的部分合起來，的確是全體。但是角度比長度難比較，所以圓瓣圖並不是比較各部分大小的好方法。

圖10.3是根據同樣數據所畫出的**長條圖**（bar graph）。每個長條的高度顯示出，25歲以上的人當中，合於該長條底部標示的教育程度的人，占多少百分比。注意，在一個長條圖中，每個長條的寬度總是相同，而長條之間的距離也相同。無論是從圓瓣圖或長條圖都可以清楚看出，「高中畢業」的長條比較高、圓瓣角度比較大。可是，愈小的差距在圓瓣圖中愈難區分，如果是用長條圖，就能明顯看出「學士學位」是第二大的類別，這種差異在圓瓣圖的楔形之間不容易看出來，所以我們得在每個楔形旁都標示百分比。長條圖比較容易比較類別大小，除此之外，如果變數有自然規律（例如一個人受到多少教育），長條圖的橫軸能加以呈現，但用圓瓣圖呈現的話就沒那麼明顯。

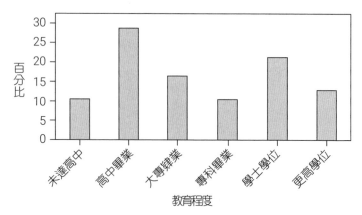

圖10.3　2017年25歲以上人士教育程度分布的長條圖。

圓瓣圖和長條圖都可以用來表示像教育程度這樣的類別變數的分布（不論是計數還是百分比）。圓瓣圖通常表示每個類別的百分比（而不是計數）。長條圖能用來表示整體分布，也能只表示少數幾個類別，若出現不屬於同一個整體的類別，一樣可以用來比較數量──只要每個類別的大小都能以一個數字表達，就能使用長條圖。

例3　稅太高？

　　圖10.4比較了八大民主國家的稅負高低。每個民主國家都是一個類別，分別由一個值來描述，因此以長條圖來呈現這些數據是

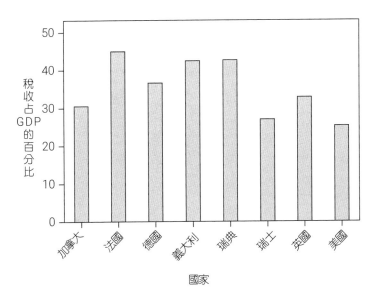

圖 10.4　經濟合作暨發展組織八個國家的稅收占了 GDP 多少百分比。（資料來源：經濟合作暨發展組織，https://data.oecd.org/tax/tax-revenue.htm.）

個不錯的選擇。長條的高度顯示各國的國內生產毛額（GDP，一個國家生產的產品和服務的總值），有多少百分比用於稅收。習於抱怨稅率太高的美國人恐怕會很驚訝的發覺，美國的稅收占GDP的25.4%，幾乎是八個國家中最低的。請注意，我們不能用圓瓣圖來取代圖10.4，因為圖10.4比較的是八個單獨的數量，而不是一個整體的各個部分。

例4　政府稅收明細

政府利用各種方式產生稅收。稅務基金會分析了經濟合作暨發展組織（OECD）2015年的資料，在2018年指出，美國的稅收包括個人所得稅（40.5%）、社會保險稅（23.7%）、消費稅（17.0%）、財產稅（10.3%）和企業所得稅（8.5%）。由於每種稅都能用一個數值來代表其大小，所以很適合用長條圖來呈現這些數據。

需要注意的是，用圓瓣圖也很合適，畢竟這些數據都是整體的一部分。如果我們想拿美國的稅收分布，跟所有其他經濟合作暨發展組織國家的平均值比較怎麼辦？那就不適合用圓瓣圖了。

圖10.5是美國政府稅收分布的長條圖，在美國長條旁邊的第二組長條，代表所有其他經濟合作暨發展組織國家的平均值。這樣的圖稱為並排長條圖，可用於比較。現在很明顯，美國對個人所得稅的依賴程度較高，而其他國家對消費稅的依賴程度較高。

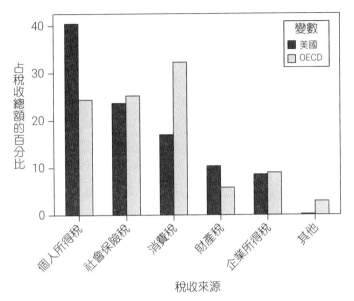

圖 10.5 並排長條圖比較了 2015 年美國與所有其他經濟合作暨發展組織國家平均值的稅收來源分布。（資料來源：經濟合作暨發展組織國家，StatExtrats，http://stats.oecd.org。）

留意象形圖

長條圖是經由比較代表各數量的長條高度，來比較各個數量的大小。但是我們眼睛所看的，除了高度外，還有面積。當所有長條的寬度都一樣時，面積（寬度 × 高度）和高度成正比，所以我們的眼睛接收到的是正確的印象。當你畫長條圖時，每個長條都要一樣寬。要是從藝術美感的觀點來看，長條圖實在有點單調，令人動念想要用別的圖形取代長條，以期更能吸引視線。

例 5　會誤導的圖

　　圖10.6是象形圖（pictogram）。象形圖其實就是長條圖，只是以圖形取代長條。這個圖的目標是吸塵器消費者。這個圖顯示出，戴森吸塵器的吸力是他牌的2倍以上。圖中的y軸（縱軸）顯示了每一台吸塵器的吸入功率，儘管x軸（橫軸）沒有清楚標示，還是能看出吸塵器的廠牌。我們看到，最右邊的戴森吸塵器大概是最左邊所列吸塵器的4倍（160大約是43的4倍）。不過，從圖形看起來，戴森吸塵器超前的吸力遠不只如此，為什麼呢？

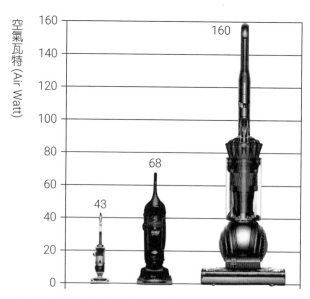

圖 10.6　戴森網站上的廣告，顯示戴森吸塵器的吸力是他牌的 2 倍以上。（資料來源：For All Practical Purposes: Mathematical Literacy in Today's World, 10e by COMAP. Copyright 2016 W.H. Freeman and Company. All rights reserved. Used by permission of the publisher Macmillan Learning.）

　　為了把圖形放大，繪圖的人必須同時把圖的高和寬加大，以免變形。如果代表戴森吸塵器圖片的長和寬同時放大，那面積就是 4 × 4 = 16 倍。要記得，長條圖裡的長條應該一樣寬，只有高度會變動。以圖形取代長條圖裡的長條很吸引人，但很難在不扭曲圖形的情況下保持「長條」等寬。

▌隨著時間變動的線圖

　　許多數量變數都是隔一段時間度量一次的。比如說，我們也許會量孩童的身高，或者在月底記錄某支股票的股價。在這類例子當中，我們主要感興趣的，是變數如何隨著時間變化。要表示出變數隨著時間變動所產生的變化，應該使用線圖。

> **線圖**
> 一個變數的**線圖**（line graph）描繪出該變數在不同的時間所量出來的結果。一定要把時間刻度放在你畫的圖的橫軸上，而把你正在度量的變數放在縱軸上。用直線連接根據數據畫出的點，以便呈現出隨時間變化的狀況。

　　繪製線圖的時候，要確認橫軸的時間間隔要相同，以避免失真。線圖還可以用來顯示數量變數隨時間變化的狀況，如果以不同的線來繪製每個類別變數，就能區分不同的類別變數。

不同教育程度的失業率

　　失業率會怎麼隨時間變化？圖10.7是美國依教育程度區分，從2008年7月到2018年7月的每月全國失業率線圖。以2009年7月為例，學歷未達高中的失業率是15.3%，高中學歷是9.5%，大專學歷是8.0%，大學以上是4.8%。

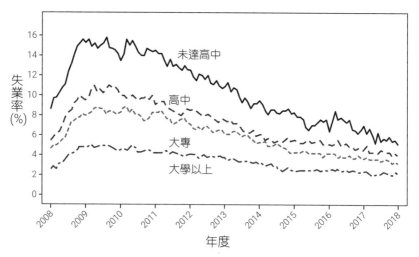

圖 10.7　依據勞工統計局的資料，四種教育程度從 2008 年 7 月到 2018 年 7 月的每月全國失業率線圖。（資料來源：https://www.bls.gov/charts/employment-situation/civilian-unemployment-rate.htm#.）

　　如果是把數值列成一個長長的表，會很難看出數值走向的型態，但圖10.7卻使這個型態清楚多了。我們要怎麼看此圖呢？

● 首先，找出**整體型態**。比如說，長期下來隨著時間上升，或者長期下來隨著時間下降，就叫做**趨勢**（trend）。從2009年到2010年，因為大衰退（Great Recession），各教育程度的失

業率都處於高峰。在那之後，整體趨勢都顯示失業率下降，無論是哪種教育程度，每條線都普遍降低。

● 其次，找找看有沒有顯著偏離整體型態的現象。2008年到2009年年初顯著上升，這是經濟衰退的副作用。失業率在2010年一直在高峰紀錄附近徘徊，之後終於開始下降，直到最近的數值。2010年年中的整體型態普遍開始下降，而未達高中的失業率顯著偏離整體型態，呈現急劇下降。

● 隨時間變動的變數，常常會年復一年出現規律的**季節變動**現象。失業率的計算跟勞動人口的大小和工作中的勞動人口數量有關，舉例來說，在美國，因為聖誕節長假的銷售工作結束，以及北方的戶外工作由於冬季天候緣故而減少，所以每年1月份失業率會升高。如果政府公布的失業率每到1月就跳升，可能會造成困擾（還可能有政治上的麻煩）。勞工統計局知道每年1月失業率大約要上升多少，所以會依據預期中的變化來調整公布的資料，也就是**季節調整**。

季節變動與季節調整

在已知的固定間隔時間重複出現的型態，就叫做**季節變動**（seasonal variation）。許多要定期度量的長期資料，都經過了**季節調整**（seasonal adjustment），也就是說，在數據公布之前，預期的季節變動已先消除。

　　線圖可能只有一條線，也可以超過一條，例如圖10.7的線圖就以四條線呈現了四個不同教育程度的失業率。同時畫出這四個

類別的失業率能提供額外的資訊，我們發現失業率隨教育程度提高而降低——這是推廣大學教育的有力證據。此外，在大衰退時期，教育程度較低的失業率上升得更為劇烈。對於教育程度較高的人來說，失業率似乎較為穩定，而對於教育程度較低的人來說，失業率的變化較大。

※ 越南效應

民間傳說在越戰期間，許多人為了不要被徵召入伍而去上大學。統計學家韋納（Howard Wainer）用數據對應時間畫了圖，試圖找出關於「越南效應」的蛛絲馬跡。他發現，入伍資格測驗（給新兵做的智力測驗）的分數在越戰期間急遽降低，越戰結束後又回升。申請大學的學生的SAT考試分數，在戰爭初期也同樣下降。似乎不願從軍而選擇大學的人，把兩個測驗的平均分數都拉低了。

▍注意刻度

因為圖給人的印象很深刻，所以不小心的人很容易被誤導。謹慎的人在讀線圖時，會很仔細的看橫軸和縱軸上標示的刻度。

例7 同居

未婚同居的人數，近年來增加很多，以致有些人認為，同居延後甚至取代了婚姻。圖10.8裡是美國未婚同居戶數的兩個線圖。數據又是出自當前人口調查。左邊的圖顯示出穩定而幅度不大的成長；右邊的圖卻告訴我們，同居人數正在暴增。

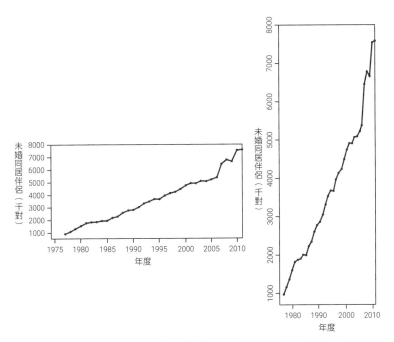

圖 10.8　改變線圖的刻度所產生的效果。兩個圖展示的是同一組數據，但是右邊的圖使得增加的速度看起來快得多。

　　其中的奧祕在於刻度。要把左邊的圖變成右邊的圖，只要把縱軸拉長，橫軸壓縮，然後把線圖兩端未到達的縱軸刻度切掉。現在你已經知道，如果要誇大或者壓低一個線圖的上升或下降趨勢，應該怎麼做了。

　　這兩個圖哪個正確？兩個都是呈現同樣數據的正確圖形，但是兩者都對刻度做了選擇，以便製造出特定的效果。線圖並沒有所謂的「正確」刻度，而藉由刻度的選擇，同樣都是正確的圖也可以給人截然不同的印象。要小心刻度！

還有一個和刻度有關的事需要注意。當我們想要觀察某物品的價值或價格隨時間變化的情形時，如果直接用價格畫線圖來觀察變化的大小，可能會造成誤導。通常來說，改畫出當期較前一期增加的百分比，會比較好。

例8　發財

在二十世紀結束前，美國股票市場是大牛市（市場上價格走高）。有多大呢？看圖要比用文字說明清楚得多。

先看圖10.9。這個圖顯示的是1971到2017年之間，每一年股價增加或減少的百分比（以標準普爾500指數當標準）。在1982年之前，股價上上下下；有時候降得很凶，例如股票市值在1973年損失了14.7%，1974年又損失26.5%。但從1982年開始的18年當中，有17年股價都上漲，而且常常上漲很多。從2000年到2009年，股價又開始上上下下，在2008年開始的衰退中大幅損失37%。

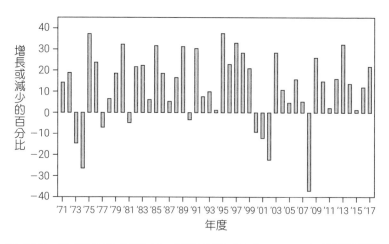

圖10.9　從1971到2017年，標準普爾500（S&P 500）普通股價指數的增長百分比或減少百分比。

　　從圖10.10可以看出怎麼樣發財。如果你在1970年年底投資了1,000美元在股票上，從圖上可以看出，你的1,000美元在之後每一年的年底會變成多少錢。1974年過完的時候，你的1,000美元掉到853美元了，而在1981年年底，只上升到2,145美元，這樣差不多是每年增長7.2%。在那些年間，你把錢放在銀行反倒會賺得多些。然後大牛市上場了，到了1999年年底，你的1,000美元變成36,108美元。股價在後面的18年又開始上上下下，到2017年的年底，你的1,000美元變成117,290美元。

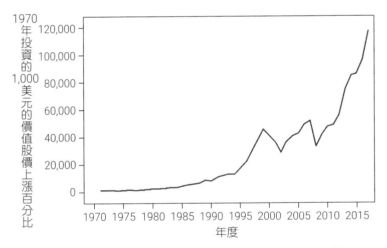

圖 10.10　1970年年底對標準普爾500指數投資的1,000美元，在1970到2017年之間，每年年底的價格變化。

　　我們可以從圖10.9和10.10學到很多。從圖10.10看起來，1970到1980年之間增加的量微不足道，而1995到1999年之間則急遽增加。雖然我們的投資金額在1995到1999年之間增加的幅度，的確比1970到1980年之間大很多，卻不能據此做出一般結

論說，大家的投資在1995到1999年之間的成長情況，遠遠超過1970到1980年這段期間的任何一段時間。

圖10.9提供的訊息比較精準，和圖10.10的訊息不同。舉例來說，1975年的增加百分比（約37%），不輸1995到1999年之間的任何一年。然而在1975年，投資的實際金額相對來說較少（1,170美元），這麼小的數字所增加的37%，在圖10.10所用的刻度之下，幾乎看不出來。到了1995年，投資的實際金額大約是14,000美元，它的37%成長看來就驚人得多。

▌ 怎樣把圖畫好

圖是傳達數據訊息最有效的方式。好的圖常常可以把數據當中的資訊清楚顯示出來，而若只把數據製成表，可能很難、甚至不可能做到這點。還不只這樣，比起數據製造的印象，圖所給予的立即視覺效果強多了。以下是把圖畫好的一些原則。

* 一定要在**標示**和**圖例說明**裡表示清楚，圖裡面畫的變數是什麼，單位是什麼，以及資料來源。
* **要讓數據很醒目。**要確實注意到，抓住看圖者注意力的是數據本身，而不是標示、格線，也不是背景的美術圖樣。你是在畫一個呈現數據的圖，不是在從事藝術創作。
* **要注意實際上眼睛會捕捉到什麼。**避免用象形圖，而且要小心選擇刻度。也不要用很炫的3D效果，因為那只會讓人看得迷迷糊糊，不會提升看的人對數據的了解。想一想是不是把圖稍微做些改變，訊息會更清楚。

例9　受大專教育的人數增加了

　　圖10.11顯示出，25歲以上女性擁有學士或更高學位的比例增加了。一共只有5個數據點，所以線圖應該很簡單。但圖10.11可不簡單，畫圖的人大概忍不住要在背景當中加畫些東西，又在圖上加了格線。這樣子反倒比較看不清楚數據了。在每個數據點上使用女畢業生的圖就和象形圖一樣，會扭曲數據。圖上的格線毫無用處，因為如果你的讀者必須知道確實的數字，可在圖外再列一個表。好的圖目的在清楚呈現資料，不需浪費筆墨去畫蛇添足。在統計繪圖上，數據以外的裝飾永遠會使人分心，有時還會使數據失真。

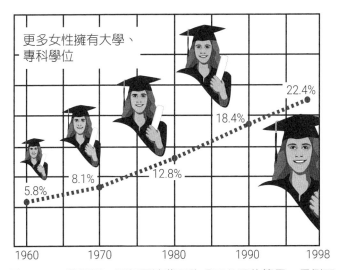

圖 10.11　蹩腳圖：這個圖浪費了許多不必要的筆墨，反倒不易看清數據。

例 10 再談高稅負

　　圖10.4是一個很清楚的長條圖，比較了八個國家的納稅額占GDP的百分比高低，但國家的順序是照國名英文字母依序排列。如果按照占比高低排序，會不會更清楚呢？圖10.12就這樣做了。這個小小的改變把圖改善了，現在很容易看出，每一個國家和其他國家比起來，會排在什麼位置。

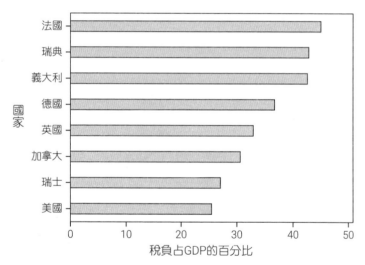

圖 10.12　經濟合作暨發展組織八個國家的稅收占了 GDP 多少百分比。把長條的順序改變之後，圖 10.4 的圖就變得更完善了。

第 11 章

用圖形呈現分布

▍個案研究：公寓租金

對某些學生來說，生活開銷會是選擇大學時的決定性因素，尤其是住校外的學生，可能會特別想知道每個月的住宿需要花多少錢。美國哪座城市的公寓最貴，最便宜的又在哪裡呢？

2018年，網站abodo.com公布了2017年《年度租屋報告》，當中列出了全美85座城市裡，所有單身公寓的平均租金。加州舊金山的平均租金最高，達3,333美元；印第安納州韋恩堡最便宜，平均租金只要526美元。雖然從數字清單中能看出資料的特性，但是面對一長串數字，不容易看出所以然。我們在第10章已學到，把大批數字畫成圖，是找出訊息的有利工具。讀完本章你就會知道如何把公寓平均租金的分布畫成圖，以及圖要怎麼看，以便找出想找的訊息。

▌直方圖

類別變數只記錄所屬類別，比如一位男性的婚姻狀況，或者一位大學生所屬的種族。而因為類別變數的可能值相對來說不多，所以我們可以用圓瓣圖或長條圖來呈現類別變數的分布。但像獲准入學學生的SAT分數，或是家庭年收入這類數量變數要如何呈現呢？這些變數的可能值太多了，所以要是能把比較接近的值歸為一組，畫出的分布圖會更清楚些。描述數量變數分布最常用的圖，就是**直方圖**（histogram）。

例1 如何畫直方圖

表11.1列出美國每一州65歲以上居民所占的百分比。要畫這個分布的直方圖，可以依照下面的步驟。

步驟1：將資料的數值範圍分成同樣寬度的組。表11.1的數據從7.7一直到17.3，所以可選擇以下的分組：

$$7.0 \leq 65歲以上居民占比 < 8.0$$
$$8.0 \leq 65歲以上居民占比 < 9.0$$
$$\vdots$$
$$17.0 \leq 65歲以上居民占比 < 18.0$$

一定要把組別定義得非常明確，每個個體只能被歸入一個組。換句話說，組別必須是互斥（沒有任何個體歸在超過一個組）且周延（每一個體都屬於某個組）的。若某一州65歲以上的居民占全州人口的7.9%，則這一州屬於第一組，如果是8.0%就屬於第二組。

表11.1 2010年各州65歲以上居民百分比

州	百分比	州	百分比	州	百分比
阿拉巴馬	13.8	路易斯安納	12.3	俄亥俄	14.1
阿拉斯加	7.7	緬因	15.9	奧克拉荷馬	13.5
亞利桑納	13.8	馬里蘭	12.3	俄勒岡	13.9
阿肯色	14.4	麻薩諸塞	13.8	賓州	15.4
加州	11.4	密西根	13.8	羅德島	14.4
科羅拉多	10.9	明尼蘇達	12.9	南卡羅萊納	13.7
康乃狄克	14.2	密西西比	12.8	南達科塔	14.3
德拉瓦	14.4	密蘇里	14.0	田納西	13.4
佛羅里達	17.3	蒙大拿	14.8	德州	10.3
喬治亞	10.7	內布拉斯加	13.5	猶他	9.0
夏威夷	14.3	內華達	12.0	佛蒙特	14.6
愛達荷	12.4	新罕布夏	13.5	維吉尼亞	12.2
伊利諾	12.5	新澤西	13.5	華盛頓	12.3
印第安納	13.0	新墨西哥	13.2	西維吉尼亞	16.0
愛荷華	14.9	紐約	13.5	威斯康辛	13.8
堪薩斯	13.2	北卡羅萊納	12.9	懷俄明	12.4
肯塔基	13.3	北達科塔	14.5		

資料來源：2010年《美國統計精粹》；可上網取得，網址為https://www.census.gov/prod/cen2010/briefs/c2010br-03.pdf。

步驟2：計算每組中每個個體的個數。以下就是數出來的結果。

組間	計數	組間	計數	組間	計數
7.0至7.9	1	11.0至11.9	1	15.0至15.9	2
8.0至8.9	0	12.0至12.9	11	16.0至16.9	1
9.0至9.9	1	13.0至13.9	17	17.0至17.9	1
10.0至10.9	3	14.0至14.9	12		

步驟3：畫直方圖。把要展示分布的變數在橫軸上標示出刻度。在這個例子當中，這個變數就是「65歲以上居民所占百分比」。刻度從5到20，這樣就包含了我們選定的組的所有範圍。然後把計數的刻度標示在縱軸上。每一個長條代表一組，長條底部涵蓋該組的範圍，而長條的高度代表該組的計數。長條與長條之間不要有空隙，除非有一組是空的，此時它對應的長條高度是零。圖11.1就是我們的直方圖。

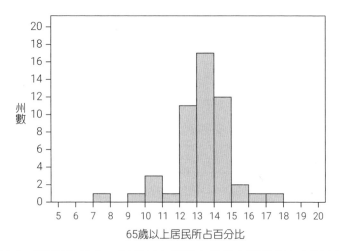

圖11.1 美國50州中，65歲以上居民占各州人口百分比之直方圖。注意有一個離群值。

　　就跟長條圖一樣,我們的眼睛會對直方圖的長條面積起反應,因此要確定直方圖每個組的寬度一樣。如何分組並沒有絕對的標準。有些人建議分成10到20組,如果資料數量少的話,組數可以減少。不過如果組數太少,會組成「摩天樓」直方圖,所有的值只落在少數幾個組裡面,而那幾組的長條會很高;而分了太多的組,又會造成「煎餅」圖,大部分的組只有一個觀測值、甚至沒有觀測值,到處平平的。這兩種選擇都不能有效描繪出分布的形狀。要展示出形狀,你得自己判斷怎樣選擇合適的組數,也有統計軟體會幫你決定怎樣分組,軟體的分組方式可能會跟我們所說的不太一樣。電腦的選擇通常很不錯,不過你要修改也可以。當你使用統計軟體的時候,好的做法是:先了解一下分組規則。

⁂ 眼睛到底看到什麼

我們把長條圖和直方圖裡面的長條都畫成一樣寬,因為我們的眼睛會對面積起反應。這樣說大致正確。統計學家克利夫蘭(William Cleveland)的詳盡研究顯示出,我們的眼睛「看到」的長條大小,是和長條面積的0.7次方成比例。比如說,假設一個象形圖裡的某個圖形,是另外一個圖形的2倍寬以及2倍高,則較大圖形的面積是較小圖形的4倍,但是我們會把大圖形看成是小圖形的2.6倍,因為4的0.7次方是2.6。

█ 解釋直方圖

　　畫統計圖本身並不是最終目的，畫統計圖的目的是要幫助我們了解資料。在你（或你的電腦）畫完圖之後，一定要問：「我看到了什麼？」以下是審視圖形的一般策略。

型態與偏差

在任何一組資料的圖形裡，我們要找的是**整體型態**（overall pattern），以及有異於整體型態的**明顯偏差**（deviation）。

　　這個策略我們已經在線圖上應用過。趨勢和季節變動都是線圖中常見的整體型態。圖10.7（第 214 頁）當中，未達高中的失業率在2010年中下降得更為明顯，偏離了整體小幅下降且其餘部分都是明顯增加的型態，若觀察其他時間區段，它就是有異於一般型態的偏差之例。而從圖11.1的例子，更容易說明什麼是異於整體型態的偏差。有一個州與眾不同，一旦從直方圖中注意到這個州，就可以到表裡面去查出是哪個州。阿拉斯加州有7.7%的居民是在65歲以上，是很明顯的離群值。

離群值

一組資料的任何圖形之**離群值**（outlier），是指落在圖形整體型態之外的觀測值。

猶他州的65歲以上居民占9.0%，算不算是離群值呢？某個觀測值到底算不算是離群值，在某種程度上是主觀判斷的問題，儘管統計學家已經建立起判定離群值的客觀準則。猶他州是觀測值主體群中最小的一個，但並沒有像阿拉斯加那樣脫離一般型態。我們不會叫猶他州做離群值。一旦你找到離群值，就應該尋求解釋。許多離群值其實是錯誤造成的，比如把4.0輸入成40。有些離群值則顯示出某些觀測值的特性。要解釋離群值，通常需要些背景資訊。阿拉斯加在北部邊陲地帶，年紀大的人少，一點兒也不奇怪。

要找出直方圖的整體型態，得先把離群值撇開不看。這並不是說應該捨棄離群值，或我們應該假裝離群值不存在。一旦出現離群值，我們就該承認它存在，並思考它會對分布產生什麼影響。你可以用以下的簡單方法來思考。

分布的整體型態

要描述分布的整體型態：

- 找出**中心**（center）及**離度**（spread）。
- 檢查看看該分布是否有簡單的**形狀**（shape），讓你可以用少少幾句話來描述。

在第12章我們會學到怎樣用數值來描述中心和離度。但在這一章，不妨就用分布的中間點來表示分布的中心，中間點就是差不多有一半觀測值比它小、一半比它大的那個點。現在我們也

可以不考慮離群值，只用最小和最大的值，來描述分布的離度。
然後再提到可能有離群值存在，以盡量完整的描述分布。

例2　描述分布

　　再來看看圖11.1當中的直方圖。**形狀：**這個分布只有單一個尖
峰。它大致對稱，也就是說圖的型態在尖峰的兩邊很相似。**中心：**
分布的中間點很接近尖峰的位置，即在13%附近。**離度：**離度差不
多是從9%到18%，如果我們不計入離群值的話。我們有一個離群
值7.7%，落在整體型態之外。

例3　伊利諾州的學雜費

　　伊利諾州一共有114所大專院校。這些學校2016-2017學年度
的學雜費，從卡斯卡斯基亞社區大學的2,095美元，到芝加哥大學
的53,649美元。圖11.2的直方圖，畫出了伊利諾州114所大專院校
的學雜費分布情形。我們可以看出，很多學校（多半是社區大學）
收的費用少於6,000美元。分布往右邊延伸出去，學雜費最高的兩
所學校收費在48,000到54,000美元之間。

　　圖11.2所示的伊利諾州大專院校學雜費分布，**形狀**與圖11.1的
分布很不一樣。在收費最低的那一組，有很突出的尖峰。大部分學
校收的錢少於12,000美元，但是右邊有一條長尾巴，一直延伸到接
近54,000美元。我們把一端有一條長尾巴的分布稱做偏斜分布。**中
心**大約是在12,000美元（半數學校收的錢比這個少）。**離度**很大，
從2,095美元到超過53,000美元。沒有離群值——學費最高的幾所
學校只不過是長尾巴的延伸，屬於整體型態。

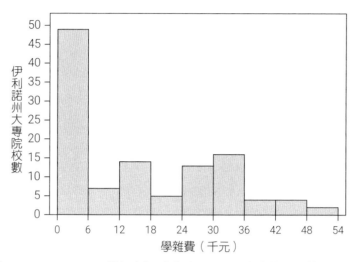

圖 11.2 2016-2017 學年度伊利諾州 114 所大專院校學雜費直方圖。（資料來源：www.isac.org。）

描述一個分布的時候，注意力要放對重點。要尋找主要的尖峰，而不是直方圖中的小起伏，例如像圖 11.2 裡面那些。要辨識出明確的離群值，而不是直接把最小和最大的觀測值就當作離群值。還要看看是否大致有對稱性，還是有明顯的偏斜。

以數學的定義來說，對稱的意思是說：一個圖形（比如直方圖）左右兩半互為精確的鏡像。數據幾乎不會完全對稱，因此我們願意把像圖 11.1 的直方圖稱為大致對稱，來做為整體描述。然而像圖 11.2 裡的學費分布，卻是明顯右偏。以下還有其他例子。

> ### 對稱分布及偏斜分布
>
> 若直方圖的左半和右半大致上可看成互為鏡中影像，則稱該分布為**對稱**（symmetric）。
>
> 假如直方圖的右邊（包含較大觀測值的那一半）延伸出去比左邊遠很多，則這個分布是**右偏**（skewed to the right）。假如直方圖的左邊延伸出去比右邊遠很多，稱這個分布是**左偏**（skewed to the left）。

例4　湖泊海拔高度

　　莫瑞湖（Lake Murra）是南卡羅萊納州的人造水庫，主要用於休閒娛樂，例如划船、釣魚、水上運動等，也是南卡羅萊納電力瓦斯公司的備用水力發電廠。這座湖的水位，夏季的水位最高（划船很安全、便於釣魚），而冬季的水位最低（為了水質）。在大雨過後，或是要保持冬季水位時，就會從水壩洩洪。美國地質調查局（USGS）監測莫瑞湖的水位，圖11.3的直方圖是從2007年11月1日到2015年8月11日，共計67,810小時的水位高度變化資料。

　　兩個直方圖用了相同的水位資料，形狀看起來一樣。因為直方圖的左側較長，代表水位的分布形狀左偏。最低水位是350英尺，最高水位是359英尺。就右邊的直方圖來看，把海拔358和359英尺的長條高度相加，我們知道水位有40%左右的時間是在358或359英尺，顯然357英尺是水位分布的中心。

　　讓我們來看看兩張直方圖有何不同。左邊的直方圖在縱軸標出水位觀測值出現的次數（稱為頻率直方圖），右邊的直方圖則是在縱軸標出到達特定水位的次數百分比（稱為相對頻率直方圖）。頻

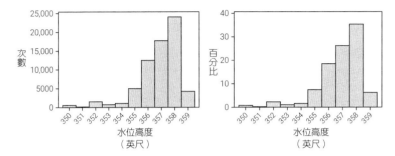

圖 11.3　美國地質調查局記錄了莫瑞湖從 2007 年 11 月 1 日到 2015 年 8 月 11 日每小時的水位高度，有 67,810 筆觀測資料。左邊的直方圖是每個水位出現的次數；右邊的直方圖以相同資料，呈現出莫瑞湖到達每個水位的次數百分比。

率直方圖告訴我們，湖面達海拔 358 英尺的次數大概有 24,000 次（準確來說是 24,041 次）。如果漁夫是以水位有多常到達特定高度來決定是否移動到莫瑞湖，那麼使用右邊的相對頻率直方圖更為直觀，它能告訴我們水位到達 358 英尺的次數占了多少百分比。358 英尺的長條高度是 35，所以漁夫就會知道莫瑞湖的水位大概有 35% 的時間是海拔 358 英尺。

　　在當代世界裡，擁有大量數據或「大數據」並不是少見的事。搜尋引擎利用大數據來幫網頁排序，為我們提供最佳搜尋結果；銀行用大數據來分析使用者的消費模式，好在出現簽帳卡或信用卡詐騙時加以標記；大公司用大數據來分析市場型態，據此調整行銷策略。在「大數據」的世界裡，我們 67,810 的數據量其實很小，但這數字足以讓我們知道：當樣本數量變大，那使用相對頻率直方圖幾乎總是個好選擇——就算要比較兩個不同的分布，也是相對頻率直方圖比較好。

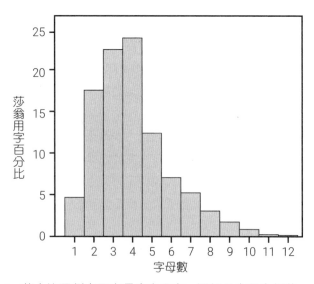

| 例5 | 莎士比亞用字 |

　　圖11.4是莎翁戲劇中用字長度的分布圖。這個分布有一個尖峰，而且約略右偏。短的字（3到4個字母）很多，很長的字（10到12個字母）極少，使得直方圖的右尾延伸得比左尾遠。分布的中心大約在4。也就是說，莎士比亞的用字約有一半是4個字母或更少。離度是從1個字母到12個字母。

　　請注意，圖11.4的縱軸並不是字數，而是莎翁用字中各種長度所占的百分比。當計數很大時，或者當我們想比較幾個分布時，用比例做直方圖要比用計數來做更方便。不同的作品會有不一樣的字長分布，但是都會右偏，這是因為短的字很常見，而很長的字比較稀少。

圖11.4　莎士比亞劇中用字長度之分布。這個分布是右偏的。（資料來源：C. B. Williams, Style and Vocabulary: Numerical Studies, Griffin, 1970.）

分布的整體形狀，提供了關於變數的重要資訊。有些類型的資料，總是會造就出對稱分布，有些又總是造就出偏斜分布。例如同一種生物的大小（比如蟋蟀的長度），就常常是對稱的，而收入的資料（不管是個人的、公司的還是全國的），通常明顯右偏；普通收入的有很多，高收入的有一些，超高收入者則是少數。當一組數據絕對不會超過某個下限值（常常是0）的時候，數據的分布經常會是右偏的。收入以及莎士比亞用字長度都是例子。同理，不會超過某個上限值（比如學生考試的滿分100）的數據，則常是左偏的。不過要記得，也有很多分布的形狀是既不對稱又不偏斜的。有些數據會顯現出其他型態。比如以考試分數來說，有可能很多學生考得好，而使圖形在靠近滿分的地方有集中的情況；也可能有很難的題目，使得會和不會的學生被區分出來，造成圖形有兩個尖峰。用眼睛觀察圖形之後，再描述你看到了什麼。

▋ 莖葉圖

直方圖並不是用圖形展示分布的唯一選擇。數據不多的時候，畫莖葉圖比較快，而且可呈現更多詳細的資訊。

莖葉圖

如何畫莖葉圖（stemplot）：

1. 把每個觀測值分成莖和葉兩個部分，莖包括除了最後一位數字（最右邊那個）之外的所有數字，葉就是最後那一位

數字。莖視實際需要可以是任何位數，而葉子只能是一位
數。葉子間不要有小數點或逗號。

2. 把莖由小到大，從上往下寫成一直行，並且在這一直行右
   邊畫一條直線。

3. 把每片葉子寫在它所屬的莖的右邊，由小到大排成一列。

例6 「65歲以上」資料之莖葉圖

以表11.1裡面的「65歲以上」百分比來說，觀測值的整數部
分是莖，最後一位數字（小數第一位）就是葉。阿拉巴馬州的數字
13.8中，13是莖，8是葉。莖需要是多少位就是多少位，但是每
片葉子只能是一位數。圖11.5顯示了根據表11.1的數據畫莖葉圖的
步驟。首先畫出莖。然後就把表裡面的數字，逐一加到莖上去做葉
子。最後把對應於同一個莖的葉子，由小到大重新排列。

```
莖  葉       莖  葉              莖  葉
 7 |          7 | 7              7 | 7
 8 |          8 |                8 |
 9 |          9 | 0              9 | 0
10 |         10 | 973           10 | 379
11 |         11 | 4             11 | 4
12 |         12 | 45339809234   12 | 02333445899
13 |         13 | 880238855552559748  13 | 02234555557888889
14 |         14 | 424390851436  14 | 012334445689
15 |         15 | 94            15 | 49
16 |         16 | 0             16 | 0
17 |         17 | 3             17 | 3
說明：莖是7、葉是7，代表7.7%。
```

圖 11.5 替表 11.1 的數據畫莖葉圖。百分比的整數部分是莖，小數第
一位是葉。

　　莖葉圖其實像是側躺的直方圖。圖11.5的莖葉圖簡直就像圖11.1的直方圖，因為直方圖中所選擇的分組，和莖葉圖中的莖完全一樣。圖11.6的莖葉圖，呈現的是我們在例3討論的伊利諾州學雜費資料，分組的組數（即莖數）是圖11.2的幾乎6倍。解釋莖葉圖和解釋直方圖一樣，要尋找整體型態，以及有無離群值。

　　直方圖要如何分組由你決定，但莖葉圖的組（即莖）卻沒得選擇。你可以把數據**四捨五入**之後，得到比較適合當作葉子的最後一位數，以便增加一些彈性空間。數據的位數較多時適合這樣處理。比如說，伊利諾州大專院校收的學雜費長得像：

$$\$4{,}500 \quad \$9{,}948 \quad \$13{,}587 \quad \$25{,}088 \ldots$$

如果我們把最後一位數當葉子，之前所有位數當莖的話，莖葉圖裡就會有太多的莖了。要造出圖11.6的莖葉圖，我們先把這些數據全部四捨五入到百位數：

$$45 \quad 99 \quad 136 \quad 251 \ldots$$

這幾個數字出現在圖11.6裡4、 9、 13及25那幾根莖上。

　　莖葉圖的主要優點是呈現了實際的**觀測值**。我們可以從圖11.6的莖葉圖中看出來，伊利諾州最貴的學校收費是53,600美元（四捨五入到百元），而這點從圖11.2裡就看不出來。莖葉圖畫起來也比直方圖快。莖葉圖規定要用第一位或前幾位數字當作莖，這等於自動選擇了組距，因此有可能畫出來的圖不能有效描述分布。資料數量太龐大時，莖葉圖就不適用，因為每個莖都會有太多葉子。

```
莖  葉
 1
 2  15889
 3  01111223444555555555666678899
 4  01111112224445
 5  14
 6
 7
 8
 9  99
10  5
11  0245
12  08
13  0256
14  138
15  78
16  7
17  67
18
19  5
20  578
21  25
22  8
23
24
25  11788
26  37
27  19
28  12
29  19
30  16688
31  7
32  03
33  89
34  0
35  345
36
37  0
38  5
39  1
40  7
41
42
43  3
44  11
45  2
46
47
48  6
49
50
51
52
53  6
```

說明：莖是2、葉是1，代表 2,100美元。

圖 11.6 伊利諾州學雜費資料之莖葉圖。（資料來源：www.isac. org。）

第 12 章

用數字描述分布

▌ 個案研究：教育和收入

　　花錢受教育到底值不值得？有人告訴我們，教育程度較高的
人賺的錢，平均來說比教育程度較低的人要多。多賺多少呢？這
種問題要怎樣回答？

　　在美國普查局網站上，可以找到有關收入的數據。這些數據
是 219,830,000 位 25 歲以上有收入人士在 2017 年的總年收入估計
值，是根據 2018 年當前人口調查的結果估計出來的。網頁上有
好幾個教育類別的收入分布。包括每個教育類別當中，收入介於
1 到 2,499 美元之間、 2,500 到 4,999 美元之間、一直到 97,500 到
99,999 美元之間和 100,000 美元以上各個範圍的人數。資訊非常
多。我們可以用直方圖來呈現數據，但是有沒有更簡單的方法可
以把資訊彙整、方便我們做比較呢？

　　在這一章我們會學到好幾種彙整大量數據的方法。讀完這
章，對於「花錢受教育到底值不值得」這樣的問題，你就能夠提

供答案了。

　　2007年的夏天，貝瑞・邦茲（Barry Bonds）揮出了職棒生涯的全壘打紀錄，也超越了先前由漢克・阿倫（Hank Aaron）締造的紀錄。以下是邦茲從1986年（他的職棒生涯第一年）到2007年之間的全壘打數：

1986	1987	1988	1989	1990	1991	1992	1993	1994	1995	1996
16	25	24	19	33	25	34	46	37	33	42

1997	1998	1999	2000	2001	2002	2003	2004	2005	2006	2007
40	37	34	49	73	46	45	45	5	26	28

　　圖12.1的莖葉圖展示了這組數據。分布的形狀有點不規則，但我們能看到有一個明顯的離群值，若不管這個離群值，這個分布的形狀大致可形容為略微左偏，且有單一尖峰，當然就是邦茲在2001年的單季全壘打紀錄。

莖	葉
0	5
1	69
2	45568
3	334477
4	0255669
5	
6	
7	3

說明：莖是1、葉是6，代表16支全壘打。

圖12.1　貝瑞・邦茲職棒生涯前22個球季全壘打數莖葉圖。

　　一個圖再加上幾句話,就可以把邦茲的全壘打生涯描述得很清楚。但是要描述只有高中畢業的人的收入,只用言語描述並不夠。我們還需要數字,來總括描述分布的中心以及離度。

▌中位數和四分位數

　　有一個很簡單有效的方法,可描述中心及離度:也就是中位數及四分位數。中位數位於一組數據的正中間,也就是把觀測值分隔成數字較小的一半和數字較大的一半的那個值。介於第1四分位數及第3四分位數之間的,就是觀測值的中間那一半。四分位數名稱的由來,是因為兩個四分位數加上中位數,正好把觀測值分成四份:四分之一位於第1四分位數以下,二分之一低於中位數,而四分之三低於第3四分位數。這只是基本概念,要實際找到這些數字,還得有個規則來落實這些概念。

例1 求中位數

　　也許你想把邦茲和阿倫這二位全壘打王拿來比一比。以下是阿倫23年生涯的全壘打數:

| 13 | 27 | 26 | 44 | 30 | 39 | 40 | 34 | 45 | 44 | 24 | 32 |
| 44 | 39 | 29 | 44 | 38 | 47 | 34 | 40 | 20 | 12 | 10 |

要找出中位數,得先把這些數字從小到大排列:

| 10 | 12 | 13 | 20 | 24 | 26 | 27 | 29 | 30 | 32 | 34 | **34** |
| 38 | 39 | 39 | 40 | 40 | 44 | 44 | 44 | 44 | 45 | 47 |

粗體的34是最中間的觀測值，有11個觀測值在它左邊，11個在它右邊。當觀測值的總個數 n 是奇數的時候（這個例子裡 $n = 23$），從小排到大的數字中，總是有一個在正中間，這就是中位數 M，此例的中位數 $M = 34$。

和邦茲的紀錄相比，這個紀錄好不好呢？以下是邦茲在22年生涯當中的全壘打數，從小排到大：

5　　16　　19　　24　　25　　25　　26　　28　　33　　33　　**34**

34　　37　　37　　40　　42　　45　　45　　46　　46　　49　　73

當 n 是偶數的時候，沒有一個在正中間的觀測值，但有一對在正中間的觀測值：粗體的34和34，它們各有10個觀測值在其外側。中位數就取在中間這一對的中間。所以邦茲的中位數是：

$$M = \frac{34 + 34}{2} = \frac{68}{2} = 34$$

　　數字照順序排好後，有一個方法可以很快找到中位數的所在：從頭算起一直到 $(n + 1)/2$ 的位置。你可以試試看。對阿倫來說， $n = 23$，而 $(23 + 1)/2 = 12$，所以中位數位於從頭數起第12個位置。對邦茲來說， $n = 22$ 而 $(22 + 1)/2 = 11.5$，這代表「位於第11和第12個數的中間」，所以 M 就是這兩個數字的平均。這個「$(n + 1)/2$ 規則」在有很多觀測值的時候尤其好用，譬如說， $n = 46,940$ 筆收入的中位數，是排序之後的第23,470個和第23,471個數。不過要注意， $(n + 1)/2$ 並不等於中位數 M，而是指在觀測值排序後，中位數所在的位置。

中位數 *M*

中位數（median）*M* 是一個分布的中間點，也就是一半觀測值比它小、一半比它大的那個數。要找分布的中位數，步驟如下：

1. 把所有觀測值排順序，由小到大。
2. 若觀測值個數 *n* 為奇數，中位數 *M* 就是排序後觀測值最中間的一個。要找中位數的位置，只要從頭數到第 $(n+1)/2$ 個位置即可。
3. 若觀測值個數 *n* 為偶數，中位數 *M* 就是排序後最中間的兩個觀測值的平均。要找中位數的位置，仍然是從頭數到第 $(n+1)/2$ 個位置即可。

　　美國普查局的網站提供了貧富差距的數據，比方說我們可以看到，2017 年西班牙語裔家戶的年收入是 50,486 美元。這個資訊雖有用，但仍不夠。大部分的西語裔家戶所賺的錢是大約這個數字呢？還是分散得很廣呢？對於分布最簡單有效的描述，是包括對中心的量度以及對離度的量度。如果我們選擇用中位數（中間點）來描述中心，則很自然可以用四分位數來描述離度。概念還是很簡單：從排好順序的觀測值裡，找出位於四分之一位置和四分之三位置的值。不過還是要有個規則來落實這個概念。可以就利用計算中位數的規則，當成計算四分位數的規則。

四分位數 Q_1 及 Q_3

計算**四分位數**（quartile）的步驟如下：

1. 將觀測值從小排到大，並在排好序的序列中找出中位數 M。這個「整體」的中位數 M 會是序列中的一個觀測值（如果有奇數個觀測值），或是序列中兩個觀測值之間（如果有偶數個觀測值）。

2. **第1四分位數**（first quartile）Q_1，是整體中位數左邊所有數字的中位數，整體中位數不包括在內。

3. **第3四分位數**（third quartile）Q_3，是整體中位數右邊所有數字的中位數，整體中位數不包括在內。

例2 找出四分位數

阿倫23年來的全壘打數是：

10　12　13　20　24　26　27　29　30　32　34　**34**　38
　　　　　　　　　　↑
　　　　　　　　　　Q_1　　　　　　　　　　　　　　　↑
　　　　　　　　　　　　　　　　　　　　　　　　　　　　M

39　39　40　40　44　44　44　44　45　47
　　　　　　　　↑
　　　　　　　　Q_3

觀測值一共是奇數個，所以中位數是正中間那一個，也就是粗體的34。要找出四分位數，則不用理會最中間的這個觀測值。第1四分位數是整串數字中，位於粗體34左邊的11個觀測值的中位數。這個位置是在第6個數字，所以 $Q_1 = 26$。第3四分位數是粗體34右邊的11個觀測值的中位數，所以 $Q_3 = 44$。

邦茲22年來的全壘打數是：

5　　16　　19　　24　　25　　25　　26　　28　　33　　33　　**34**　　**34**
　　　　　　　　　　　　　　　↑　　　　　　　　　　　　　　　　　↑
　　　　　　　　　　　　　　Q_1　　　　　　　　　　　　　　　　M

37　　37　　40　　42　　45　　45　　46　　46　　49　　73
　　　　　　　　　　　↑
　　　　　　　　　　Q_3

中位數位於正中央兩個觀測值的中間。這個位置的左邊共有11個觀測值，而這11個數的中位數就是第1四分位數，在第6個數字，即Q_1 = 25。中位數右邊11個觀測值的中位數就是第3四分位數，即Q_3 = 45。

當觀測值很多的時候，你可以利用$(n + 1)/2$的規則來找到四分位數的位置。普查局的網站告訴我們，美國在2017年總共有17,318,000個西語裔家戶（四捨五入到千位數）。如果不管四捨五入，這17,318,000筆收入的中位數，是從小到大排順序之後、介於第8,659,000個與第8,659,001個數字的中間，所以第1四分位數是中位數之前的8,659,000筆收入的中位數。我們把n = 8,659,000代入$(n + 1)/2$規則，來找出第1四分位數的位置：

$$\frac{n + 1}{2} = \frac{8,659,000 + 1}{2} = 4,329,500.5$$

收入排序後的第4,329,500個數字和第4,329,501個數字的平均，落在25,000至34,999美元這個範圍內。根據這個收入範圍內的約略人數，利用內插法，我們估計第1四分位數大約等於26,681美元。

第3四分位數是中位數以上共8,659,000筆收入的中位數。把 $(n+1)/2$ 規則用在8,659,000上面，就知道這等於中位數之上第4,329,500和第4,329,501筆收入的平均。這個數字落在75,000到99,999美元的範圍。根據這個收入範圍內的約略人數，利用內插法，我們估計第3四分位數大約等於89,880美元。

實際上大家會利用統計軟體來計算四分位數。軟體算出來的結果，有可能和你用我們現在所說的方法算出來的不一樣。事實上，不同的套裝軟體，對於四分位數落在兩個值之間的處理方式並不一樣。我們決定用該兩個值的中間點當作四分位數，但是也有人用其他規則來決定。兩個不同的套裝軟體因為使用的規則不同，所得到的答案可能會有些差別。

▌五數綜合及盒圖

最小和最大的觀測值對於整體分布可提供的訊息很有限，但是它們提供了關於分布尾巴的資訊，而如果我們只知道中位數和四分位數，對分布的尾巴就毫無所知了。若要迅速掌握分布的中心和離度的話，可以把這五個數字綜合起來。

五數綜合

一個分布的**五數綜合**（five-number summary），從小寫到大，包括：最小觀測值、第1四分位數、中位數、第3四分位數及最大觀測值。用符號表示的話，五數綜合是：

$$\text{最小值} \quad Q_1 \quad M \quad Q_3 \quad \text{最大值}$$

　　這五個數字對於分布的中心和離度，提供了大致完整的描述。阿倫全壘打數的五數綜合是：

$$10 \quad 26 \quad 34 \quad 44 \quad 47$$

而邦茲的是：

$$5 \quad 25 \quad 34 \quad 45 \quad 73$$

　　根據一個分布的五數綜合，可以畫出新的圖，也就是盒圖。圖12.2就是比較兩組全壘打數據的盒圖。

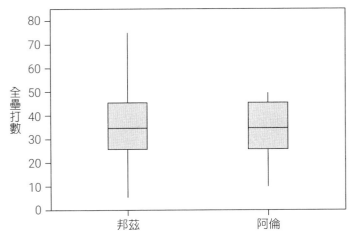

圖12.2　比較貝瑞‧邦茲和漢克‧阿倫單季全壘打數的盒圖。

盒圖

盒圖（boxplot）是顯示出五數綜合的圖。

- 位於中間的盒子，是從第1四分位數延伸到第3四分位數。
- 盒子裡的直線標示出中位數的位置。
- 盒子兩頭有直線往外延伸到最小和最大的觀測值。

　　盒圖可以直著畫也可以橫著畫，但要記得在圖中標示出數值刻度。檢視盒圖的時候，要先找出中位數的位置，這就是分布的中心所在。然後看看離度；兩個四分位數的距離，顯示出中間一半數據的分散狀況，而盒圖的兩端（最小和最大的觀測值）則顯示出整組數據的分散情況。從圖12.2可以看出，如果以中位數和盒子（涵蓋分布中間一半的數據）的位置，來代表一般表現的話，邦茲和阿倫是平分秋色的。我們也看到阿倫全壘打數分布的分散情況，比邦茲的分布要小些。

　　因為盒圖包含的細節比直方圖及莖葉圖少，所以盒圖的最佳用途是用來同時比較至少二個分布，就像圖12.2那樣。不過對於這樣少的觀測值來說，畫一個並列的莖葉圖會更好。因為從莖葉圖可以清楚看出邦茲在2001年的73支全壘打紀錄，只不過是他生涯中的離群值，而這點從盒圖看不出來。讓我們來看一個盒圖真正有用的例子。

例 3　貧富差距

　　為了要了解美國人的貧富差距有多大，我們就來比較西班牙語裔、黑人、白人的收入。普查局的網站提供了按種族分類的所得分布資料。圖12.3比較了西語裔、黑人、白人的所得分布。這個圖的概念和盒圖一樣，只是稍做改變。幾百萬人當中的最高收入數字一定很大，因此圖12.3用分布當中95%的點（也就是代表收入在頂端5%的那些值），而不用最高收入。所以如果我們看西語裔的盒圖，盒子上方的直線只延伸到180,012美元為止。許多套裝統計軟體能繪製出抑制極值的盒圖，但通常是以一個最大值來做為極值的判斷規則，而不是分布中95%的點。

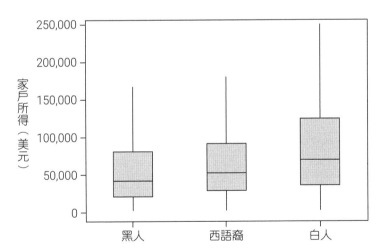

圖 12.3　比較西語裔、黑人、白人所得分布之盒圖。每一個盒圖的兩端，是分布的 0 和 95% 的點。

　　圖12.3為我們提供了清楚又簡單的視覺比較。我們可以看到，西語裔的中位數和中間一半的收入，都比黑人來得高，而白人的中位數和中間一半的收入，又比黑人、西語裔都要高。每一組的底層5%收入都很低，因為每一組都會有些人，可能因為生病或身心障礙而沒有收入，甚至有負的收入。95%的點，也就是隔開頂端5%收入的點，在白人當中高過黑人、西語裔，而西語裔又比黑人要高。整體來說，白人的收入明顯高於黑人與西語裔，凸顯出種族上的貧富差距。

　　圖12.3也可以用來說明，為什麼通常可以從盒圖看出一個分布是對稱還是偏斜的。一個對稱分布的第1和第3四分位數，距離中位數的距離都是一樣遠的。然而，對於大部分的右偏分布來說，第3四分位數距中位數的距離，會超過第1四分位數距中位數的距離。兩頭的極端值也有同樣的狀況，即使頂端5%沒有包括在圖裡面，我們還是可以看出，三個族群的收入分布都有右偏現象。

　　套裝軟體通常會用更複雜的規則來繪製盒圖，所以看起來會跟我們提供的圖不一樣。

▋ 平均數和標準差

　　五數綜合並不是描述分布最常用的數值。最常用的是拿平均數來度量中心，加上用標準差來度量離度。平均數我們很熟悉——它就是一般的觀測值平均而已。標準差的概念，是找出觀測值距平均數的平均距離。但是標準差所代表的「平均距離」，卻不是用一個簡單明瞭的公式計算的。我們會把公式列出來，但是你可以就把標準差想成是「與平均數相距的平均距離」，而把計算的部分留給計算機去做。

平均數和標準差

一組觀測值的**平均數**（mean）$\bar{x}$（讀成x-bar），就是該組觀測值的平均。要找出n個觀測值的平均數，只要把那組值全部加起來再除以n即可：

$$\bar{x} = \frac{n\text{個觀測值的和}}{n}$$

標準差s（standard deviation）度量的是觀測值與平均數間的平均距離。計算的方法是先算出各距離平方後的平均值，再取平方根。要算出n個觀測值的標準差，步驟如下：

1. 先找出每個觀測值距平均數的距離，並把這個距離平方。
2. 把所有的距離平方加起來，並除以$n - 1$。所得到的距離平方的平均，叫做**變異數**（variance）。
3. 標準差s就是再把這個變異數取平方根。

例4 求平均數和標準差

邦茲在大聯盟生涯頭二十二個球季的全壘打數如下：

16	25	24	19	33	25	34	46	37	33	42
40	37	34	49	73	46	45	45	5	26	28

這些觀測值的平均數是：

$$\bar{x} = \frac{n\text{個觀測值的和}}{n}$$

$$= \frac{16 + 25 + \cdots + 28}{22}$$

$$= \frac{762}{22} = 34.6$$

　　圖12.4把數據用數線上的點來表示，而整組數據的平均數，用一條直線標示出來。雙向箭頭顯示出其中一個觀測值距平均數的距離。標準差 s 的概念，是要把全部22個距離平均起來。如果要手算標準差，可以用列表的方法：

觀測值	距平均數距離的平方
16	$(16 - 34.6)^2 = (-18.6)^2 = 345.96$
25	$(25 - 34.6)^2 = (-9.6)^2 = 92.16$
⋮	
28	$(28 - 34.6)^2 = (-6.6)^2 = 43.56$
	和 $= 4139.12$

求平均得到

$$\frac{4{,}139.12}{21} = 197.1$$

請注意我們求「平均」的時候，除數比觀測值的個數要少1。最後，標準差就是這個數字的平方根：

$$s = \sqrt{197.1} = 14.04$$

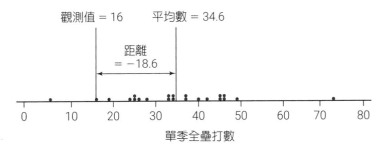

圖 12.4　邦茲的全壘打數；圖中畫出了平均數的位置，以及其中一個觀測值距平均數的距離。把標準差想成是這些距離的平均。

　　實際要算的時候，你可以把數據鍵入計算機，然後按平均數鍵及標準差鍵。你也可以在試算表輸入數據，或用其他現成軟體來計算 $\bar{x}$ 及 s。通常要算距離平方的平均，都是除以 $n-1$ 而不是 n，這背後有很好、但有點專門的理由。很多計算機有兩個標準差鍵，你可以選擇要除以 n 還是除以 $n-1$，記得要選 $n-1$。

　　比這些計算細節更重要的，是那些能顯示出標準差可以度量的離度性質。

標準差 s 的性質

- s 度量的是以 $\bar{x}$ 為中心的離度。只有在你用 $\bar{x}$ 來描述分布中心時，才可以用 s 來描述離度。

- 只有在沒有離度的時候，s 才會等於 0，而這種情況只發生在所有觀測值都相同的時候。所以，標準差為零，代表觀測值完全沒有散布（全都在同一點），否則 s 必然大於零。觀測值在平均數附近散布得愈遠，s 就愈大。

例5 投資入門

　　所得的例子已經舉得夠多了。現在換個例子，來討論你把錢賺進來後，應該拿它怎麼辦。投資的首要法則中有一條是，肯冒多一點兒險，獲利就比較高，至少長期平均下來是如此。金融界的人把風險定義為投資獲利的變動性（變動性愈大，代表風險愈高），而度量風險的方式，是看投資獲利不可預測的程度如何。把錢存在有政府保險的銀行，而且用固定利率，一點兒風險也沒有，因為獲利多少是完全確定的。一家新公司的股票則可能在一週內猛漲，下一週又猛跌。它的風險很高，因為你無法預測當你要賣時，它將會值多少錢。

　　投資者應該利用統計思考。比方說，你可以以一項投資的年獲利分布來做評估，這代表你必須了解獲利型態的中心以及離度。只有不成熟的投資者，才會只關心平均獲利高不高，卻不管風險如何，也就是不管獲利的散布廣不廣，變化大不大。金融專家用平均數和標準差來描述投資的獲利狀況，長久以來他們都覺得標準差太複雜，不適合向一般大眾提及，不過現在你會開始注意到，在共同基金的定期報告中，都有提出標準差是多少。

　　為了說明，我們來看看以下所列出的，從1950到1999年的50個年頭，美國三種投資標的年獲利的平均數和標準差：

投資標的	平均獲利	標準差
短期國庫券	5.34%	2.96%
長期國庫券	6.12%	10.73%
股票	14.62%	16.32%

　　你可以看到，平均獲利上升，風險（變動性）就跟著上升。短期和長期國庫券都是借錢給美國政府的方法。短期國庫券一年就

償還，所以獲利每年隨利率變化而不同；長期國庫券是三十年後償還，風險比較大，是因為如果利率上升，你擁有的國庫券價值就下降。股票的風險更大，（長期平均下來）獲利較高，但是期間會有許許多多的大起大落。從圖12.5的莖葉圖就可看出，在資料涵蓋的50年當中，股票的年獲利有高達50%的，也有低到虧損26%的。

```
莖  │ 葉
-2  │ 6
-1  │ 500
-0  │ 98753
 0  │ 011456778
 1  │ 01224667999
 2  │ 01223344799
 3  │ 02222378
 4  │ 3
 5  │ 0
說明：莖是-1、葉是5，代表 -15%。
```

圖 12.5　1950 到 1999 年的 50 年間股票年獲利莖葉圖。獲利經四捨五入到百分比的個位數。莖的單位是十個百分點，葉子是一個百分點。

▌選擇數值描述

　　五數綜合很容易懂，對於大部分的分布而言，它也是最佳的精簡描述。平均數和標準差比較難懂，但卻比較常用。我們應該怎樣決定要用哪一種來描述中心和離度呢？先來比較一下平均數和中位數。不論用「中間點」還是「算術平均」來描述一組數據的中心，都是很合理的概念，但是二者的概念不同，用途也不一樣。最重要的差別是，平均數（算術平均）會因少數極端值而受很大的影響，中位數（中間點）則不會如此。

例6　平均數和中位數的差別

　　表12.1是2018-2019年賽季洛杉磯湖人隊18位球員的大概年薪（單位百萬美元）。你可以算一算，平均數是 $\bar{x}$ = 6.0百萬，而中位數是 M = 2.1百萬。難怪職籃球員都住豪宅。

表12.1　2018-2019年賽季洛杉磯湖人隊年薪（百萬美元）

球員	年薪	球員	年薪
LeBron James	35.7	Moritz Wagner	1.8
Luoi Deng	18.0	Kyle Kuzma	1.7
Kentavious Caldwell-Pope	12.0	Josh Hart	1.7
Rajon Rondo	9.0	Ivica Zubac	1.5
Lonzo Ball	7.5	Isaac Bonga	1.0
Brandom Ingram	5.8	Joel Berry II	0.8
Lance Stephenson	4.4	Jeffrey Carroll	0.8
Michael Beasley	3.5	Alex Caruso	0.1
JaVale McGee	2.4	Travis Wear	0.1

資料來源：www.spotrac.com/nba/rankings/base/los-angeles-lakers。

　　平均數為什麼比中位數高這麼多呢？圖12.6是這些年薪的莖葉圖，莖是百萬美元，可以看出分布是右偏的，且有三個很大的離群值。LeBron James的超高年薪，把年薪總和拉高，因此把平均數也拉高了。如果不計入這個離群值，其他17位球員的平均年薪只有420萬而已，但中位數的差別並不會這麼多：只從210萬降到180萬而已。

```
莖 │ 葉
 0 │ 1 1 8 8
 1 │ 0 5 7 7 8
 2 │ 4
 3 │ 5
 4 │ 4
 5 │ 8
 6 │
 7 │ 5
 8 │
 9 │ 0
10 │
11 │
12 │ 0
13 │
14 │
15 │ 7
16 │
17 │
18 │ 0
19 │
20 │
21 │
22 │
23 │
24 │
25 │
26 │
27 │
28 │
29 │
30 │
31 │
32 │
33 │
34 │
35 │ 7
```

說明：莖是1、葉是4，代表140萬美元。

圖12.6 洛杉磯湖人隊球員年薪莖葉圖，數據來自表12.1。

　　只要增加LeBron James一個人的年薪，就可以把平均年薪加大到任何我們想要的數字，因為只要一個離群值一直往上移，平均數就會跟著往上移。但是對中位數來說，LeBron的年薪只不過是在分布最高端的一個觀測值，把這個數字從357萬改成3,570萬，並不會對中位數產生絲毫影響。

　　對稱分布的平均數和中位數很接近。事實上，當分布完全對稱的時候，$\bar{x}$和M根本就相等。然而在偏斜分布裡，平均數就會離中位數而去，靠向較長的尾巴。很多和錢有關的分布，例如收入、房價、財富等，都有很強的右偏現象，平均數就有可能比中位數大很多。比如說，我們在例3談到過，美國黑人、西班牙語裔、白人的收入就是右偏分布。普查局網站提供了所得的平均數：2017年黑人是58,593美元，西語裔是68,315美元，白人是93,453美元；你可以比較一下對應的中位數是：黑人40,258美元，西語裔50,486美元，白人68,145美元。因為有關錢的數據常有少數幾個特別大的觀測值，所以要描述這類分布，通常用中位數而不用平均數。

❖ 紐約是窮州？

紐約州有不有錢？紐約州的個人平均所得在全美各州中位居第六，而它的有錢鄰居康乃狄克州及新澤西州分列二、四名。但是，康乃狄克和新澤西的家戶所得中位數分居全國第九和第八名，紐約卻排第二十二。這是怎麼回事？這只不過是平均數不同於中位數的另一個例子。紐約州有許多非常高

所得的居民，把平均所得提高許多，但是低收入戶的比例比
新澤西和康乃狄克都要高，而拉低了中位數。紐約州並不有
錢——它只是同時擁有貧、富這兩種極端罷了。

要在平均數和中位數之間做選擇的時候，要考慮的不只是分
布是對稱還是偏斜而已。密德城房屋售價的分布無疑會是右偏
的，但是如果該市的市議會為了決定稅率，而要估計所有房屋的
總市值的時候，有幫助的數字是平均數而非中位數，因為平均數
的數字比較大。（總市值其實就是房屋總數乘上平均數，和中位
數並沒關係。）

標準差被離群值或偏斜分布的長尾巴拉走的情況，比平均數
還要嚴重。湖人隊18位球員年薪的標準差是 $s = 880$ 萬美元，如
果不計入三個離群值，s 只等於490萬美元。四分位數對於少數
極端值就不這麼敏感。還有一個理由讓我們應該避免用標準差來
描述偏斜分布：因為一個明顯偏斜的分布的兩邊，散布情形並不
一樣，所以若只用一個數字，比如像 s，沒有辦法恰當的描述離
度。五數綜合裡有兩個四分位數以及最大和最小觀測值，所以比
較理想。在大部分情況下，只有在分布大致對稱的時候才用 $\bar{x}$ 和
s，是較明智的。

選擇適當的綜合數值描述

平均數和標準差很容易受離群值或偏斜分布的長尾巴影響，而中位數和四分位數比較不受影響。

要描述偏斜分布，或者有離群值的分布，五數綜合通常要比平均數和標準差更合適。只有在分布大致對稱又沒有離群值的時候，才用 $\bar{x}$ 和 s。

那我們幹嘛還要花精神在標準差上面呢？有一個答案會在下一章出現：對於一類叫做「常態」分布的重要對稱分布來說，平均數和標準差是中心和離度理所當然的量度。

請記住，圖形可以對分布提供最清楚的整體情況。中心和離度的數值量度告訴我們分布的某些特質，但是並沒有描述整個分布的形狀。比如說，數值摘要就沒告訴我們，分布是不是有好幾個尖峰，或者中間有沒有空隙。因此切記：每次拿到資料都應該先畫圖。

第 13 章

常態分布

▌ 個案研究：用常態分布描述數據

　　長條圖和直方圖自然是很古老的東西了。用長條圖來呈現
數據，可以一直追溯到英國經濟學家普萊菲（William Playfair,
1759–1823）這位數據圖學的先驅。畫直方圖必須先選擇如何分
組，而不同的分組會呈現不同的圖形。現代的軟體如此發達，必
定可以提供更好的方法來畫分布吧？

　　利用軟體，可以把直方圖裡的各個長條以一條平滑的曲線取
代，這條曲線代表分布的整體形狀。看一看圖13.1，該圖代表的
數據是447名高中生隨機樣本在2017 年某天所傳送的簡訊數量，
這個特別的隨機樣本取自美國統計協會的美國校園普查計畫。圖
13.1裡面的曲線，就是直方圖在新科技之下的替代品。不過軟體
並不是根據直方圖來畫這條曲線的，你給它原始數據，它就會很
聰明的畫出這條曲線來描述分布。

在圖 13.1 裡，軟體抓到了整體的形狀，而且比直方圖更有效的表達出右邊尾巴處的波動狀況。然而最高峰的表達卻稍微有點困難：軟體把曲線左端延伸過0的左邊，以便使很尖銳的高峰稍微平順些。在圖 13.2 裡，我們把一組數據輸進同樣的軟體，這組數據的分布形狀比較有規則。這些數據是130個健康成人樣本的體溫。軟體畫出的曲線展現的是一個特別對稱且單峰的鐘形。

對於圖 13.1 的不規則分布，我們沒辦法畫出更好的曲線，然而對於圖 13.2 這種很對稱的抽樣結果，卻還有另一個方法可以得到平滑曲線。在數學上，這種分布可以用一種叫做常態曲線的平滑曲線來描述。圖 13.3 中的曲線，就是由這組數據畫出來的常態曲線。這條曲線看起來很像圖 13.2 裡的那一條，然而仔細一點看的話會發現，這條曲線更為平順些。常態曲線用起來很方便，也不需要用到聰明的軟體。

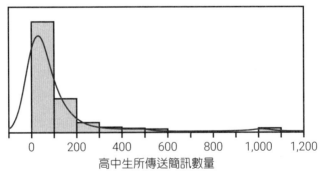

圖 13.1 直方圖和電腦繪出的曲線。圖和曲線都是在描述 447 名高中生隨機樣本在 2017 年某天所傳送簡訊數量的分布。這個分布是右偏的。（本圖以套裝軟體 JMP 繪製）

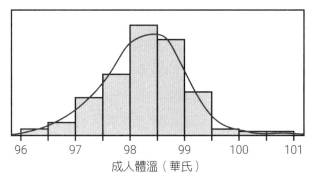

圖 13.2 直方圖和電腦繪出的曲線。二者全都是在描述 130 個健康成人樣本體溫的分布。這個分布相當對稱。（本圖以套裝軟體 JMP 繪製）

在這一章我們會看到，常態曲線有一些特別性質，讓我們用起它來和考慮它的時候更為方便。讀完這章，你就可以利用這些性質，回答圖 13.2 和 13.3 所代表的分布是什麼，而這從直方圖是不容易判定的。

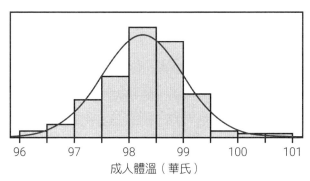

圖 13.3 完全對稱的常態曲線，用來描述體溫的分布。（本圖以套裝軟體 JMP 繪製）

　　我們現在有一整箱的工具可以來描述分布了，其中有圖形，也有數值。還不只這樣呢，對於探索單一數量變數的分布，我們也有一套明明白白的策略：

1. 一定要把數據畫出來：通常是畫直方圖或莖葉圖。
2. 尋找整體型態（形狀、中心及離度）以及比如像離群值這樣的明顯偏差。
3. 選擇用五數綜合或者平均數和標準差，來簡略描述中心及離度。

還可以給以上策略再加上一招：

4. 有時觀測值數量多時，整體型態會顯示出某種規律，即可以用平滑曲線來描述。

▌密度曲線

　　圖13.1和13.2裡顯示了曲線如何代替直方圖，來描繪數據分布的整體形狀。你可以想像是在畫一條曲線，穿過直方圖裡各長條的頂部，把長條很不規則的高高低低給弄平滑。直方圖和這些曲線之間有兩個重要的差別。首先，大部分的直方圖是用長條的高度（也可以說是用面積）來顯示落在每組的觀測值計數。我們畫曲線的時候，則是在利用曲線底下的面積來表示落在該區的觀測值的比例。為了做到這點，我們會選擇適當尺度，使得曲線底下的總面積恰恰是1。這樣就會得到一個**密度曲線**（density curve）了。其次，直方圖是根據樣本數據畫的圖；我們利用直方圖來了解樣本所抽自的母體的實際分布情況。而密度曲線則是用來反映出母體分布理想化的形狀。

例 1 如何使用密度曲線

　　圖 13.4 是從圖 13.3 複製過來的，圖的內容包括描述 130 個體溫的直方圖和常態曲線。其中華氏 99 度以上的觀測值占有怎樣的比

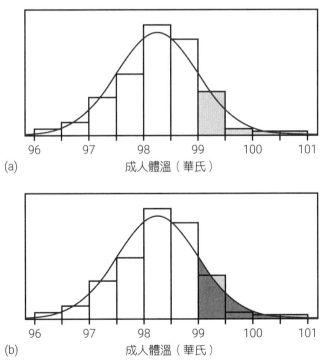

圖 13.4 常態曲線及直方圖。(a) 直方圖中的陰影區域面積，代表華氏 99 度以上的觀測值。這在 130 個觀測值中占了 19 個。(b) 常態曲線之下的陰影面積，代表華氏 99 度以上的觀測值比例，此面積為 0.1587。

例？從130個實際觀測值裡去數的話，可以數出來共有19個觀測值在華氏99度以上，所以它所占的比例是19/130，即0.146。因為99在直方圖裡正好是在相鄰兩組的分界點上，所以圖13.4(a)的陰影區域面積，就占全部長條總面積的0.146。

現在把焦點放在穿過直方圖的密度曲線上面。曲線底下的總面積是1，而圖13.4(b)中的陰影區域代表華氏99度以上的觀測值所占比例，這塊面積是0.1587。0.1587距0.146相當近，所以可看出密度曲線是很不錯的近似方法。

密度曲線是把分布加以理想化之後所產生的圖形，所以例1當中密度曲線底下的面積，和真正的比例並不相等。舉例來說，曲線是完全對稱的，但實際數據只是大致上對稱。正因為密度曲線是把分布的整體形狀弄平滑之後的理想情況，所以對於描繪大量觀測值的時候最為有用。

█ 密度曲線的中心和離度

密度曲線可以幫我們進一步了解中心和離度的量度。密度曲線底下的面積，代表占全體觀測值的比例。中位數和四分位數很容易找。中位數是左右各有一半觀測值的那個點，所以一個密度曲線的中位數就是等面積點，也就是曲線底下的一半面積在它左邊、另一半在它右邊的那個點。四分位數把曲線底下的面積分成四等分。曲線底下四分之一的面積在第1四分位數的左邊，四分之三的面積在第3四分位數的左邊。用目測法把曲線底下的面積分成四等分，就可以大致找到任何密度曲線的中位數和四分位數。

由於密度曲線是理想化的型態,所以對稱的密度曲線是百分之百對稱的,因此對稱密度曲線的中位數就在正中間。圖13.5(a)就畫出了對稱曲線中位數的位置,而像圖13.5(b)裡的偏斜曲線,我們也可以用目測方式大致找出等面積點。

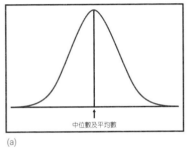 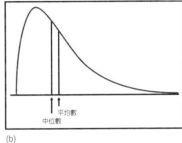

(a)　　　　　　　　　　　　　　　(b)

圖 13.5　兩個密度曲線的中位數及平均數,一為對稱的常態曲線,一為右偏曲線。

平均數又如何呢?一組觀測值的平均數就是它們的算術平均。如果我們把觀測值想像成是疊在翹翹板上的重物,平均數就是翹翹板的平衡點。這對密度曲線來說也是正確的:假如密度曲線的圖形是用實心材料做成的,那麼曲線的平衡點就是平均數的所在位置。圖13.6說明了關於平均數的這項事實。對稱的曲線因為兩側完全一樣,所以平衡點就在中心位置。對稱的密度曲線,平均數和中位數剛好相等,如圖13.5(a)所顯示的。我們知道偏斜分布的平均數會被拉往長尾方向,圖13.5(b)顯示出,偏斜密度曲線的平均數,如何比中位數更被拉往長尾方向。

圖 13.6 密度曲線的平均數就是它的平衡點。

密度曲線的中位數和平均數

密度曲線的**中位數**是等面積點，也就是把曲線底下面積分成兩半的點。

密度曲線的**平均數**是平衡點。如果曲線是用實心材料做成的，就會在那一點平衡。

對於一個對稱的密度曲線來說，中位數和平均數是一樣的；二者都在曲線的中心位置。偏斜曲線的平均數會離開中位數，被拉往長尾方向。

▌ 常態分布

圖 13.3 和 13.4 裡的密度曲線，同屬一族特別重要的曲線：常態曲線。圖 13.7 再呈現了兩個常態密度曲線。常態曲線都是對稱、單峰、鐘形的，尾部降得很快，所以我們應該不會看到離群值。由於常態分布是對稱的，所以平均數和中位數都落在曲線的中間位置，而這也是尖峰所在。

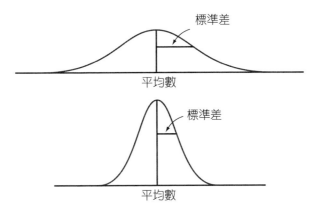

圖13.7 兩個常態曲線。標準差決定了常態曲線的離度。

常態曲線還有一個特別性質：我們可以用目測方式在曲線上找到它的標準差。對大部分其他的密度曲線，沒有法子這樣做。做法是這樣的。想像你要從山頂開始滑雪，山的形狀和常態曲線一樣。起先，你從山頂出發時，往下滑的角度非常陡：

幸好，在你還沒有直直墜下之前，斜坡就變緩了，你愈往下滑出去，坡度愈平：

曲率（curvature）發生改變的地方，是在平均數兩側、各距平均數一個標準差的位置。圖13.7的兩條曲線上都標示出了標準差。你如果用鉛筆沿著常態曲線描，應該可以感受到曲率改變的地方，進而找出標準差。

常態曲線有個特別的性質是，只要知道平均數及標準差，整條曲線就完全確定了。平均數把曲線的中心定下來，而標準差決定曲線的形狀。變動常態分布的平均數並不會改變曲線的形狀，只會改變曲線在 x 軸上的位置。但是，變動標準差卻會改變常態曲線的形狀，如圖13.7所示。標準差較小的分布，散布的範圍比較小，尖峰也比較陡。以下是常態曲線基本性質的總結：

常態密度曲線

常態曲線（normal curve）是對稱的鐘形曲線，具備以下性質：

- 只要給了平均數和標準差，就可以完全描述特定的常態曲線。
- 平均數決定分布的中心，這個位置就在曲線的對稱中心。
- 標準差決定曲線的形狀，標準差是指從平均數到平均數左側或右側的曲率變化點的距離。

為什麼常態分布在統計裡面很重要呢？首先，對於某些真實數據的分布，用常態曲線可以做很好的描述。最早將常態曲線用在數據上的是大數學家高斯（Carl Friedrich Gauss, 1777–1855）。

天文學家或測量員仔細重複度量同一個數量時，所得出的量測值會有小誤差，高斯就利用常態曲線來描述這些小誤差。你有時候會看到有人把常態分布叫做「高斯分布」，就是為了紀念高斯。十九世紀的大部分時間中，常態曲線曾叫做「誤差曲線」，也就因為常態曲線最早是用來描述量測誤差的分布。後來慢慢發現，有些生物學或心理學上的變數也大致符合常態分布時，「誤差曲線」這個名詞就不再使用了。1889年，高騰（Francis Galton）率先把這些曲線稱做「常態曲線」。高騰是達爾文的表弟，他開拓了遺傳的統計研究。

❋ 是鐘形曲線嗎？

人類智慧高低的分布，是不是遵循常態分布的「鐘形曲線」？IQ測驗的分數的確大致符合常態分布，但那是因為測驗分數是根據作答者的答案計算出來的，而計算方式原本就是以常態分布為目標所設計的。要說智慧分布遵循鐘形曲線，前提是：大家都同意IQ測驗分數可以直接度量人的智慧。然而許多心理學家都不認為世界上有某種人類特質，可以讓我們稱為「智慧」，並且可以用一個測驗分數度量出來。

當我們從同一母體抽取許多樣本時，諸如樣本比例（當樣本大小很大、而比例的數值中等時）及樣本平均數（當我們從相同母體取出許多樣本時）這類統計量的分布，也可以用常態曲線來描述。我們會在後面的章節進一步細談統計分布。抽樣調查結果

的誤差界限，也常常用常態曲線來算。然而，即使有許多類的數據符合常態分布，仍然有許多是不符合的，比如說，大部分的所得分布是右偏的，因而不是常態分布。非常態的數據就和不平常的人一樣，不僅常見，而且有時比常態的數據還有趣。

▌68–95–99.7 規則

常態曲線有許多，每一個常態曲線都可以用各自的平均數和標準差來描述。所有常態曲線都有許多共同性質，特別要提的是，對常態分布來說，標準差是理所當然的量度單位。這件事實反映在下列規則當中。

68–95–99.7 規則

在任何常態分布當中，大約有

- **68%** 的觀測值，落在距平均數一個標準差的範圍內。
- **95%** 的觀測值，落在距平均數兩個標準差的範圍內。
- **99.7%** 的觀測值，落在距平均數三個標準差的範圍內。

圖 13.8 說明了 68–95–99.7 規則。記住這三個數字之後，你就可以在不用一直做囉嗦計算的情況下考慮常態分布。不過還得記住，沒有哪組數據是百分之百用常態分布描述的。不管對於 SAT 分數，或者蟋蟀的身長，68–95–99.7 規則都只是大體正確。

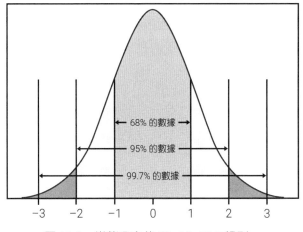

圖13.8　常態分布的 68–95–99.7 規則。

例2　年輕女性的身高

　　年輕女性的身高約略是平均數 63.7 英寸、標準差 2.5 英寸的常態分布。要運用 68–95–99.7 規則，首先得畫一個常態曲線的圖。圖 13.9 說明了這個規則用在女性的身高上會是什麼情況。

　　任何常態分布都有一半的觀測值在平均數之上，所以年輕女性中有一半高於 63.7 英寸。

　　任何常態分布的中間 68% 觀測值，會在距平均數一個標準差的範圍內。而這 68% 中的一半，即 34%，會在平均數之上。所以有 34% 的年輕女性，身高在 63.7 英寸及 66.2 英寸之間。把身高不到 63.7 英寸的 50% 女性也加上去，可以得知總共有 84% 的年輕女性身高不到 66.2 英寸。所以推知超過 66.2 英寸的人占 16%。

　　任何常態分布的中間 95% 的值，在距平均數兩個標準差範圍內。這裡的兩個標準差是 5 英寸，所以年輕女性身高的中間 95% 是在 58.7（= 63.7 − 5）和 68.7（= 63.7 + 5）英寸之間。

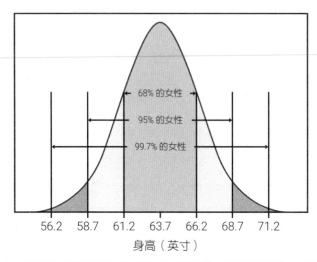

身高（英寸）

圖 13.9　年輕女性身高的 68-95-99.7 規則。這個常態分布的平均數為 63.7 英寸（161.80 公分），標準差 2.5 英寸（6.35 公分）。

　　另外 5% 女性的身高，就超出 58.7 到 68.7 英寸的範圍之外。因為常態分布是對稱的，這其中有一半的女性是在矮的那一頭。年輕女性中最矮的 2.5%，身高不到 58.7 英寸（149 公分）。

　　任何常態分布中幾乎所有（99.7%）的值，在距平均數三個標準差的範圍內，所以幾乎所有年輕女性的身高，都在 56.2 及 71.2 英寸之間。

▌標準計分

　　麥迪遜在 SAT 大學入學測驗的數學部分考了 600 分。這個成績算不算好，這得要看在所有分數的分布中，600 分居於什麼位置而定。SAT 考試經過規劃，分數大致遵循平均數為 500、

標準差為100的常態分布。麥迪遜的600分比平均高上一個標準差。現在用68–95–99.7規則，就可以知道她到底考得怎樣（圖13.10）。有一半考生的分數低於500分，另有34%在500分和600分之間。所以麥迪遜比參加SAT考試的考生中的84%考得好。她的成績報告上面不僅會列出她考了600分，還會加上說明，這個分數是「第84百分位數」。這是「比84%的考生考得好」的統計說法。

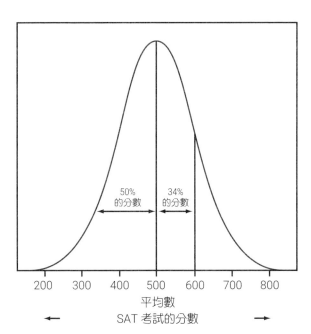

圖 13.10　用 68–95–99.7 規則可以得出，任一常態分布都有 84% 的觀測值在平均數以上一個標準差位置的左邊。這個圖裡是把這個結果用在 SAT 分數上。

　　因為標準差是常態分布最自然的量度單位，所以我們可以換個方式，把麥迪遜的600分說成是「高於平均數一個標準差」。像這樣以分布的平均數為「標兵」，而把觀測值以距平均數幾個標準差的方式表達出來，叫做標準計分。標準計分有時又稱為z分數（z-score）。

標準計分

任何觀測值的**標準計分**（standard score）為：

$$標準計分 = \frac{觀測值 - 平均數}{標準差}$$

　　標準計分為1的意思是說：所對應的觀測值，在平均數之上一個標準差的位置。觀測值的標準計分為−2，就表示該觀測值在平均數之下距離兩個標準差的地方。標準計分可以用來比較不同分布中的值。當然，如果你不願意用標準差來描述分布的離度，就不應該用標準計分。也就是說，分布必須至少是大致對稱的，標準計分才適用。

例3　ACT 分數 vs. SAT 分數

　　麥迪遜在SAT的數學部分得了600分。她的朋友加百列參加了美國大學入學考試ACT，在數學部分拿了21分。ACT的分數是常態分布，平均數為18，標準差6。假設這兩種入學考試的評量標的差不多，誰的分數比較高呢？

麥迪遜的標準計分是：

$$\frac{600 - 500}{100} = \frac{100}{100} = 1.0$$

我們來跟加百列比一比，他的標準計分是：

$$\frac{21 - 18}{6} = \frac{3}{6} = 0.5$$

因為麥迪遜的分數比平均高了1個標準差，而加百列的分數只比平均高0.5個標準差，所以麥迪遜考得比較好。

▌常態分布的百分位數 [*]

對常態分布來說，標準計分可以直接轉換成百分位數，而其他分布就沒法子這樣。

> **百分位數**
> 一個分布的**第 c 百分位數**（cth percentile）是一個值，指的是：小於第 c 百分位數的觀測值，在全部觀測值所占百分比為 c，而其餘的觀測值則都比第 c 百分位數大。

任何分布的中位數就是分布的第50百分位數，而四分位數是第25及第75百分位數。在任何常態分布中，在平均數之上一個標準差的那一點（標準計分為1），是第84百分位數。從圖

---

[*] 略過本節不會影響對本書其他內容的理解。

13.10可看出為什麼。常態分布的每個標準計分，都可以轉換成特定的百分位數，而不論原來的常態分布的平均數和標準差是多少，所得百分位數都是一樣的。書末的表B，列出了對應於不同標準計分的百分位數。比起用68–95–99.7規則，用這個表可以做更多的細節計算。包括圖形計算機在內的科學工具都能把標準計分轉換為更精確的百分位數，但本書的重點不在於精確，而在於了解概念，所以表B標準計分的換算只到小數點後一位。

例4 大學入學考試的百分位數

　　麥迪遜600分的SAT分數可以轉換成標準計分1.0。我們已經知道，根據68–95–99.7規則，這就是第84百分位數；而表B更精確些，它說標準計分1是常態分布的第84.13百分位數。加百列在ACT拿的21分等於標準計分0.5；表B說這是第69.15百分位數。加百列考得不錯，但沒有麥迪遜好。百分位數比原始分數或標準計分都更容易了解，這就是為什麼像SAT這類考試的成績單上，通常會同時列出分數及百分位數。

例5 找出對應某百分位數的觀測值

　　考生要在SAT考多高的分數，才能躋身前5%呢？這個分數必須至少等於第95百分位數。到表B內去找最接近95的百分位數。你會看到，標準計分1.6對應第94.52百分位數，而標準計分1.7對應第95.54百分位數。平均這兩個標準計分就得到1.65，所以我們可以下結論說，對任何常態分布而言，標準計分1.65大約等於第95百分位數。

　　要把標準計分還原為SAT分數，只要把計算標準計分的步驟

「倒過來」即可，方法如下：

$$觀測值 = 平均數 + 標準計分 \times 標準差$$
$$= 500 + (1.65)(100) = 665$$

考到665分以上，就會在前5%高分之列了。

例6　找出特定值以下的比例

讓我們再看一次SAT分數的分布。如果小婷在這次考試中拿了430分，那麼有多少比例的人分數在小婷以下？為了回答這個問題，我們必須先把小婷的分數轉換為標準計分：

$$\frac{430 - 500}{100} = \frac{-70}{100} = -0.7$$

從表B可查得，標準計分−0.7對應第24.20百分位數。所以有24.20%的人分數是在小婷的430分以下。

例7　找出特定值以上的比例

如果喬丹在SAT的數學部分得了725分，那麼有多少比例的人分數在喬丹以上？同樣的，為了回答這個問題，我們必須把喬丹的分數轉換為標準計分：

$$\frac{725 - 500}{100} = \frac{225}{100} = 2.25$$

在使用表B之前，我們必須先把2.25四捨五入為2.3，再經由表B，找出標準計分2.3對應第98.93百分位數。我們很有可能就此認為答案最終為98.93%，但不對；如果我們想要確定有多少比例的人分數在725以下，那答案才會是98.93，可我們現在想知道的是分數在

725以上。為了找出答案，我們需要記得一件事：常態曲線底下的總面積是1，換算成百分比是100%。所以只要從100%減掉分數在725以下的比例，就能得到分數在725以上的比例。100% − 98.93% = 1.07%，答案最終為：有1.07%的人SAT數學分數是在喬丹的725分以上。

例8　找出兩個特定值之間的比例

　　有多少比例的人分數落在小婷和喬丹之間呢？我們從例6中得知，有24.20%的人分數是在小婷以下；同樣的，我們從例7中知道，有98.93%的人分數是在喬丹以下。所以要找到兩者之間的比例，只要用98.93%減去24.20%。98.93% − 24.20% = 74.74%，也就是有74.74%的人分數落在小婷和喬丹之間。

第 14 章

描述關聯的方法：散布圖和相關係數

▌個案研究：SAT 分數

媒體有公布排名順序的癖好。最適合居住的城市、最好的大學、最健康的食物、最受歡迎的犬種……，只要是最佳或最差的排名清單，幾乎一定會出現在新聞報導中。因此每一年全美各州SAT分數出爐的時候，新聞報導會依各州高中畢業班學生的平均SAT分數，從最好的州（2017年是明尼蘇達州）一路排到最差的州（2017年是哥倫比亞特區），也就不令人驚訝了。可惜的是，讀者看到這樣的報導，很容易以為明尼蘇達的學校一定比哥倫比亞特區的好很多。你認為排名反映了學生的受教品質嗎？

主辦SAT考試的大學委員會很不喜歡媒體這麼做。「只依照SAT分數來給各州做比較或排序是沒有意義的，大學委員會非常不鼓勵這種做法。」各州平均SAT分數的列表一開頭便如此說道。要知道為什麼如此，讓我們來看一下數據。

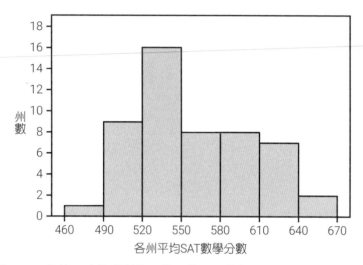

圖 14.1　全美 50 州及哥倫比亞特區的 SAT 數學測驗平均分數直方圖。

　　圖14.1顯示出美國50州加上哥倫比亞特區，SAT數學測驗平均分數的分布。在最低200分到最高800分的範圍內，明尼蘇達州以平均651分掄元，而哥倫比亞特區以468分墊底。這個分布的形狀有點特別：它有一個明顯的尖峰，而且右偏。

　　在這一章我們可以學到：要了解一個變數，譬如SAT分數，我們必須檢視它和其他變數之間的關係。讀完本章，你就能利用所學來了解，為何大學委員會不贊成只用SAT分數來給各州排名。

　　有一項醫學研究發現，比起中等身高的女性，個子矮的女性較常有心臟病發作的情形，而個子高的女性，心臟病發作的狀況最少。某個保險集團宣稱，以登記有案的每一萬輛汽車的車禍死亡人數來比較，重的汽車要比輕的汽車死亡率低。除了這兩項研

究，還有許許多多的統計研究都在探討兩個變數之間的關聯。不過要了解這一類的關聯，我們常常還得檢視一下其他變數。比如說，如果想要做出結論說矮個子女性心臟病發作的風險較高，研究者首先必須能夠消除掉其他如體重、運動習慣等變數的影響。本章和接下來幾章的主題，就是變數之間的關聯。我們的重點之一，是兩個變數之間的關聯有可能受到一些隱藏起來的變數的重大影響。

大部分統計研究的數據都是對應不止一個變數的。幸好，對於多變數數據的分析，仍是以我們在研究單一變數時所用的工具為基礎。分析時應遵循的原則和以前一樣：

- 先把數據畫成圖，並加入一些具代表性的綜合數值。
- 尋找整體型態以及有異於整體型態的偏差。
- 當整體型態很有規律時，有時就可以用很精簡的方式來描述它。

▋ 散布圖

最常用來展現二個數量變數之間關聯的是散布圖。

例1 健康食物

對於關注體重並追求營養飲食的人來說，找出如何吃得健康的指引和建議並不困難，《美國人飲食指南》便是一例，這本指南是美國衛生及公共服務部和美國農業部共同編纂，每五年出版一次。在2015–2020年版當中，它建議「採用健康的飲食型態，將所有食

物和飲料的熱量控制在適當的程度。」這個「健康的飲食型態」包括各種蔬菜、水果、穀物、脫脂和低脂乳製品、蛋白質、油。

　　這理所當然的引發了一個問題：美國人是否善於分辨健康食物？食物營養專家所認為的「健康」食物與一般美國成人所認為的一樣嗎？《紐約時報》2016年有篇文章指出，對美國選民具代表性的樣本做調查，發現這些選民所認為健康的食物種類與營養專家所認為的並不一致。調查中列出了52種食物，把清單給2,000名登記選民和美國營養學會裡的672位營養專家。圖14.2是美國選民與營養專家各有多少比例認為某食物健康的關係散布圖。

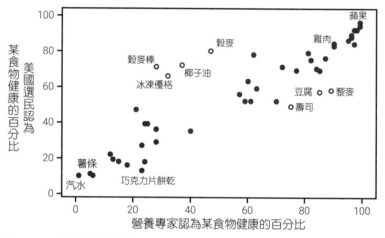

圖 14.2 　美國選民與營養專家各有多少百分比認為某食物健康的關係散布圖。

　　我們覺得營養學家認為的「健康」食物有助於解釋美國選民認為的「健康」食物，所以營養學家認為某食物健康的比例就是解釋變數，而美國選民認為某食物健康的比例就是反應變數。我們想了解認為某食物健康的美國選民比例是如何隨營養專家的比例變化而

改變，所以我們把營養專家贊同的比例（解釋變數）放在橫軸。散布圖中的每一個點都代表一種食物。我們可以看到，對某些食物來說，既有相當高比例的營養專家贊同很健康，也有高比例的選民贊同。我們也能看到，營養專家和美國選民的看法並非總是一致，例如美國選民認為冷凍優格、穀麥、穀麥棒、椰子油等食物健康的比例就高於營養專家；相對的，營養專家認為壽司、藜麥、豆腐等食物健康的比例高於美國選民。

散布圖

散布圖（scatterplot）顯示了在同一個個體上度量到的兩個數量變數之間的關聯。其中一個變數的值在橫軸上標示，另一個變數的值在縱軸上標示。每一筆資料對應圖中的一個點，點的位置由該個體兩個變數的值決定。

　　如果有解釋變數的話，一定要把解釋變數標示在散布圖的橫軸（也就是 x 軸）上，提醒你一下，我們通常把解釋變數叫做 x，而把反應變數叫做 y。如果兩個變數之間沒有解釋變數、反應變數這樣的差別，把哪個變數標示在橫軸都無所謂。

例 2 健康與財富

　　圖14.3的散布圖是以世界銀行2016年的數據畫成的。其中的個體是全世界每一個曾提供資料的國家，解釋變數是國家富有程度的一種量度，即：每人平均國內生產毛額（GDP）。GDP是指一個國家生產的產品和服務的總值，單位通常都換算成美元。至於反應變數，則是出生時的平均餘命（平均壽命）。

　　我們會預期有錢國家的人民應該活得久些。散布圖的整體型態的確顯示出這種狀況，但是兩個變數之間的關聯，出現了有趣的形狀。當GDP增加時，起先平均壽命急速增加，但是後來就拉平了。像美國這樣富國的人民，並不會比稍貧窮但並非極窮國家的人民活得更久。這其中有些國家，比如哥斯大黎加，平均壽命甚至還高於美國。

　　有兩個非洲國家屬於離群值。一個是產石油的赤道幾內亞，它的平均壽命和鄰國差不多，但是GDP比較高。有可能因為出口礦產的所得主要進了少數人的荷包，因此把人均GDP拉高了，而對大部分老百姓的收入或者平均壽命卻沒什麼幫助。換句話說，人均GDP是一個平均數，而我們知道平均所得可能遠高於所得中位數。

　　另一個離群值是列支敦斯登，這個小國家夾在瑞士和奧地利之間。列支敦斯登的金融業很強，是人們眼中的避稅天堂。

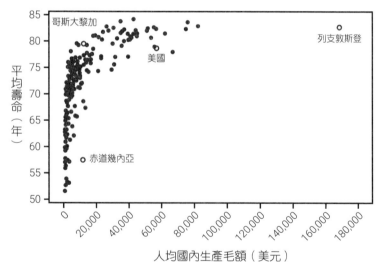

圖14.3　各國人民平均壽命與該國人均國內生產毛額的關係散布圖。

▌詮釋散布圖

想要解釋散布圖，用數據分析的一般招式即可。

檢視散布圖

在根據數據畫的任何圖裡面，要尋找**整體型態**以及明顯偏離整體型態的**偏差**。

要描述散布圖的整體型態，可以描述點的**形式、方向**以及**關聯**的強度。

有一種重要的偏差是**離群值**，也就是落在關聯的整體型態之外的個別值。

圖 14.2 和圖 14.3 都有明確的方向：認為某食物健康的美國選民百分比會隨營養專家的百分比增加而增加；GDP 增加，平均壽命大致上也跟著增加。我們說圖 14.2 和圖 14.3 顯示出正相聯（positive association）。圖 14.4 是 396 輛 2017 年式車的汽油里程（每加侖英里數）和重量（以磅為單位）的關係散布圖。反應變數是汽油里程而解釋變數是車的重量。我們可以看到，重量增加時、汽油里程會下降。我們稱圖 14.4 顯示出負相聯（negative association）。

正相聯與負相聯

如果有兩個變數，當其中一個變數的值高於平均時，另一變數的值也傾向高於平均，而其中一個低於平均時，另一個變數也傾向低於平均，則稱此二個變數是**正相聯的**（positively associated）。此時散布圖是從左到右往上斜的。如果這兩個變數的情況是：一個變數的值高於平均時，另一變數的值傾向低於平均，前者低於平均時，後者又傾向高於平均，則稱這兩個變數為**負相聯的**（negatively associated）。此時散布圖為從左到右往下斜。

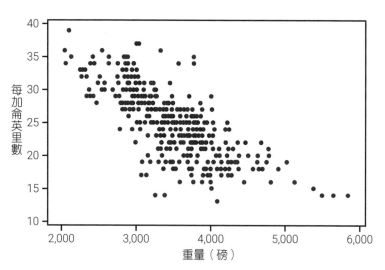

圖14.4 396輛車汽油里程和重量的關係散布圖。

把數據畫成圖之後，要用用腦袋！

沃德（Abraham Wald）和許多統計學家一樣，在第二次世界大戰期間也處理過戰爭相關問題。他發明的一些統計方法，在戰時被視為軍事機密。以下是他提出的概念中較簡單的一種。有人向沃德諮詢軍機上什麼部位應該加強鋼板，於是他開始研究從戰役中返航的軍機上，受敵軍創傷的彈孔位置。他畫了飛機的輪廓，並且標示出彈孔的位置。資料累積一段時間後，幾乎把機身各部位都填滿了。最後沃德提議，把剩下少數幾個沒有彈孔的部位補強。因為這些部位被擊中的飛機都沒有返航。

我們的散布圖都有明顯的形式。圖 14.2 和圖 14.4 顯示出約略呈直線的趨勢，而圖 14.3 顯示出曲線關聯。散布圖的關聯強度，是由圖中的點與某個明確的形式有多接近而決定的。圖 14.2 和 14.3 裡的關聯不算強。美國選民和營養專家對於某食物是否營養的看法並非總是一致，而 GDP 差不多的國家，也可能有很不一樣的平均壽命。至於圖 14.4 裡的關聯，則有中等的強度。以下的例子中，有形式很簡單但強度更大的關聯。

例 3 將化石分類

始祖鳥是一種已滅絕的動物，牠有像鳥類一樣的羽毛，但是也有像爬蟲類的牙齒及長而多骨的尾巴。已知的化石標本只有六個，因為這些標本的大小差很多，有些科學家認為這些標本可能是不同的物種，而不是同一物種的不同個體。在五個仍同時保有股骨（一種腿骨）以及肱骨（上臂的骨頭）的標本中，我們檢查股骨及肱骨

的長度，以下就是這組數據，單位是公分：

股骨：	38	56	59	64	74
肱骨：	41	63	70	72	84

因為並沒有解釋變數、反應變數的差別，我們的散布圖中，把哪個變數放在 x 軸都沒關係。畫出的圖為圖14.5。

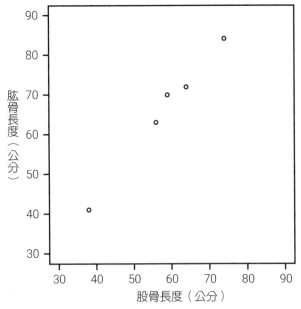

圖14.5 已滅絕的始祖鳥所遺留五件化石標本中，兩種骨頭（股骨與肱骨）的長度散布圖。

　　這個散布圖顯示出很強的正向直線相聯。直線是重要的關聯形式，因為它既常見又簡單好應用。相聯很強，是因為點的分布很接近一直線。是正相聯，是因為當一種骨頭的長度增加時，另一種骨

頭的長度也增加。從這些數據看來，這五件化石應該都屬於同一物種，而大小不一樣，是因為有的比較年輕。我們認為：在這兩種骨頭的長度之間，不同的物種應該有不同的關聯性，因此應該會對應到一個離群點。

▊ 多個變數

變數之間可能有著相當複雜的關係，一個反應變數往往不只能用一個解釋變數，而是一組解釋變數來加以解釋。散布圖除了能呈現兩個變數之間的關聯，也可以讓我們看出三個以上的變數有何關係。在圖14.4中，車重和汽油里程顯示出負相聯，如果我們納入第三個變數的影響，例如車子的汽缸數，會發生什麼事呢？汽缸是汽車引擎的動力裝置，汽缸數一般與引擎的大小有關。儘管車重和汽油里程顯示出負相聯，但圖14.6告訴我們，納入車子汽缸數之後，關聯突然就變得沒那麼直接。舉例來說，當車子汽缸數在6個以下的時候，關聯看起來是負的，但在汽缸數在8個以上的時候，關聯要麼不存在，要麼些微是正的。

蓋普曼德基金會網站（http://www.gapminder.org/tools）整合了各種不同來源的資料，能在上面找到多個變數相互影響的更多例子。圖14.7是蓋普曼德網站裡的一張散布圖，它顯示2014年世界許多國家的生育率（平均每位女性所生的嬰兒數量）和平均壽命（以年為單位）的關聯。圖中以國家為個體，每個點都代表不同的國家，國家的人口愈多，點就愈大；點的顏色則反映了那個國家的所在區域。在解釋這張散布圖時，我們可以發現整體為負的關聯：生育率隨平均壽命下降而增加。

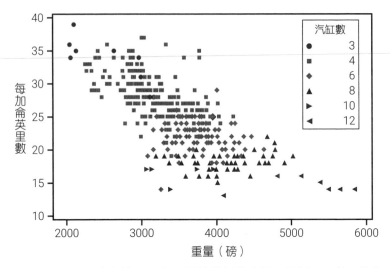

圖 14.6 396 輛車汽油里程和重量的關係散布圖。圖例顯示納入汽缸數時發生了什麼事。

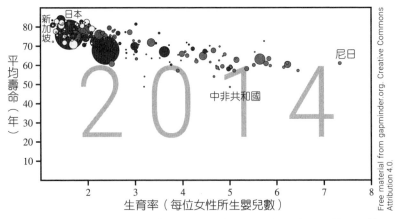

圖 14.7 許多國家的平均壽命與生育率的關係散布圖（取自蓋普曼德基金會網站）。點的大小和顏色分別對應該國人口和所在區域。

　　大國和小國的生育率和平均壽命並不一樣，但把這些國家按
所在區域分類之後，就出現了明顯的型態。舉例來說，我們從圖
中可以看到，人口最多的幾個國家也在生育率最低的國家之列，
但大國人民的平均壽命卻不一定比小國人民高。我們也可以看到
世界不同區域的國家在生育率和平均壽命方面有明顯的差異：最
高出生率和最低平均壽命來自非洲國家（尼日和中非共和國），
而最低出生率和最高平均壽命來自亞洲國家（新加坡和日本）。

　　使用者可以調整蓋普曼德基金會網站上的散布圖，瞧瞧各種
不同變數之間的關聯，也可以按下「播放」按鈕，看看變數之間
的關聯如何隨時間改變。

▌相關係數

　　散布圖呈現兩個變數之間關聯的方向、形式和強度。直線關
聯尤其重要，因為直線是相當普遍的簡單型態。當點的分布很接
近直線時，直線關聯就很強，而當點在直線附近散布很廣時，直
線關聯就弱。光用眼睛看，不容易判斷關聯有多強。圖14.8的兩
個散布圖畫的是同一組數據，只是右邊的圖坐標涵蓋範圍較大，
所以點變得比較靠近，使得右圖似乎顯示出較強的直線關聯。只
要改一改散布圖坐標軸上的刻度，或者點和點之間空白處的大
小，我們的眼睛就可能受騙。所以我們得遵照數據分析的一般策
略，除了圖以外，還要加上數值量度。相關係數就是我們要用的
量度。

相關係數

相關係數（correlation）描述兩個數量變數之間直線關聯的
方向和強度。相關係數通常用符號 r 表示。

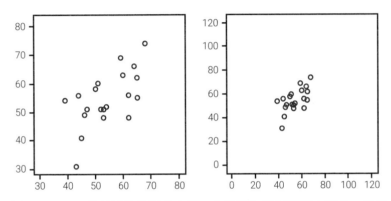

圖 14.8 同一組數據的兩個散布圖。右圖因為四周圍空白較多，使得
兩個變數之間的關聯看起來比較強。

　　要計算相關係數得花點工夫。通常來說，你可以把 r 看成是
按計算機的某個鍵或在軟體中給某個指令就可以得到的數，而你
只要了解它的性質和用處就可以了。但是如果知道 r 值是如何用
數據算出來的，對於了解相關係數的性質和用處有很大幫助，所
以我們還是舉例告訴你 r 要怎麼算。

例 4 計算相關係數

我們有 n 個個體的數據，變數有兩種，分別叫做 x 和 y。以例 3 的化石數據為例，x 是股骨長度，y 是肱骨長度，而我們有 $n = 5$ 件化石的數據。

步驟 1：分別求出 x 和 y 的平均數和標準差。而化石數據，用計算機就可以得到，結果如下：

股骨：	$\bar{x}$ = 58.2 cm	s_x = 13.20 cm
肱骨：	$\bar{y}$ = 66.0 cm	s_y = 15.89 cm

我們用 s_x 和 s_y 這樣的符號，是要提醒自己這裡有兩個不同的標準差，一個對應變數 x 的值，另一個對應變數 y 的值。

步驟 2：用從步驟 1 得到的平均數和標準差，求出每一個 x 值和每一個 y 值的標準計分：

x 值	標準計分 $(x - \bar{x})/s_x$	y 值	標準計分 $(y - \bar{y})/s_y$
38	$(38 - 58.2)/13.20 = -1.530$	41	$(41 - 66.0)/15.89 = -1.573$
56	$(56 - 58.2)/13.20 = -0.167$	63	$(63 - 66.0)/15.89 = -0.189$
59	$(59 - 58.2)/13.20 = 0.061$	70	$(70 - 66.0)/15.89 = 0.252$
64	$(64 - 58.2)/13.20 = 0.439$	72	$(72 - 66.0)/15.89 = 0.378$
74	$(74 - 58.2)/13.20 = 1.197$	84	$(84 - 66.0)/15.89 = 1.133$

步驟 3：相關係數就是這些標準計分乘積的平均。就和算標準差一樣，我們「平均」時用的除數是 $n - 1$，比個體的數目少 1：

$$r = \frac{1}{4} \, [(-1.530)(-1.573) + (-0.167)(-0.189) + (0.061)(0.252)$$
$$+ \, (0.439)(0.378) + (1.197)(1.133)]$$
$$= \frac{1}{4} \, (2.4067 + 0.0316 + 0.0154 + 0.1659 + 1.3562)$$
$$= \frac{3.9758}{4} = 0.994$$

例4中的計算過程，可以用以下的精簡代數式表示：

$$r = \frac{1}{n-1} \sum \left(\frac{x - \bar{x}}{s_x} \right) \left(\frac{y - \bar{y}}{s_y} \right)$$

其中Σ這個符號代表「全部加起來」。

▊ 了解相關係數的意義

　　比計算 r 值（這是機器的工作）更重要的是，了解相關係數怎麼度量相聯性。以下是相關事實：

- 正的 r 值顯示變數之間有正相聯，負的 r 值顯示出負相聯。圖 14.5 的散布圖顯示，股骨長度和肱骨長度之間有很強的正相聯。在其中三件化石中，兩種骨頭都比平均數要長，所以對 x 變數和 y 變數算出的標準計分都是正的。在另二件化石中，骨頭長度都低於平均，所以 x 和 y 的標準計分都是負的。因此得到的乘積全是正的，使得 r 值為正。

- 相關係數 r 的值，永遠在 -1 和 1 之間。r 值若接近 0，代表很弱的直線關聯。當 r 由 0 向 -1 或 1 趨近時，關聯的強度會漸次增加。r 值若接近 -1 或 1，表示點的分布很接近一直線。而

$r = -1$ 及 $r = 1$ 這兩個極端值的情況，只有散布圖中的點全部落在同一條直線上時才會發生。

例4當中所得到的 $r = 0.994$，反映出圖14.5的強烈正向直線型態。圖14.9的散布圖說明了，r 怎樣度量直線關聯的方向和強度。你可以仔細研究一下這些圖。請注意，r 的正負號和每個圖的傾斜方向一致，而且當圖的型態愈來愈接近直線時，r 會愈來愈接近 -1 或 1。

- 由於 r 是用觀測值的標準計分算出來的，當我們分別或同時改變 x、y 的度量單位時，x 和 y 之間的相關係數並不會改變。例4當中的骨頭長度如果用英寸而不用公分來測量，相關係數仍然會是 $r = 0.994$。

我們對於單一個變數所做的各種描述性質用的量度，所使用的單位和原來的觀測值相同。如果我們用公分來量長度，則中位數、四分位數、平均數及標準差的單位全是公分。不過兩個變數間的相關係數可沒有度量單位，它只是 -1 和 1 之間的一個數罷了。

- **相關係數不理會解釋變數和反應變數之間的差別。** 假如我們把 x 變數和 y 變數的名稱對調，相關係數還是一樣。

- **相關係數度量的只是兩變數直線相聯的強度。** 相關係數不能描述兩變數間的曲線關聯，不管這種關聯有多強。

- **和平均數及標準差一樣，相關係數會受少數離群觀測值嚴重影響。** 當散布圖中出現離群點，使用 r 時要特別小心。我們以圖14.10來舉例說明。假設我們把第一件化石的股骨長度從38公分改成60公分，這件化石的數據就不會和其他的大致成一

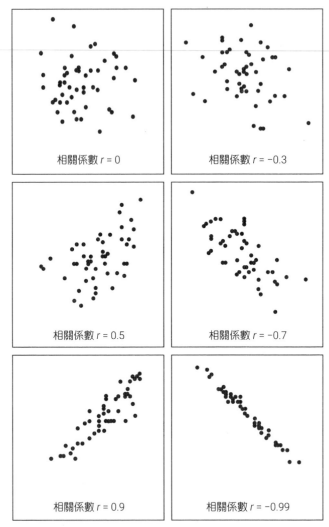

相關係數 r = 0

相關係數 r = -0.3

相關係數 r = 0.5

相關係數 r = -0.7

相關係數 r = 0.9

相關係數 r = -0.99

圖 14.9 相關係數如何度量直線關聯的強度。接近直線的型態，相關係數會趨近 1 或 −1。

直線，而會變成離群值了。相關係數也會從原來的 $r = 0.994$ 降到 $r = 0.640$。

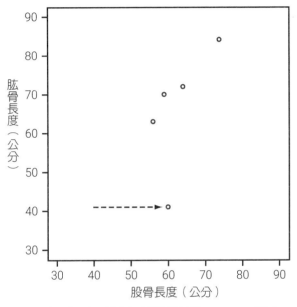

圖 14.10　只移動一個點，就會把相關係數從 $r = 0.994$ 變成 $r = 0.640$。

變數之間的關聯有許多種，要度量關聯也有很多方法。雖然相關係數很常用，還是要記得它有其限制。相關係數只有對數量變數才有意義，也就是說我們可以討論選民的性別和選民所屬意的政黨之間的關聯，但是沒法計算這兩個變數間的相關係數。即使對於像骨頭長度這樣的數量變數來說，相關係數度量的也只是直線相聯性。

而且還要記住，即使兩個變數間有直線關聯，相關係數也不

是此兩變數數據的完整描述。除了相關係數外，應該也要列出 x 和 y 的平均數及標準差。計算相關係數的公式當中，有用到平均數和標準差，所以把這兩種量度隨著相關係數一起列出也很恰當。

第 15 章

描述關聯的方法：迴歸、預測及因果關係

▌個案研究：房價

　　假設你準備要買房子。為了找到完美的住宅，你四處奔波。你找到了，但價格不太對，你可能付不起，或覺得這筆投資不值得。房價在許多層面來說都很重要，首先它會影響買家可否購買，也會影響賣家是否有動機出售他們的房子。價格過高的話，買家可能就無法擁有自己的房子；價格過低的話，賣家可能會打消出售的念頭。如果某一區的房價不高，那擁有房子的人即使想搬家，可能也會因為不想賠錢，而被迫等待房價回漲。

　　哪些因素會影響房價呢？在思考有哪些變數能增加房價時，腦中可能會冒出實坪、建坪、屋齡、地段、周遭學校的好壞，以及房子是否有特殊的設備（例如多衛浴設備、壁爐、剛改裝好的廚房等）這些變數，但你想過附近星巴克的數量嗎？哈佛商學院 2018 年的研究分析了餐廳評價網站 Yelp 和美國普查局的資料，結果指出，一個區域（以郵遞區號劃分）內的星巴克數量愈多，

房價愈高。這是否代表我們房屋轉售時，如果附近沒有星巴克，要再評估一下售價？讀完本章之後，你就有能力可以評斷附近星巴克的數量和房價之間的關聯了。

▎迴歸直線

如果散布圖顯示出兩個數量變數之間的直線關聯，我們會希望在散布圖中畫條直線，來對這個整體型態做概述。迴歸直線就是對兩個變數間的關聯做概述，但條件是：其中一個變數可以用來解釋或預測另一個變數。也就是說，迴歸描述的是一個解釋變數和一個反應變數之間的關聯。

迴歸直線

迴歸直線（regression line）是一條直線，描述當解釋變數 x 的值改變時，反應變數 y 的值怎樣跟著變。我們常用迴歸直線來預測：對於某一個給定的 x 值，y 值會是什麼。

例1　化石標本中的骨頭

在第14章的例3和例4，我們見到始祖鳥化石中，兩種骨頭的長度關聯很接近直線型態。圖15.1畫出了五件標本的兩種骨頭長度。圖裡的迴歸直線對於整體型態做了精簡的概述。

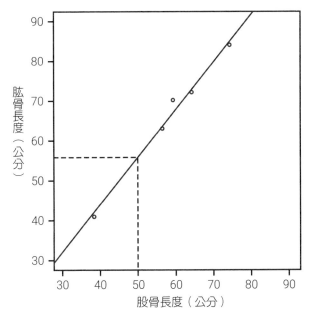

圖 15.1　用直線型態來做預測。圖中的數據是已絕種的始祖鳥的五件化石中兩種骨頭的長度。

　　另外有件始祖鳥化石不完整，它的股骨有 50 公分長，但是肱骨不見了。我們能不能猜出肱骨有多長呢？連結肱骨長度和股骨長度的直線型態非常強，使得我們可以放心的用股骨長度來猜測肱骨長度。圖 15.1 告訴我們怎麼做：從股骨長度（50 公分）開始，垂直往上直到和直線相交，然後從交點畫水平線到代表肱骨長度的坐標軸，因此我們猜測長度大約是 56 公分。如果代表這件化石的點恰好就在該條直線上的話，肱骨長度就會是這個數字。由於其他的點都離直線很接近，所以我們認為遺失了的肱骨所應屬的點也會很接近直線。也就是說，我們覺得我們的猜測應該很準。

例2 美國總統大選

共和黨的雷根在1980和1984年兩度當選美國總統。雷根為了刺激經濟，推動減稅政策，這項經濟政策最後也提升了政府稅收，2015年的共和黨總統參選人仍主張減稅。圖15.2畫出了各州投票給雷根的民主黨對手的百分比，這兩位對手分別是：1980年的卡特和1984年的孟岱爾（Walter Mondale）。圖裡顯示出正向的直線關聯。我們預期會有這種現象，因為有些州傾向於投民主黨，而有些州傾向於投共和黨。只有一個離群值：卡特總統的家鄉喬治亞州（圖中以GA代表），1980年有56%投給民主黨的卡特，但是1984年只有40%投給民主黨。

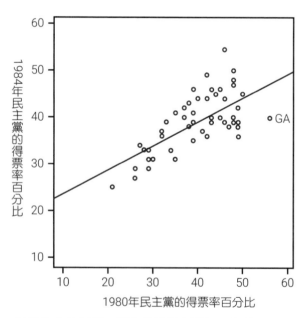

圖15.2 較弱的直線型態。圖中數據是在雷根兩次競選總統時，民主黨在各州的得票率百分比。

　　我們可以用圖15.2中所畫的迴歸直線，根據1980年的投票結果，來預測某一州1984年的投票情況。這個圖裡的點，比起圖15.1裡的化石骨頭的點，散布得離直線較遠。度量直線關聯強度的相關係數 r，在圖15.1裡 $r = 0.994$，而在圖15.2裡則 $r = 0.704$。從數據點的散布程度可以知道，要預測選舉結果，一般來說準確度要比預測骨頭長度來得差。

▌迴歸方程式

　　當散布圖顯示出像圖15.1那麼強的直線關聯時，要用目測方式畫一條接近所有點的直線是很容易的。然而對圖15.2來說，不同的人用目視法，可能畫出頗不一樣的直線。因為我們是想用 x 來預測 y，所以我們想要的直線，是在鉛直方向（和 y 軸平行的方向）和點盡量接近。在用目測法畫直線時，很難只去顧及點和直線的鉛直距離。還不只這樣，用目測法只能在圖上得到直線，卻得不到直線的方程式。我們需要有個辦法，來根據數據找出鉛直方向距點最近的直線方程式。有許多不同方法可以使鉛直距離「愈小愈好」，而其中最常用的就是最小平方法。

最小平方迴歸直線

y 對 x 的**最小平方迴歸直線**（least-squares regression line），是使得所有數據點距離直線的鉛直距離平方和為最小的直線。

　　圖 15.3 說明了最小平方概念。這個圖把圖 15.1 的中間部分放大，焦點放在三個點上面。圖裡畫出了這三點距迴歸直線的鉛直距離。要找最小平方迴歸直線，必須用到所有的鉛直距離（化石數據的全部五個點），把每一個距離平方，然後移動直線，直到距離平方的和達到最小為止。圖 15.1 和 15.2 的散布圖中所畫的直線，就是最小平方迴歸直線。我們就不列出根據數據算出最小平方直線的公式了——這是計算機或電腦的工作。不過你應該要會應用機器所算出的方程式。要寫出這條直線方程式，還是像以前

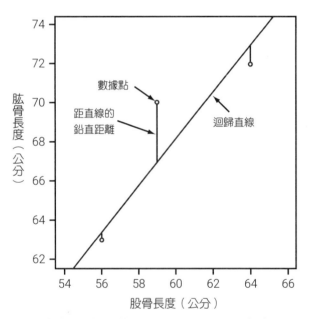

圖 15.3　迴歸直線的目標是從 x 預測 y。所以好的迴歸直線，要讓點到直線的鉛直距離盡量小。

一樣，讓 x 代表解釋變數，而 y 代表反應變數。方程式的形式如下：

$$y = a + bx$$

數字 b 是直線的斜率，也就是 x 增加一個單位時 y 改變的量。數字 a 是截距，是當 $x = 0$ 時的 y 值。要利用這方程式做預測，只要把你的 x 值代入方程式中，計算出 y 值即可。

✳ 朝平均數迴歸

「回歸」（regress）的意思是往回走。那為什麼利用解釋變數來預測反應變數的統計方法，要用「迴歸」這個詞呢？最先把迴歸方法用在生物學及心理學數據的是高騰爵士，他曾檢視兒童身高對應其父母身高這類例子，結果發現，身高超過平均的父母，通常孩子的身高也超過平均，但是並沒有父母那麼高。高騰稱這種現象為「朝平均數迴歸」，於是這個說法就被用在這種統計方法上了。

例3　怎樣應用迴歸方程式

在例1當中，我們在圖15.1裡用了「往上再往左」的方法，預測了股骨長度50公分的化石，所應對應的肱骨長度。最小平方直線的方程式是：

肱骨長度 = −3.66 + (1.197 × 股骨長度)

　　這條直線的斜率是b = 1.197。這代表對於這些化石來說，股骨長度每增加1公分，肱骨長度就會增加1.197公分。迴歸直線的斜率對於了解數據通常很重要。斜率是變化率，即是指當x增加1時，我們預測的y所改變的量。

　　最小平方直線的截距是a = −3.66。這是當x = 0時，我們預測的y值。雖然要畫出直線需要知道截距，但是只有當x值實際上有可能靠近0時，截距才有統計上的意義。這兒的股骨長度不可能是0，所以截距沒有統計上的意義。

　　要用方程式來做預測，只要把x值代入式子算出y即可。股骨50公分長的化石，肱骨長度的預測值是：

$$肱骨長度 = −3.66 + (1.197)(50)$$
$$= 56.2公分$$

要在散布圖上畫出這條直線的話，可用兩個不同的x值分別預測出y值，這樣就會得到兩個點。把這兩個點畫在圖上，再連接兩點畫出直線即可。

▌了解預測的意義

　　電腦使得預測很容易進行而且全自動，即使對大筆的資料仍然一樣。任何可以用全自動方式處理的事，處理時通常是不經過思考程序的。比如說，即使資料之間有曲線關聯，迴歸軟體仍然「樂於」配適（fit）一條直線。還有，電腦也不會自己決定誰是解釋變數、誰是反應變數。這點很重要，因為同一組數據如果解釋變數不同，會得出兩條不一樣的直線。

　　在實際應用時，我們常常用多個解釋變數來預測一個反應

變數。美國大學在處理入學申請時，可能會用SAT的數學及語
文分數，再加上高中英文、數學及科學成績（共5個解釋變數）
來預測學生的大一表現。雖然細節很複雜，但是所有用來預測反
應變數的統計方法，都和最小平方迴歸直線有一些共同的基本性
質。

- **預測根據的是對數據配適的某個「模型」（model）。** 在圖15.1
  和圖15.2裡，我們的模型就是我們穿過散布圖中的點所畫出
  的一條直線。其他的預測方法則使用較複雜的模型。
- **模型配適得離數據點很接近的，預測結果最好。** 再比較一下
  圖15.1和圖15.2，圖15.1所含的點距直線很接近，圖15.2則
  否，所以圖15.1的預測比較可靠。當變數多的時候，型態就
  不容易看出來，而且只要數據沒有呈現出很強的型態，預測
  就可能很不準。
- **預測超出現有數據的範圍是很靠不住的。** 假設你手上有3至8
  歲孩童的生長資料，你發現年齡x和身高y之間有很強的直線
  關聯。如果你對這些數據配適一條迴歸直線，然後用它來預
  測25歲時的身高，你的預測會是：這個孩子25歲時會有240
  公分高。人長高到某個階段會慢下來，然後會完全停止，所
  以把直線一直延長到成人的年齡是很笨的做法，沒有人在預
  測身高時會犯這種錯。但是幾乎所有的經濟預測都在試圖告
  訴我們，下一季或下一年會發生什麼事，難怪經濟預測常常
  錯。對現有數據範圍以外做預測，就稱為外插法。務必提防
  外插法！

例4　預測財政赤字

　　美國國會預算委員會必須每年提出報告，預測下五年的聯邦預算以及盈餘或者赤字。這些預測和未來的經濟趨勢（未知）有關，也和國會對稅收和開支的決定（也未知）有關。而即使目前政策都不變，要預測預算的狀況都會非常不準確。比如說，2008年1月對2012年做的預測，就低估了近乎1兆美元赤字。2009年1月對2013年所做的預測，赤字低估了4,230億，但2010年1月對2014年所做的預測，赤字只低估了80億。就如參議員德克森（Everett Dirksen）曾說的：「這裡差10億，那裡差10億，很快就要真的出狀況了。」1999年預算委員會預測接下來的十年會有9,960億美元的盈餘（不考慮社會安全保險）。政客們已經在討論怎麼用這些錢，但其他人都不相信這項預測（事實證明，不相信是對的）。2015年的赤字是4,390億美元，2016年的赤字是5,870億，而2017年的赤字是6,650億。2015年1月對2019年的預測是赤字6,520億美元，這個預測準確嗎？

▋ 相關係數及迴歸

　　相關係數度量直線關聯的方向和強度，而迴歸畫出一條直線來描述這個關聯。相關係數和迴歸是密切相關的，即使迴歸需要選擇解釋變數，而相關係數不需要選。

　　相關係數和迴歸都會受離群值的嚴重影響。如果你的散布圖有明顯的離群值就要小心。圖15.4裡畫的是美國各州年降水量最高紀錄對應24小時降水量最高紀錄。夏威夷是位於圖的高處的離群值，夏威夷的庫庫伊（Kukui）在1982年曾經記錄到704.83英寸的年雨量。圖15.4裡所有50州的相關係數是0.510。如果把

夏威夷去掉，相關係數會降到0.248。圖裡面的實線，是從24小時紀錄所預測年紀錄的最小平方直線。如果不計入夏威夷，最小平方直線就會往下落到虛線的位置。這條虛線幾乎是水平的，也就是說一旦我們決定忽略夏威夷不計，年降水量紀錄和24小時降水量紀錄之間就沒有多大關係了。

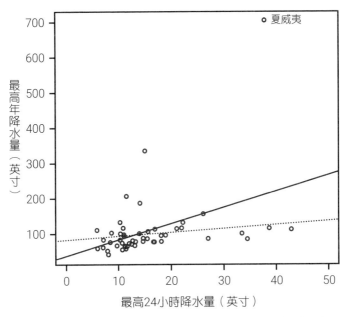

圖 15.4　最小平方迴歸直線受離群值嚴重影響。實線是根據全部 50 個數據點畫的，虛線則是去掉了夏威夷之後畫出的。

迴歸直線的預測功能，視關聯強度而定。也就是說，一條迴歸直線有多大用處，和變數之間的相關係數密切相關。事實上這個關係就是用相關係數的平方來度量的。

> **迴歸裡的 r^2**
> 相關係數的平方，r^2，是 y 值的變異當中，可以用 y 對 x 的最小平方迴歸來解釋的部分所占之比例。

　　這背後的概念是說，當 y 和 x 有直線關聯時，y 的變異中的一部分，可以解釋為當 x 改變時，也拉著 y 一起改變。

例5　r^2 怎麼用

　　再來看看圖15.1。這五件化石的肱骨長度變異很大，最低的是41公分而最高的是84公分。從散布圖可以看出，我們只要看看肱骨長度以及迴歸直線，就幾乎可以解釋所有的變異了。當股骨長度增加時，它會沿著直線把肱骨長度也一塊兒拉長了。除此之外肱骨長度的變異就沒剩下多少，剩下的這些變異從圖上來看，就是指點和直線還是有些距離，而未直接落在直線上。因為這組數據的 r = 0.994，所以 r^2 = $(0.994)^2$ = 0.988。因此由股骨拉著肱骨「沿著直線上升時」肱骨產生的變異，可以解釋肱骨長度變異中的98.8%。點在直線兩側的散布，只能說明剩下的1.2%的變異。剩下的散布很小，表示預測會很準。

　　再對照一下圖15.2的投票數據。1980年和1984年的民主黨得票率之間還是有直線關聯，但是點在直線兩側也散布得比較開。這裡的 r = 0.704而 r^2 = 0.496，我們觀察到的1984年民主黨得票率的變異，大約只有一半可以用直線型態來解釋。把1980年民主黨得票率45%的州和得票率30%的州做個比較，你還是會猜前者在1984年的民主黨得票率較高。但是在1980年兩黨都有相同得票率的各州，1984年的得票率有不小的變異，這就是1984年各州變

異的另外一半。造成這部分變異的是其他原因，諸如兩次選舉的主要議題和政見有別，以及雷根總統的兩位民主黨對手來自不同地區等。

✳ 計算選票的人有沒有作弊？

在賓州1993年的選舉中，根據投票機的計數，共和黨的馬克斯領先民主黨的史汀森。但是在控制選委會的民主黨人計算了不在籍投票的選票後，變成史汀森領先。事情鬧上了法庭。法庭請來一位統計學家，他用過去的選舉數據造出迴歸直線，再根據投票機結果，預測缺席選票的計數。根據馬克斯在投票機所領先的564票，可以預測他應該比史汀森多得133張缺席選票。實際上投票機算出來的，卻是史汀森比馬克斯多得了1,025張缺席選票。你想計算選票的人有沒有作弊？

通常在報告計算出來的迴歸直線時，也會同時提出 r^2 的值，當作迴歸直線解釋反應變數有多成功的一種量度。當你看到相關係數的時候，可以把它平方，會更容易感受相聯性的強度。完美的相關係數（$r = -1$ 或 $r = 1$）代表所有的點全落在一直線上，此時 $r^2 = 1$，而一個變數的所有變異，都可以用它和另一變數的直線關聯來說明。若 $r = -0.7$ 或 $r = 0.7$，則 $r^2 = 0.49$，此時差不多一半的變異可以用直線關聯來解釋。以 r^2 的值當標準的話，相關係數 ±0.7 差不多在 0 和 ±1 的中間。

█ 因果問題

　　抽菸和肺癌死亡率之間有很強的關聯。是不是抽菸導致肺癌呢？在一個國家裡，容不容易取得槍械和該國槍殺事件的比例之間，也有很強的關聯。容易取得槍枝是否導致更多謀殺案？香菸包裝上已明白寫著吸菸導致肺癌。有更多的人持有槍枝是否導致更多謀殺卻引起熱烈的辯論。為什麼香菸和肺癌的證據優於槍和殺人的證據呢？

　　我們已經知道統計證據中與因果關係有關的三大事實。

統計與因果

1. 即使兩個變數間有很強的關聯，也不一定代表改變其中一個變數的值會導致另一個變數的改變。
2. 兩個變數之間的關聯，常常受其他潛藏在背景中的潛在變數影響。
3. 建立因果關係最好的證據，來自隨機化比較實驗。

例6　看電視會延年益壽？

　　統計一下世界各國平均每人電視機數 x 及國民平均壽命 y。你會看到很高的正相關：有很多電視機的國家，國民平均壽命也比較長。

因果關係的基本意義是，只要改變 x 的值，就可以使 y 的值改變。我們能不能藉著運一堆電視機到非洲國家波札那（Botswana），來延長該國人民的壽命呢？當然不行。富國的電視機比窮國多，而富國的人民平均壽命也比較長，但這是因為他們有較好的營養攝取、乾淨的水以及較佳的醫療資源。電視機和壽命長短之間並沒有因果關係。

例6說明了因果關係三大事實的前兩項。這一類的相關有人叫它做「胡說相關」：相關是事實，胡說的部分是「改變其中一個變數會導致另一個變數改變」的結論。例6中的國家財富，就是一項潛在變數，會同時影響 x 和 y 的值，造成 x 和 y 之間的高度相關，即使 x 和 y 之間並沒有什麼直接關係。我們可以把這個叫做共同反應：解釋變數和反應變數都對某個潛在變數產生反應。

例7　肥媽媽和胖女兒

是什麼造成兒童的肥胖？父母遺傳、吃太多、缺乏運動和看太多電視，都曾被當作解釋變數。

一項針對9到12歲墨西哥裔美國女童做的研究，有典型的結果。研究當中度量了女童和她們媽媽的身體質量指數（BMI），這是體重相對於高度的一種量度；BMI過高的人就是過重或者肥胖。這項研究還度量了看電視的時間長短、運動的時間長短和幾種食物的攝取量。所得到的結果是：女童的BMI和運動只有弱相關（$r = -0.18$），和食物及電視也是弱相關。最強的相關（$r = 0.506$）出現在女兒的BMI和媽媽的BMI之間。

　　一個人的體型有部分決定於遺傳。女兒從媽媽身上遺傳到一半的基因，因此母女的BMI之間，有直接的因果關係。當然這個因果關係不是百分之百。媽媽的BMI只解釋了女兒BMI變異的25.6%（這是r^2）。還有其他因素也會影響BMI，其中有的因素在該項研究中有考慮到，而有的因素並沒有考慮到。即使有直接的因果關係，也極少可以完全解釋兩個變數之間的相聯性。

　　我們可不可以用例7裡的r或r^2來說明，女兒的BMI有多少成分是由遺傳造成的呢？答案是不行。記住有交絡這回事。很可能過重的媽媽，也是很少運動、飲食習慣不良、看很多電視的「榜樣」，她們的女兒或多或少也養成同樣的習慣，所以遺傳的影響和女童周圍環境的影響就混在一起了。我們沒法判斷，母女BMI之間的相關，有多大部分應該歸因於遺傳。

　　圖15.5用簡圖顯示：變數之間的相聯性，有可能用各種不同的連結關係來解釋。虛線代表x和y兩變數之間已觀察到的相聯性。有些相聯可以用變數之間的直接因果關係來解釋。圖15.5的第一個圖中，從x指到y的箭頭表示「x導致y」。第二個圖說明了共同反應。在x和y兩變數間觀察到的相聯性，可用潛在變數z解釋，即x和y都會因為z的改變而改變。這種共同反應會製造出一種相聯性，即使x和y之間也許並沒有直接的因果關係。圖15.5中的第三個圖說明了交絡。解釋變數x及潛在變數z可能同時影響反應變數y。因為變數x和z之間有相聯性，我們沒辦法把x對y的影響和z對y的影響分離。我們無法說出x對y的直接影響有多大。事實上，x對y是不是有影響，可能都很難說。

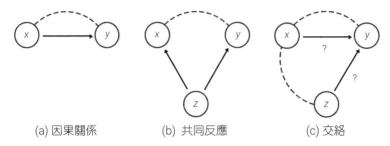

(a) 因果關係　　　　(b) 共同反應　　　　(c) 交絡

圖 15.5 對於所觀察到的相聯性的幾種解釋。虛線表示相聯，箭頭顯示因果關係。x 是解釋變數，y 是反應變數，z 是潛在變數。

在例7裡面，我們看到媽媽的BMI和女兒的BMI之間有因果關係。然而還有一些因素也會影響女兒的BMI，這些因素有的在此研究當中有考慮到、有的沒有。這就是交絡的例子，在圖15.5(c)當中有圖示。圖中的x代表媽媽的BMI，z代表其他因素，y代表女兒的BMI。

共同反應和交絡，都牽涉到潛在變數z對反應變數y的影響。我們不多談這兩類關聯有什麼差別，只要記住，在考慮變數之間的關聯時，要遵從「小心潛在變數」的忠告。以下是另一個共同反應的例子，這回我們想要做的是預測。

例 8 ▸ SAT 分數和大學成績

高中時在SAT測驗得了高分，當然並不能造成在大學裡的好成績，二者間的中等相聯（r^2大約是27%），毫無疑問可以用學業能力、讀書習慣、不喝酒嗑藥這類潛在變數的共同反應來解釋。

SAT分數是否可以用來部分預測大學課業表現，和因果並沒關係。我們只需要相信，過去幾年我們看到的SAT分數和大學成績的

關聯，對於今年畢業的高中生來說仍沒改變。再想想我們的始祖鳥化石例子，用股骨長度可以很準確的預測肱骨長度。兩種骨頭間的強關聯，可以解釋為對於始祖鳥的年齡和體型大小的共同反應。做預測不需要有因果關係。

對這些例子的討論，又引出了關於因果的兩大事實：

統計與因果之再補充

4. 在二個變數間觀察到的關聯，可能來自於**直接因果關係**（direct causation）、**共同反應**（common response）或是**交絡**。有可能其中兩種因素或全部三種因素都同時存在。

5. 觀察到的關聯不必管是不是因果，都可以拿來做預測，只要從以前的數據找出來的型態仍然適用。

▌因果證據

雖然有許多困難，但在沒做實驗的狀況下，有時仍然可能得到很強的證據，指向因果關係。在非實驗的證據當中，吸菸會導致肺癌的證據已經是強到不能再強了。

醫師早就觀察到，大部分肺癌病患是吸菸者。針對吸菸者和各方面條件（譬如年齡、性別、整體健康狀況）「相似的」不吸菸者，所做的多項觀測研究結果都顯示，吸菸與死於肺癌之間有強的相聯。這個相聯性可不可能用這些研究無法度量的潛在變數

來解釋呢？比如說，可不可能有某種遺傳因子，會使人既容易對尼古丁上癮，又容易得肺癌？這樣的話，即使吸菸對肺癌沒有直接影響，吸菸和肺癌還是會有正相聯。這些反對意見是怎麼克服的呢？

我們來回答更一般的問題：當我們不能做實驗時，能夠確立因果關係的標準在哪裡？

- **相聯很強。** 吸菸和肺癌之間的相聯很強。
- **相聯有一致性。** 在許多國家對不同的人所做的多項研究，都把吸菸和肺癌連結起來。這就降低了用「只和某群人或某研究有關的潛在變數」來解釋相聯性的可能。
- **較高劑量和較強反應有關。** 每天吸菸較多或者菸齡較長的人更常得肺癌，而戒菸的人風險就降低。
- **被懷疑的原因在時間上早於結果。** 肺癌是在吸菸多年後顯現的。吸菸人口愈來愈普遍之後，死於肺癌的男性人數才上升，時間前後差距約30年。男性死於肺癌的人數比死於其他任何癌症的都多。在女性開始吸菸之前，很少有女性得肺癌。女性肺癌患者的人數也隨著吸菸人口的增加而增加，中間的差距也是30年，現在肺癌已超越乳癌，成為女性癌症中的頭號殺手。
- **被懷疑的原因是可信的。** 動物實驗的結果顯示，吸菸產生的焦油的確會致癌。

醫界當局毫不猶豫的宣稱吸菸導致肺癌。美國公共衛生部長

早就聲稱吸菸是「美國最可以避免的致死及致殘原因」。因果證據是壓倒性的──但是強度還是比不上用設計完美的實驗所得到的證據。

▌ 相關性、預測及大數據

2008年，谷歌（Google）的研究人員能夠比疾病控制與預防中心（CDC）更快的追蹤流感在美國的傳播情形。利用電腦演算法探索數以百萬計的線上網路搜尋資料，研究人員發現了民眾在線上搜尋的內容與是否有流感症狀之間的相關性，並利用這種相關性做出驚人的準確預測。

由谷歌、臉書、信用卡公司和其他公司收集的大量資料庫或「大數據」，內有千兆位元組（或10^{15}位元組）量級的數據，並且規模還在不斷擴大。大數據可以讓研究人員、企業和產業從數據中找出相關性和型態，這使他們能對公共衛生、經濟趨勢或消費者行為做出準確的預測。用大數據來進行預測是愈來愈普遍的事，以巧妙的演算法來探索大數據帶來許多可能，令人興奮。谷歌的經驗會變成常態嗎？

大數據的支持者經常對其價值提出下列主張：首先，大數據可能包括母體中的所有成員，也就不用統計抽樣；其次，無需擔心因果關係，因為只需要知道相關性就能夠做出準確預測；第三，科學和統計理論是不必要的東西，因為一旦有了足夠的數據，數字自己會說話。

這些說法正確嗎？首先，正如我們在第3章所見，樣本的變異性確實會隨著樣本數的增加而減少，並且在足夠大的樣本中變

得可以忽略不計。當一個人擁有整個感興趣母體的相關資訊時，也確實沒有抽樣變異性。然而，抽樣變異性並不是以統計計算數據時的唯一誤差來源。另一個誤差來源是偏差，由於樣本數非常大，所以我們無法消除偏差。

　　大數據記錄了大量網路搜尋、信用卡購物或手機對附近基地台發出信號的結果，通常是龐大的方便樣本。這並不等同於擁有整個感興趣母體的相關資訊。例如，我們理論上可以記錄推特上的每條消息，並使用這些資料得出相關民意結論。然而，推特用戶並不能代表整個母體。普優研究中心的網路計畫（Internet Project）在2013年指出，美國推特用戶絕大多數是年輕人、城市或城市近郊居民、黑人。換句話說，如果想得到美國所有成人的民意結論，那麼推特用戶產生的大量數據是有偏的。

　　其次，即使解釋變數和反應變數之間沒有因果關係，相關性也確實可以用來預測。但是，如果你不知道相關性背後的關係，就不知道哪些因素可能導致預測失敗，尤其是當人們利用相關性來推斷新情況的時候。谷歌流感趨勢在2008年取得成功後幾年，繼續使用他們發現的相關性，精準跟蹤流感的傳播。但在2012到2013年流感季節期間，疾病控制與預防中心的數據顯示，谷歌對流感類疾病傳播的估計誇大了近2倍。一個可能的解釋是，新聞鋪天蓋地都是流感的消息，引發其他健康的人上網搜尋。谷歌沒有了解搜索關鍵字和流感傳播之間有何關聯，就假設過去的相關性能推廣到未來，這是有問題的做法。

　　新聞報喜不報憂，導致以為大數據絕對正確的人愈來愈多。在有關大數據成功和失敗的所有數字報導出來之前，聲稱「不需

要理論，因為數字自己會說話」的說法是在誤導。統計理論可以防止數據分析師犯嚴重錯誤，能說的話可多了，提供案例就是一項重要貢獻，讓我們知道哪邊曾犯過錯，並以適當的統計知識和工具說明怎麼避免這些錯誤。

大數據時代既激勵人心又充滿挑戰，為研究人員、企業和產業帶來難以置信的機會，然而僅僅變大，並不能使大數據免於偏差和外插等統計陷阱。

第 16 章

消費者物價指數和政府統計

▌ 個案研究：誰是史上最偉大的籃球員？

　　運動播報員和粉絲很愛爭辯「詹皇」（LeBron James）和喬丹（Michael Jordan）哪一個是史上最偉大的籃球員。大家都願意花錢在自己重視的事情上面，所以也可以用這兩位球員的薪水來做個比較。

　　嚴格來說，喬丹在1997到1998年的薪水是33,140,000美元，比詹皇在2018到2019年的35,654,150美元來得少。這是否代表詹皇是最偉大的？我們知道1997年的一美元可以買到的東西，比2018年的一美元來得多，但多了多少？如果用購買力來衡量的話，說不定喬丹才是最偉大的。

　　我們大家都注意到職業運動員的薪水很高。舉例來說，國家籃球協會（NBA）球員的平均年薪，就從1997年的2,160,000美元，上升到了2018年的7,430,431美元。這可是躍升了一大截，不過事實上並沒有表面看起來漲這麼多。2018年的一美元能夠

買到的東西，不如1997年的一美元多，所以1997年的薪水不能直接和2018年做比較。美元的購買力隨著時間穩定下降，這個無法否認的事實等於告訴我們，每當我們要比較不同年度的美元價值時，都必須事先做調整。調整很容易做，不容易的部分是怎樣度量美元不斷改變的購買力。政府的消費者物價指數（CPI）就是我們需要的工具。

▌指數

消費者物價指數是另一種數值描述：指數。對任何在不同時間重複度量的數量變數，我們可以給此變數加上指數。指數主要是要提供變數在不同時間的變化情況，它所提供的訊息和下面的這句話所說的很類似：「在1998–1999年和2018–2019年之間，公立大學的學雜費漲了103.7%。」也就是說，指數描述的是：從基期起算，改變量的百分比。

指數

指數（index number）所度量的是，以變數在某一個**基期**（base period）的值為標準，該變數值相對於基期值的比值大小。要算出變數任一值所對應的指數，可用下式：

$$指數 = \frac{變數值}{基期值} \times 100$$

例 1 指數的算法

　　一加侖的無鉛汽油，在 1998 年 11 月的第一週賣 0.997 美元，2008 年 11 月的第一週賣 2.670 美元。（這些是美國能源部計算出來的全美平均價格。）若以 1998 年 11 月第一週為基期，則 2018 年 11 月第一週的無鉛汽油價格指數為

$$指數 = \frac{價格}{基期價格} \times 100$$

$$= \frac{2.670}{0.997} \times 100 = 267.8$$

而基期（1998 年 11 月）的無鉛汽油價格指數是

$$指數 = \frac{0.997}{0.997} \times 100 = 100$$

　　要了解指數的意義，必須知道基期是什麼。因為基期的指數一定是 100，要指明 1998 年為基期，常會用「1998 = 100」的方式表示。在消費者物價指數的相關新聞報導中，你會看到神祕的方程式：「1982–84 = 100」。這是一種縮寫方式，代表消費者物價指數的基期是從 1982 到 1984 年。指數只不過是把當前值用基期值的百分比表示出來，所以指數 271.1 代表變數值為基期值的 271.1%，也就是比基期值增加了 171.1%，而指數 57 代表當前的值是基期值的 57%，也就是減少了 43%。

▍固定市場總覽物價指數

　　表面上看起來，指數差不多就是將簡單敘述用複雜語言來偽裝的一種計謀。為什麼要說「消費者物價指數（1982–84 = 100）在2018年10月時為252.9」，而不說「消費者物價指數從1982–84期間的平均值到2018年10月，增加了152.9%」呢？事實上，「指數」一詞代表的意思，通常不僅僅是以基期為標準所改變的量之度量。指數也告訴我們：我們在考慮的到底是什麼樣的變數。這個變數其實是好些數量的加權平均（weighted average），其中權數（或稱比重）是固定的。我們用簡單的物價指數來說明這個概念。

例2　山區居民物價指數

　　詹森先生住在山中的小屋，力求自給自足。他只買鹽、煤油，並雇用了一位銲接工。下面就是詹森先生在2000年（基期）的全部購買狀況。最後一欄是他所花的費用，是單位價乘上他所購買的單位數。

商品或服務	2000年數量	2000年單價	2000年費用
鹽	100磅	0.55美元/磅	55.00美元
煤油	50加侖	0.979美元/加侖	48.95美元
銲接	10小時	13.75美元/小時	137.50美元
		全部費用 = 241.45美元

詹森先生在2000年所購商品及服務的總費用是241.45美元。要算出2018年的「山區居民物價指數」，我們用2018年的價錢來計算同樣的商品及服務在2018年的總費用。以下是計算過程：

商品或服務	2000年數量	2018年單價	2018年費用
鹽	100磅	0.675美元/磅	67.50美元
煤油	50加侖	2.209美元/加侖	110.45美元
銲接	10小時	22.34美元/小時	223.40美元
		全部費用 = 401.35美元

同樣的商品和服務，在2000年時花費241.45美元，到2018年則要花費401.35美元。所以2018年的山區居民物價指數（2000 = 100）是：

$$指數 = \frac{401.35}{241.45} \times 100 = 166.3$$

　　例2中提出的觀點是，我們追蹤在不同的時間，同一組商品和服務的價格。有可能詹森先生在2018年時不願意再雇那位銲接工，因為他工資漲得太凶。可是沒關係——計算指數用的是2000年的數量，完全不管詹森先生在2000和2018年間的購買狀況有沒有改變。我們把當作價格追蹤對象的全部商品和服務統稱為市場總覽（market basket）。算出的指數就是固定市場總覽物價指數。

> **固定市場總覽物價指數**
>
> 固定市場總覽物價指數（fixed market basket price index）是
> 根據一組特定的商品和服務的總價所算出來的指數。

　　固定市場總覽物價指數背後的基本概念是：每一單項（鹽、
煤油、銲接工）的權數固定，不隨時間改變。消費者物價指數在
本質上就是一種固定市場總覽物價指數，其中包括幾百種單項，
代表了所有的消費行為。因為我們比較的是完全一樣的項目在不
同時間的價格，所以市場總覽固定後，才能合理比較價格。不過
我們稍後會看到，這也給消費者物價指數帶來嚴重的問題。

▌如何使用 CPI

　　現在就把消費者物價指數（CPI）想成是美國消費者買的所
有東西之價格指數。2018 年 10 月的 CPI 是 252.9，代表的意思是
我們在 1982 至 1984 年基期花 100 美元買的商品和服務，在 2018
年 10 月必須花費我們 252.9 美元。利用對「所有東西之價格」的
指數，讓我們能夠把不同年度的金額，轉換成同一年度的美元，
來進行比較。比如說，你可以在《美國統計精粹》裡找到標題
寫著「家戶所得中位數，以 2017 年恆定美元表示」之類字樣的
表，就代表那個表已經將所有所得轉換成和 2017 年美元有同樣
購買力的美元來表示。留意恆定美元（constant dollars）以及實
質所得（real income）等用語。出現這種用語時，即使是在討論
不同的年度，全部的美元所代表的購買力都是一樣的。

表16.1　年平均消費者物價指數，1982–84 = 100

年度	CPI	年度	CPI	年度	CPI
1915	10.1	1986	109.6	2004	188.9
1920	20.0	1987	113.6	2005	195.3
1925	17.5	1988	118.3	2006	201.6
1930	16.7	1989	124.0	2007	207.3
1935	13.7	1990	130.7	2008	215.3
1940	14.0	1991	136.2	2009	214.5
1945	18.0	1992	140.3	2010	218.1
1950	24.1	1993	144.5	2011	224.9
1955	26.8	1994	148.2	2012	229.6
1960	29.6	1995	152.4	2013	233.0
1965	31.5	1996	156.9	2014	236.7
1970	38.8	1997	160.5	2015	237.0
1975	53.8	1998	163.0	2016	240.0
1980	82.4	1999	166.6	2017	245.1
1981	90.9	2000	172.2	2018	251.1
1983	99.6	2001	177.1		
1984	103.9	2002	179.9		
1985	107.6	2003	184.0		

資料來源：美國勞工統計局。

　　表16.1列出了1915到2018年之間的每年平均CPI。圖16.1是用表中CPI值畫出的年上升率線圖。可以看出，1915到1920年、1940年代以及從1975到1985年這幾段時期，都面臨高通膨，儘管情況各異，但大部分時候的年上升率都是正的。整體來說，二十世紀是個通貨膨脹的時代，二十一世紀雖然也通貨膨脹，但沒有上個世紀那麼極端。面對這項令人沮喪的事實，在討論美元時，若不為它們下降的購買力做些調整，就相當不明智了。以下是將某一年美元轉換成另一年美元的公式。

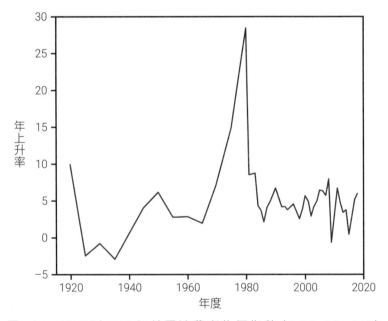

圖 16.1　1915 到 2018 年美國消費者物價指數（1982-84 = 100）的年上升率。上升率普遍是正的，除了二十世紀初期和二十一世紀的 2008 到 2009 年期間。

為購買力的改變做調整

要將時間A的某美元金額，轉換成在時間B時有同樣購買力的美元金額，可用下列公式：

$$時間\ B\ 之美元金額 = 時間\ A\ 之美元金額 \times \frac{時間\ B\ 之\ CPI}{時間\ A\ 之\ CPI}$$

　　請注意，你要轉換到的年度的CPI，在公式中CPI的比值當中，是出現在分子。底下有些例子。

例3　職業運動員的年薪

　　NBA球員的平均年薪，從1997年的2,160,000美元，上漲到2018年的7,430,431美元。實際上到底增加了多少？我們來把1997年的平均薪水轉換成2018年10月的美元。表16.1裡有我們需要用到的年度平均CPI，而我們先前提過2018年10月的CPI為252.9美元。

$$2018年美元金額 = 1997年美元金額 \times \frac{2018\ 年\ 10\ 月\ CPI}{1997\ 年\ CPI}$$
$$= \$2,160,000 \times \frac{252.9}{160.5} = \$3,403,514$$

也就是說，在1997年用2,160,000美元可以買到的東西，在2018年10月要花3,403,514美元。現在我們可以拿以2018年10月美元所算出來的1997年平均年薪（相當於3,403,514美元），來和2018年10月的實際平均年薪7,430,431美元做比較。即使已經為現今美元較不值錢的事實做了調整，當今的運動員賺的錢還是比1997年

的運動員高出許多。（當然平均年薪被少數幾個明星球員的超級高薪給拉高了：1997年的年薪中位數是1,402,000美元，而2018年的年薪中位數是3,627,842美元。）

例4 收入增加了？

若要討論比較嚴肅的例子，我們離開職業運動員這個受嬌寵的族群，來看看一般人的收入情況。1984年全美國的家戶年所得中位數是22,415美元。到2017年，年所得中位數上升到61,372美元。從數字看來，是1984年的2倍多，但是我們很清楚，上升的部分大半只是錯覺，因為美元的購買力一直在下降。要比較這兩項收入，必須把它們轉換成同一年的美元。讓我們把1984年的家戶所得中位數，轉成2017年的美元：

$$2017年美元金額 = \$22,415 \times \frac{245.1}{103.9} = \$52,786$$

家戶實質所得在1984到2017年的33年間，只不過從52,876美元上升到61,372美元，上升的百分比是16.1%。

但是頂級薪水的人可就不同了。收入在前5%的家戶，在1984年至少賺了68,500美元，換成2017年美元就是：

$$2017年美元金額 = \$68,500 \times \frac{245.1}{103.9} = \$161,591$$

事實上，前5%的家戶在2017年的收入至少有237,034美元。也就是說，賺錢最多的層級實質所得增加了46.7%。

最後來看看位於底層的所得。收入最少的20%家戶在1984年的收入是9,500美元甚至更少，換算成2017年的美元就是：

$$2013年美元金額 = \$9,500 \times \frac{245.1}{103.9} = \$22,410$$

而實際上，底層的20%在2017年的收入是24,638美元甚至不到，也就是說，收入最低者的實質所得只增加了9.9%。

例4說明了如何利用CPI來比較不同年度的美元金額，來展露原本隱藏的真相。以我們的例子來說，真相就是：1980年代以來經濟繁榮的果實，大部分都被頂級收入的人享用了，而底層的人幾乎沒有取得什麼實質進展。換個方式來說，有特殊技能和受教育多的人得到的待遇，比從事生產的工人好得多，後者通常沒有特別技能也未受大學教育。經濟學家提出數種可能原因：「新經濟」讓知識變成利多、大量外來移民使得較不需技巧的工作有更多的人競爭、來自其他國家的競爭更多等。至於到底為什麼頂級的收入會增加這麼多，以及對於底層的收入停滯狀況應該做些什麼，仍然是具爭議性的問題。

✳ 你以為這就叫通貨膨脹？

當1973年因油價上漲而引發一波通貨膨脹，使得之後十年間，消費者物價指數幾乎變成2倍，對此美國人很不高興。其實這實在不算什麼。阿根廷在1989年的7月，一個月之內物價上漲了127%；土耳其的貨幣里拉，從1970年的14里拉兌1美元，變成2000年的579,000里拉兌1美元；2007年9月，253辛巴威元可兌換1美元，到2008年12月時，變成60,623辛巴威元兌1美元；1920年1月間，65德國馬克可兌換1美元，到1923年11月時，變成4,200,000,000,000馬克兌1美元。這才叫通貨膨脹。

▋ 了解 CPI 的意義

　　CPI的概念是，它是一國消費者買的所有東西的價格指數。但這項概念還需要好好調整一番才能實際應用，而且有大部分都要用到大型抽樣調查的結果。

　　指數裡面包括了誰？ 以美國為例，最常用的CPI（也有其他的消費者物價指數，但是我們不考慮）官方名稱是「城市消費者物價指數」。CPI的市場總覽代表居民的購買內容。「城市」的官方定義很廣，所以包含了大約80%的美國人口。可是如果你住在農場，CPI對你就不適用。

　　市場總覽怎麼選呢？ 不同的家戶會買不同的東西，所以我們要怎麼決定一個市場總覽呢？由抽樣調查來決定。「消費者消費調查」蒐集了30,000戶的詳細消費資料。美國勞工統計局把消費分類成諸如「新鮮蔬果」、「新車及中古車輛」及「醫院及相關服務」等項。然後他們會選擇特定項目，比如以「新鮮橘子」，來代表市場總覽中的一個類別。市場總覽中的各個項目在指數計算中會有一個權數，代表該類別在總花費中所占百分比。權數、甚至連市場總覽中的項目，都會定時更新，以便跟上消費者改變購買習慣的腳步。所以市場總覽並不真的是固定的。

　　價錢是怎麼決定的？ 再做更多的抽樣調查來定。勞工統計局必須每個月都調查「新鮮橘子」的價錢。橘子價錢在各個城市都不同，即使是同一個城市，在不同的店價格也不一樣。每個月勞工統計局都會在87個城市裡的一些樣本商店裡，記錄80,000項價格。「購買點調查」涵蓋的16,800戶，可以讓勞工統計局對於

消費者到哪裡去購買每一類別的商品和服務（超市、便利商店、折扣商店等），掌握最新的資料。

CPI是否可以度量生活開銷的改變情形？「固定市場總覽物價指數」度量的是每年都過得完全一樣時的花費，就如例2所描述的。但事實上，我們並不會一直購買同樣的商品和服務。我們從黑膠唱片，改成買錄音帶及CD，然後又改成下載音樂。我們也不會在2008年或2018年買1998年出廠的車。當價錢改變時，我們會改買別的——如果牛肉變得太貴，我們就少買牛肉而多買雞肉或豆腐。碰到經濟環境本身在改變的時候，固定市場總覽物價指數沒辦法確實度量生活開支的改變情形。

勞工統計局很努力的不斷更新市場總覽的內容，並針對品質的改變做調整。比如說，每一年勞工統計局都得決定，新車價格的漲幅當中，有多少是因為產品的品質提高，剩下的才在計算CPI時當作真正的漲價部分。1967年12月到1994年12月之間，車價實際上漲了313.4%，但是CPI中的新車價格只上升了172.1%。在1995年，經過對較佳品質做調整之後，使得商品和服務價格的整體上漲，從4.7%降到2.2%。商品和服務的價格，占了CPI的70%，其餘的大部分是居住開銷：租公寓或者買房子。房價是勞工統計局的另一個問題。人們買房子一方面是要住，另一方面也認為擁有房子是一項好的投資。如果我們肯多花錢買一棟房子是因為認為它是一項好投資，就不應把整個房價算進CPI。

一路說到現在已經很清楚了，CPI並不是固定市場總覽物價指數，雖然這是思考CPI的最好出發點。隨著新產品出現以及人

們的購買習慣改變，勞工統計局也必須不斷更新市場總覽。他們還得調整抽樣調查到的價格，來把較好的品質以及房價的投資部分等因素考慮進去。然而CPI還是不能度量我們生活開銷的變化，比如說CPI就沒有把稅金考慮進去，而稅金當然是我們生活開支的一部分。

即使我們取得共識，讓CPI只考慮我們購買的商品和服務，它還是不能度量出生活開支的變化。照道理講，真正的「生活開支指數」應該度量同樣生活水準的花費隨時間變化的情況。這就是為什麼我們先從固定市場總覽物價指數談起，因為它也度量過同樣生活的開銷改變情形，只是把狀況簡化，將「同樣」解釋成購買完全一樣的東西。如果我們為了省錢改買豆腐不買牛肉，而仍然心滿意足，我們的生活水準就沒有改變，此時生活開支指數應該不計入牛肉和豆腐的價差。如果我們願意多花錢去買環保產品，那麼我們是為了較高的生活水準而付費，所以指數處理這項花費，就應該像對待品質提升的新車一樣。勞工統計局說，他們希望能夠讓CPI來追蹤生活開支改變的情形，但是在真實世界中，不可能出現真正的生活開支指數。

▍政府統計的處境

現代化的國家依賴統計而運作。經濟方面的資料尤其可以引導政府政策，並為私人企業及個人決策提供資訊。物價指數、失業率及其他許多較不常見的系列資料，則是由政府的統計機構整合出來的。

有些國家有單一的統計機構，比如加拿大統計局（網址

www.statcan.ca）、澳大利亞統計局（www.abs.gov.au）、瑞典統
計局（www.scb.se/en）。其他有些國家的統計機構較小，附屬於
政府各部門。美國是個特例：有13個主要統計機構和89個聯邦
統計單位。普查局和勞工統計局是最重要的兩個，不過你偶爾可
能會用到經濟分析局、國家衛生統計中心、司法統計局或其他聯
邦政府統計機構的資料。

　　某些國家統計機構的領導人對政府統計機構做的1993年
排名，把加拿大擺在首位，而美國和英國、德國並列第六位。
前幾名的國家通常都擁有單一且獨立的統計機構。1996年，英
國將國內的一些主要統計機構做了整合，成為新的國家統計局
（www.statistics.gov.uk）。而美國政府的統計單位仍呈分裂狀態。

　　老百姓需要政府統計單位提供什麼呢？首先，他們需要正
確、即時、跟得上社會經濟變化的資料。要快速整合出正確的資
料，需要相當大量的資源。想一想產生失業率及CPI的大型抽樣
調查就知道了。美國的幾個主要統計單位以正確性出名，他們將
資料公諸於社會大眾的迅速程度也領先全世界，但他們在「跟
上變化」這方面的紀錄就不那麼好了。為了購物習慣和品質的
改變，他們必須努力調整CPI，這是一個問題；而另外一個問題
是：美國經濟統計根本跟不上許多趨勢，諸如經濟活動的重心已
從製造產業轉向醫療產業和科技產業。

　　很多的困難源於缺錢。在1980年之後，減少聯邦支出已是
美國政治上的優先項目。政府統計機構人員減少，計畫也縮減，
而薪水低就難以吸引最好的經濟學家和統計學家為政府工作。政
府應該花多少錢在數據上面，也和我們對於政府應該生產哪些數

據的看法有關。確切來說，政府應該產生主要為私人企業所用，而不是政府自己的決策者所需的資料嗎？也許這些資料該由私人公司處理，或者只提供給願意付費的人。這已經是政治哲學而不是統計問題，但是有助於決定，我們願意政府花錢來做什麼等級的統計。

對於政府統計來說，不受政治影響跟正確性與及時性一樣重要。當統計單位隸屬於政府的某個部時，就可能被該部的需要及期望影響。普查局屬於商業部，是為企業服務的。勞工統計局屬於勞工部，因此企業和勞工都有「自己的」統計單位。這些統計單位的專業人士很成功的抗拒了直接的政治干擾——比如說，不好的失業率報告從來沒有刻意留到選舉之後才發表。但是間接的干預明顯存在，比如說，勞工統計局必須和勞工部的其他活動爭預算。當國會拒絕讓普查局用抽樣調查來補救2000年普查的不足時，可以看出政治干預統計工作的情況似乎在增加中。對於統計學家來說，做了上述補救之後結果才令人信服，社會大眾卻未必有相同想法。對於是否該做普查這件事，國會認為考慮其對一般大眾是否具備正當性，至少和普查在技術上能否做到完美同等重要，而這樣的考量不能說沒有道理。因此從國會的角度來看，政治干預是有正當性的，即使這樣的決定讓統計學家非常失望。

1996年英國重組統計單位，促成這項舉動的部分原因是，一般普遍認為政治影響力太強了。比如說，在1980年代，英國把失業率如何度量的細節改了好多遍，而且幾乎每一次的改變都有達到失業率降低的效果，而這正是政府樂於見到的。

▌社會統計的問題

在政府、媒體或一般大眾心中，已確認了全國經濟統計的地位。政府也整合了許多社會議題方面的資料，諸如教育、健康、住宅及犯罪等方面，然而社會統計仍不如經濟統計完整。對於人們花多少錢買食物，我們有很好的資料；但是對於有多少人營養不良，資料則少得多。社會資料的整合方式也不如經濟資料的嚴謹。一般來說，經濟資料是根據較大的樣本取得，資料蒐集得較頻繁，公布的時間間隔也較短。理由很清楚：每個月政府都要用經濟資料來引導經濟政策。社會資料幫助我們了解社會以及社會問題，但是並沒有任何短期處理的必要。

還有其他原因使政府不太想蒐集社會資料。很多人都不喜歡政府詢問個人的性行為或宗教的問題。很多人認為，政府不應該問我們怎麼想，問「你上次什麼時候看醫生？」是可以的，但是不可以問「你對於你的醫療品質的滿意程度為何？」不願回答這類問題的態度，反映出一般人懷疑政府介入過多。然而像性行為與愛滋病的散播有關，這和對醫療品質是否滿意等議題，對老百姓都是很重要的。關於這些議題的事實和意見，都可能影響選舉及政策的制定。我們要怎樣可以不斷蒐集資料，取得對一些社會議題的準確資訊，而同時又可以不讓政府陷入生活、宗教信仰及其他一些敏感主題呢？

美國的解決方法是由政府補助大學做社會調查。比如，政府曾經決定要展開抽樣調查，詢問人們性行為方面的問題，以做為制定愛滋病政策的部分資料。後來政府卻打了退堂鼓，改成資助

芝加哥大學的全國意見調查中心，做規模小得多的意見調查，對象只有3,452名成年人。芝加哥大學全國意見調查中心的「全面社會調查」由美國國家科學基金會資助，和「當前人口調查」及形成CPI基礎的那些樣本一樣，都列名於美國最重要的任何一份抽樣調查名單上。全面社會調查包含「事實」和「意見」兩類項目。受訪者回答的問題包括工作穩定性、工作滿意度，以及對所住城市、朋友及家庭的滿意程度，另外也談及種族、宗教和性方面的問題。如果政府問到去年是否看過限制級電影，很多美國人會反彈，但是當全面社會調查問這個問題時，他們就會回答。全面社會調查的網站是https://gss.norc.org/。

　　這種政府出資，而由大學主導的抽樣調查的間接系統，照顧到了美國人覺得政府不應該過度侵犯個人的感覺。這種間接系統也讓調查絕緣於大部分的政治壓力。唉，但是政府的裁減預算也延伸到了全面社會調查，現在全面社會調查這個自稱是「幾乎每年做」的調查，也由於缺錢已經好幾年沒有抽樣了。其實我們認為全面社會調查是很划算的。

第三部　機遇

「如果我有當國王的機會，那麼我就有戴上皇冠的命。」馬克白在莎士比亞劇中如是說。機會或機遇的確會作弄我們每個人，我們卻沒多少能耐去了解或者操控機會。不過有的時候，機遇被馴服了。擲骰子、簡單隨機樣本，甚至得自遺傳的眼珠顏色或者血型，代表已經安分下來的機遇，是我們可以了解並且操控的。不像馬克白或者我們的一生，骰子是可以一擲再擲的。結果是由機遇決定，但是在多次重複之後，會有某種模式（或型態）出現。而因為我們可以描述它的模式，也使得機遇不再神祕莫測了。

不論是幾何裡的圓和三角形，還是行星的運行，我們人類都會用數學來描述有規律的模式。當我們可以不斷重複某種機遇現象，使得機遇變得可掌握時，我們就會利用數學來了解這個機遇行為的規律模式。探討機遇的數學叫做機率。機率就是本書第三部的主題，不過我們會少講數學，而著重在實驗和思考。

第 17 章

考慮可能性

▋個案研究：同一天生日

在2017年1月14日這一天，美國電視聯播網哥倫比亞廣播公司新聞部（CBS News）報導了一則加德納家族中的母親、父親與兒子生日都在同一天的新聞。這則新聞指出這件事發生的機率大約只有1/133,000，遠小於一生中被閃電擊中的機率約1/12,000。就是因為這樣的事鮮少發生，所以才值得當作新聞。

這件事到底有多麼稀奇呢？讀完本章之後，你就有能力評估像母親、父親與兒子在同一天生日這類事件的巧合程度。這件事是否如同表面看來如此令人驚訝呢？

▋機率概念

可能性（或機會、機遇）是不大容易掌握的題目。我們就從「如果我們試很多次，會發生什麼狀況」開始思考。我們也會先討論像擲銅板時有二分之一機會得到正面這樣的例子，然後再探

討更複雜的情境。

　　就連美式足球規則也都同意，擲銅板可以避免偏祖。抽樣調查挑選受訪對象時，或者醫學試驗將病人分配到處理組或安慰劑組時，如果有偏祖，就像美式足球比賽一開始要決定球先給哪一隊時有所偏祖一樣，都是不能接受的。這就是為什麼統計學家建議使用隨機樣本及隨機化實驗，這些只是擲銅板的花俏版本。如果我們仔細觀察擲銅板或者隨機樣本的結果，一件重要事實就會浮現：**短期機遇現象無法預測，但是長期下來，會呈現有規則且可預測的模式。**

　　擲一枚銅板或者選擇一個簡單隨機樣本，都無法在事前預測結果；因為你如果重複擲銅板或選樣本，結果本來就會次次不同。但還是可以在結果裡面看到某種規律的模式，而且只有在重複許多次以後，這個模式才會清楚浮現。這個了不起的事實，就是機率概念的基礎。

例 1　擲銅板

　　當你擲銅板的時候，結果只有兩種可能：正面或者反面。圖17.1顯示擲銅板1,000次的結果。對應從1到1,000次的每一擲，我們都將擲出正面的比例畫在圖上。第一次擲出正面，所以正面比例的第一個值是1。第二次擲出反面，所以在兩擲之後，正面比例降為0.5。再接下去的四次都是反面，之後擲出一個正面，所以擲七次之後的正面比例是2/7，即0.286。

　　剛開始的時候，擲出正面的比例變化很大，但是隨著擲的次數愈來愈多，就慢慢穩定下來。這個比例到最後會接近0.5，而且會

一直維持在0.5附近。我們把這個0.5叫做得到正面的機率。0.5這個機率在圖上是以虛線表示出來。

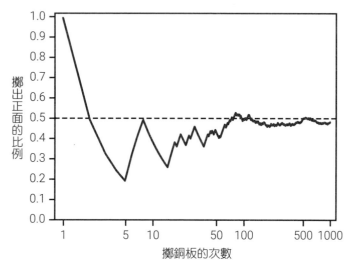

圖 17.1　擲銅板許多次，擲出正面的比例會隨著我們擲的次數而改變，但最終會非常接近 0.5。這就是我們說「正面機率是一半」的意思。

在統計裡的「隨機」，並不是「偶然」的同義詞，而是在描述某種長期下來才會出現的規則。我們在每一天的生活經驗裡，都會碰到隨機不可預測的那一面，但我們很少有機會能重複觀察同一個隨機現象非常多次，次數多到能夠看出機率所描述的長期規律模式。你可以在圖17.1中看到規則出現，長期來看，擲出正面的比例是0.5，這是機率的直覺概念。機率0.5代表「試驗很多很多次時，有一半時候會發生」。

我們可能僅僅因為銅板只有兩面，就會猜正面機率是0.5

了。我們也可能因為事件有兩個看起來一樣的結果，就假定兩個結果的發生機率是 0.5。但是嬰兒的性別也只有兩種可能，機率卻不一樣——男嬰的機率差不多是 0.51，而不是 0.50。這個機率概念是根據經驗法則而來，也就是說，是根據數據得來而不是根據理論。機率描述在許多次試驗中會發生什麼狀況，而且我們必須真的觀察許多次擲銅板的結果、許多的嬰兒，才能夠抓到這個機率。說到擲銅板，有些勤快的人還真的擲過上千次呢。

例 2 幾位擲銅板出了名的人

十八世紀的法國自然學家布方伯爵（Count Buffon）把銅板擲了 4,040 次。結果：2,048 次正面，或者說正面比例是 2,048/4,040 = 0.5069。

大約 1900 年左右，英國統計學家皮爾生（Karl Pearson）很神勇的擲一個銅板 24,000 次。結果：12,012 次正面，比例 0.5005。

南非數學家柯瑞屈（John Kerrich）在第二次世界大戰被德國人囚禁的時候，擲了銅板 10,000 次。結果：5,067 次正面，比例 0.5067。

隨機及機率

如果一個現象的個別結果無法預知，然而在多次重複之後，其結果會出現有規則的分布，則我們稱該現象為**隨機的**（random）。一個隨機現象任一結果的**機率**（probability）是在 0 和 1 之間的一個數字，該數字描述在重複許多次的情形下，該結果應會出現的比例。

機率為0的結果從來都不會發生，而機率為1的結果則每重複一次就發生一次。機率為1/2的結果，在一長串的試驗當中，大約有一半時間會發生。當然我們永遠沒辦法確實觀察出一個機率。比如說，銅板不管擲了多少次都可以再擲。而數學的機率是一種理想化的描述，根據的是推想在一串無休止的試驗當中會發生的狀況。

我們沒有要在這裡做深入的研究。隨機現象的存在，只不過是我們觀察這世界所得到的事實。機率也不過是用來描述隨機現象長期規律性的語言。擲一次銅板的結果、放射源發射出粒子的間隔時間，以及實驗室老鼠生的下一胎小老鼠的性別，都是隨機的。隨機樣本或者隨機化實驗的結果，也一樣是隨機的。一大群人的行為，也常常和擲多次銅板或取多個隨機樣本的結果差不多隨機。舉例來說，人壽保險根據的事實就是：在一大群人裡面，死亡是隨機發生的。

例3 死亡的機率

我們沒法預測某個人是不是明年會死亡。但是如果我們觀察好幾百萬人，死亡就是隨機的了。2016年，美國國家衛生統計中心公布，20到24歲的男性當中，在任何一年中會死亡的比例差不多是0.0014。這是一個年輕男性明年會死亡的機率。對於同年齡層的女性，死亡機率大約是0.0005。

如果一家保險公司賣出許多壽險給年齡在20到24歲之間的人，公司會知道：賣給男性的保險明年大約有0.14%要理賠，賣給女性的大約有0.05%要理賠。而因為男性理賠的比例比較高些，所以保費會收得多一點。

❋ 上帝擲骰子嗎？

世界上很少有事情是百分之百的隨機，以致不管我們有多少資訊，都沒法預測結果。比如說，理論上我們可以把物理定律應用在擲銅板上面，來計算會擲出正面還是反面。但是在個別的原子內部，隨機性的確規範了事件的發生狀況。愛因斯坦不大喜歡新興的量子論的這項說法。「上帝可沒有在和宇宙玩骰子，」這位偉大的科學家說。但許多年之後看來，愛因斯坦顯然錯了。

▍機遇的古代史

在玩需要多次重複的機遇遊戲如擲骰子、發洗好的牌、轉輪盤等時，我們最容易注意到隨機性。類似這些遊戲的機遇工具，曾在遠古時代用來探尋神的旨意。西方古時候最常用來隨機化的方法是「擲骨頭」，就是擲好幾塊距骨。距骨（圖17.2）是具有六面且相當規則的實心骨頭，取自動物腳跟。擲了之後，等距骨靜止，四面中的其中一面會朝上（其他兩面是圓形的）。後來才有用陶土或骨頭做的立方體骰子，但即使是骰子，在西元前2000年之前就已存在。跟占卜術比起來，用擲骨頭或擲骰子來賭博幾乎算是較近代的發展。大約西元前300年，還沒有這種「墮落行為」的明確紀錄。賭博在羅馬時代極為盛行，後來在基督教的不認同之下（和占卜術一起）暫時消退。

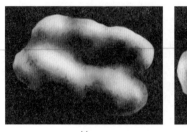 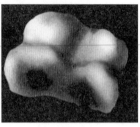

羊　　　　　　　　狗

圖17.2　動物的腳跟骨（距骨）。

自有歷史以來，像距骨這樣的機遇工具就一直有人使用了。但是古代的偉大數學家們，沒有一個人研究擲骨頭或擲骰子很多次之後所得到的規律模式。也許是因為距骨及大部分的古代骰子形狀不夠規則，使得每一個的結果都有不同的模式。又或者有更深層的原因：傳統上不情願做有系統的實驗。

職業賭徒不像哲學家或數學家那麼壓抑自己，他們注意到擲骰子或發牌的結果有規則模式，並試著調整賭注來增加贏錢機會。「我該怎麼賭？」這個問題，就是機率理論的起源。對於隨機的有系統研究，始於（我們有一點過度簡化）十七世紀法國賭徒請法國數學家幫忙算出機遇遊戲的「公平」賭注之時。機率理論也就是探討隨機的數學研究，是十七世紀時從費馬（Pierre de Fermat）及巴斯卡（Blaise Pascal）開始的，到二十世紀統計學家接手時，機率理論已經發展得很完善。

▌關於機遇結果之迷思

　　機率的觀念似乎很直截了當。它對「如果我們這樣做很多次，會發生什麼狀況？」這個問題，提供了答案。但事實上不論是隨機現象的「表現」，還是機率的概念，都有很微妙的地方。我們不斷碰到機遇結果，而心理學家告訴我們，我們處理得不高明。

・短期規律性的迷思

　　機率的概念是，隨機現象長期來說是有規則的。不幸的是，我們對於隨機的直覺卻是說，隨機現象應該在短期就有規則。當規則沒出現時，我們就會尋求解釋，而不把它當作是機遇變異。

> **例 4** 什麼看起來像隨機的？

　　把一個銅板擲六次，並且把每次是正或反面記錄下來。以下哪個結果比較可能發生？

　　　正反正反反正　　　　正正正反反反　　　反反反反反反

　　幾乎每個人都說「正反正反反正」比較容易發生，因為反反反反反反和正正正反反反「看起來不隨機」。事實上，三者發生的機會一樣大。正面和反面機會均等的意思只是說：擲了很長一串的結果裡，應該大約有一半是正面；可沒有說只擲很少次時，正反就應該差不多是間隔發生。銅板沒有記憶，它不知道前幾次擲了什麼，沒法試著製造出一串平衡的結果。

擲六次銅板得到「反反反反反反」這樣的結果，看起來不尋常，是因為擲出連續六次反面。而得到「正正正反反反」的結果，同樣也因為連續擲出3個反面和連續3個正面令人感到不尋常。連續出現同樣的東西好像在直覺上「不隨機」，但實際上常發生。以下這個例子比擲銅板還要令人印象深刻。

例5　籃球賽中「手風正順」的球員

2015年1月23日，克雷・湯普森（Klay Thompson）出戰沙加緬度國王隊，在上半場結束前投了五次都沒進，其中一球還是無人防守的上籃。但到了下半場，湯普森發威了，連續13球都投進，單節刷了37分，拿下紀錄。有人在賽後問格林（Draymond Green），是否有人能在電玩遊戲《NBA 2K》重現這紀錄，他回答：「不，你在遊戲裡的手風沒那麼順。」

認為連續出現同樣的結果絕不是碰巧，這個信念會改變人的行為。如果一個籃球隊員連續幾球都投進，球迷和隊友就會相信他「手風正順」，下一球很可能又投進。這是不正確的。嚴謹的研究顯示出：在籃球賽中球員連續進球或連續不進球發生的頻率，與每一球和前一球互相獨立情況下預期的頻率比起來，前者並不會比較頻繁。球員的表現是一貫的，不是一陣子好、一陣子壞。如果一個球員的長期命中率是一半，那麼他投進或投不進的情況就像擲銅板一樣，那就是說，連續進球或連續不進球發生的機會，比我們直覺以為的要大。

・驚人巧合的迷思

在 2006 年 11 月 18 日這一天，俄亥俄州立大學的足球隊打敗了密西根大學，比數是 42 比 39。同一天稍晚，俄亥俄州「選四個號碼」的樂透彩，開出了 4239 的中獎號碼。多麼驚人的巧合啊！

欸，或許並沒那麼驚人。「選四個號碼」的樂透彩中獎號碼，剛好符合俄亥俄州立大學對密西根大學足球賽的比數，當然是不容易發生的事，然而如果說在整個 2006 年球季當中，某個州的某期樂透彩中獎號碼，會和該州某項職業足球賽、大專足球賽或高中足球賽的最近一場比賽比數符合，卻不是很稀奇的事了。職業美式足球聯盟總共有 32 支隊伍，全美大專運動協會有 235 支甲組隊伍、150 支乙組隊伍和 231 支丙組隊伍。另外還有超過 25,000 支的高中足球隊。每支球隊在整個球季當中都有多場比賽。總共 38 個州有「選三個號碼」或「選四個號碼」的樂透彩，很多都是每週開獎不止一次。因為這樣，只要「選三個號碼」或「選四個號碼」開出的得獎號碼有可能是足球賽比數，例如 217 或 4239，就有很多機會可以符合某場足球賽的比數了。

當不尋常的事發生，我們會一邊回想一邊說：「怎麼會有這麼巧？」如果其他上千件很不容易發生的事當中有任何一件發生了，我們也會有同樣的反應。在以下例子當中，我們還可以真的算出機率。

例 6 中兩次頭彩

1986年，亞當絲（Evelyn Marie Adams）第二度中了新澤西州彩券，前一次亞當絲贏到累積獎金390萬美元，這次又贏了150萬美元。《紐約時報》（1986年2月14日）宣稱：同一個人贏兩次大獎的機會，差不多是十七兆分之一。兩星期後，《紐約時報》刊登了兩位統計學家的來信，說這是胡說八道。亞當絲在一生中贏兩次大獎的機會固然很小，但是幾乎可以確定：在美國幾百萬經常買彩券的人當中，會有人贏兩次累積獎金。這兩位統計學家甚至還估計出，七年內再有人贏到兩次大獎的機會（機率是1/2）。果不其然，在1988年5月，韓福瑞斯（Robert Humphries）中了生平第二次賓州彩券累積獎金（總計680萬美元）。你可能會發現在網路上搜索「男人贏得兩次州彩券」或「女人贏得兩次州彩券」是一件很有趣的事。而最近贏得兩次州彩券的是一名男子，他在2018年4月的加拿大彩券中贏得了百萬美元的獎金，並且在2018年8月再次中獎。

不尋常的事件，尤其是令人悲痛的事件，會讓人很想要找出一些道理，也就是造成該結果的「因」。在這裡我們給之前對於因果關係的討論加以補充：有時就只是機遇巧合罷了。

降雨機率是……

工作了一個禮拜，然後週末卻下起了雨。我們覺得天氣老跟自己作對的這種想法，可不可能背後真的有統計事實支持？至少在美國東岸，答案是肯定的。讓我們回到1946年，似乎週日下的雨比週一多22%。可能的解釋是，工作日在路上跑的汽車和貨車所造成的空氣汙染，有助於形成雨滴，而它作用所需的時間又恰好讓雨下在週末。

例7 癌症群聚現象

　　1996至2013年間，位於俄亥俄州托萊多和克利夫蘭之間的克萊德市有37名兒童經診斷罹患癌症，該市人口約6,000人。其中4名兒童已經死亡。由於許多診斷案例發生在2002至2006年之間，州衛生當局宣布這是個癌症群聚現象，並聲稱診斷的數量和類型，超過了當時對如此少數人口的統計預期。2012年秋天，美國環保署在惠而浦公園的土壤樣本中發現高濃度有毒、可能致癌的化合物，而此區從1950年代到2008年，正是家電製造商惠而浦公司所擁有的住宅區。當地人告訴新聞記者，「黑色汙泥」在那段時間被傾倒在該地區。然而，2015年2月美國俄亥俄州阿克倫市的早報（*Akron Beacon Journal*）有篇報導指出，對惠而浦的訴訟被撤銷，「俄亥俄州健康和環境調查人員多年來一直在監測克萊德周圍的空氣和水，並詢問孩子們和他們的家人，關於他們在哪裡生活、工作以及他們可能接觸過什麼。但調查人員依然還沒有得到解答。」

　　癌症是普遍的疾病，占美國死因的比例超過23%。有時癌症個案會在鄰近區域內密集發生，這不算稀奇；總有「某個」地方光因巧合就有多個癌症個案發生。可是當癌症群聚現象發生在我們鄰近的區域時，我們就會往壞的方向想，而想找某個人來責怪。以美國為例，各州政府當局每年都會接到幾千通老百姓的電話，擔心他們住的地區「有太多癌症病例」。但是美國國家癌症研究所發現，通報的癌症群聚，有大部分只是碰巧的結果。

　　1980年代，針對麻薩諸塞州藍達夫鎮及窩本鎮的兩個癌症群聚，哈佛大學公共衛生學院的統計學家都曾進行過調查。調查

人員試著取得曾在問題發生期間住在該區域的每一個人的完整資料，並估計每一個人和可疑飲水的接觸程度。他們也試圖取得其他可能致癌因素的相關資料，例如吸菸與否，以及在工作時是否會暴露於有毒物質。最後的判決是：對藍達夫鎮的癌症群聚而言，可能的解釋是湊巧，但是卻有證據顯示，在窩本鎮的兩口井取得的飲水和得到兒童白血病之間有相聯。

・平均數定律的迷思

漫步在拉斯維加斯賭場，眼看著錢從桌上消失，落入賭桌下莊家的盒子裡，會讓你感觸良多。你在賭場裡會看到有趣的人類行為。當擲骰子的人連續贏了幾把，有些賭徒會認為自己「手氣正順」，賭自己還會繼續贏。其他人卻會說，根據「平均數定律」，她應該要輸了，這樣子輸贏才能平衡。篤信平均數定律的人認為，如果你擲銅板六次而擲出「反反反反反反」，下一次擲一定是得正面的機率比較大。長期來說正面的確應該占一半，但所謂的迷思是指：認為像一連擲出了六個反面這樣子的不平衡狀況，會在下一次的結果中得到補救。

銅板和骰子並沒有記憶。銅板不知道前六次的結果是反面，不能在下次擲的時候想辦法得個正面來平衡一下。當然，長期下來真的會達到平衡。在擲了10,000次以後，前六次的結果就無足輕重了，但不是被「補救」，而是被後來擲的9,994次結果淹沒了。

例 8 我們要生兒子

相信這個假的「平均數定律」，有可能導致近乎災難的結果。幾年前，「親愛的艾比」這個提供建議的專欄，刊出了一封心煩意亂的母親的信，這母親一連生了八個女兒。原先似乎她和先生只準備生四個孩子，可是當四個都是女孩的時候，他們就再試一次，且一試再試。在連續生七個女兒之後，連醫生都向她保證：「根據平均數定律，成功的機會是失敗的100倍。」不幸的是，對這對夫婦來說，生孩子就和擲銅板一樣。連續生八個女兒的機會很小，但是在已經生七個女孩之後，下一個還是女孩的機會並不小——而且也的確發生了。

・平均數定律是什麼？

有沒有所謂的「平均數定律」呢？是有的，只不過它有時被稱為「大數法則」。大數法則的內容是說，如果某個隨機現象被「獨立的」重複許多次之後（例如擲銅板），隨著次數的增加，平均數或者比例多半會愈趨穩定，而總和或者計數的變化範圍反而會更大。這種現象並不能解釋成「對前幾次壞運氣的彌補」，因為「獨立」的意思是說，知道某次試驗的結果，不會改變其他任何一次結果的發生機率。試驗並沒有記憶。

圖17.1和圖17.3顯示出，當我們重複擲銅板很多次的時候會發生什麼狀況。在前面的圖17.1我們看到，當擲銅板次數增加的時候，擲出正面的比例慢慢愈來愈接近0.5。此圖描繪出的便是大數法則的概念。然而，在圖17.3裡面我們看到，當擲銅板次數

增加的時候，同樣這些擲銅板結果的正面總次數的變化範圍卻愈來愈大。因此，大數法則並不適用於總和或計數。

　　把平均數定律說成是有關總和或計數、而非平均數或比例的性質，這種情況並不少見。舉例來說，假設在美國男嬰和女嬰的出生率相同，你可能就會聽到有人說，美國的男性總人數應該和女性總人數差不多，而不是說美國男性和女性占總人口的比例差不多。

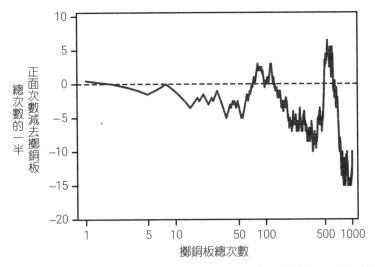

圖 17.3　擲一個銅板許多次。正面次數和一半總次數的差距，隨著擲銅板次數的增加，變化範圍會愈來愈大。

▌個人機率

　　喬坐在那兒瞪著他的啤酒，他心愛的棒球隊芝加哥小熊隊，

剛剛又輸了一場球。小熊隊擁有一些很好的年輕球員，所以我們來問問喬：「明年小熊隊打進世界大賽的機會有多大？」喬的眼睛亮起來了，「噢，大概10%，」他說。

　　是喬把小熊隊能打進世界大賽的機率定成0.10嗎？下一年的比賽戰果當然是沒法預知的，但若我們考慮重複許多次會發生什麼情形，又不大合理。明年的球季只會發生一次，而且在球員、天氣和其他許多方面都會和其他球季不同。我們問的問題答案似乎很清楚：如果機率度量的是「假如我們重複許多次，會發生什麼狀況」，那麼喬說的0.10根本不是機率。機率是根據同一個隨機現象重複許多次所得數據而來的。喬給我們的不是這個，而是他的個人判斷。

　　可是常常當我們在用「機率」這個詞的時候，也包括了我們對於某個事件發生的可能性的個人判斷。我們還根據這些判斷做決定——我們搭公車進城，因為覺得能找到停車位的機率很低。連更重要的決定都會把「機會有多大」的判斷列入考慮。要決定是否要建新廠，公司現在就必須判斷，三年後新廠蓋好時，消費者對該公司產品有高需求的可能性有多大。許多公司把他們對「機會有多大」的判斷，用數字表示並把它當成機率，還用來計算。三年後有高需求，就像小熊隊贏得明年的參賽權一樣，都是「只此一次」的事件，沒法適用「重複許多次」這種思維方式。不僅如此，公司的每個高階主管給的機率可能還不一樣，反映出他們每個人的判斷都不同。因此我們需要另外一種機率，個人機率。

個人機率

一個事件的**個人機率**（personal probability）是介於0和1之間的一個數字，代表個人對於該事件發生機會有多大的判斷。

個人機率有個大優勢，就是不限於「能重複的情境」。這種機率很有用，因為我們根據它做決定：「我相信海盜隊會贏超級盃的機率是0.75，所以我要去賭這場比賽。」要記住，個人機率和「重複許多次的比例」這種機率是不同種類的；前者只代表個人意見，無所謂對還是錯。

即使在可以「多次重複」的情境下，這點還是對的。如果克瑞的直覺告訴他，下一次擲銅板出現正面的機率是0.7，這就是克瑞的想法，如此而已。若把銅板擲很多次，可能顯示出正面的比例很接近0.5，但那是另一回事。**規定個人對於一次試驗結果的信心，必須和試很多次的結果一樣，是沒有道理的。**我們特別強調這點，是因為常常有人認為「個人機率」和「試很多次會發生什麼狀況」，算是同一個觀念的兩種不同解釋。但事實上，這兩個觀念的差別很大。

為什麼對於個人意見我們還要用「機率」這樣的字眼呢？有兩個很好的理由。首先，如果我們知道試驗很多次的數據結果，我們通常也的確會根據這些數據來做個人判斷。從布方伯爵、皮爾生及柯瑞屈擲銅板的結果（例2），或者從我們自己的經驗，都能讓我們相信如果擲銅板許多次的話，正面出現的次數很接近一半。當我們說，這次擲銅板時出現正面的機率是1/2，我們是

在把根據擲很多次會發生的結果而得到正面的機率量度，應用在擲一次的狀況上面。其次，個人機率和解釋成長期比例的機率，都遵循同樣的數學規則，例如，兩種機率都是介於0和1之間的數字。我們會在下一章介紹更多的機率規則。這些規則對兩種機率都適用。

雖然「個人機率」和「試很多次會發生什麼狀況」是不同的概念，但多次試驗中發生的情況往往會導致我們修正我們對某一事件的個人機率。如果克瑞直覺：他擲出硬幣正面的機率是0.7，這就是克瑞的想法。如果他擲了20次，得到9個正面，他可能會繼續相信擲出正面的機率是0.7——因為個人機率不需要與多次試驗的結果一致。但他也可能決定根據他觀察到的情況向下修正他的個人機率。

在統計學中，有使用數據調整個人機率的正式方法，稱為貝氏程序（Bayes' procedures）。基本規則稱為貝氏定理（Bayes' theorem），歸功於牧師托馬斯・貝葉斯（Thomas Bayes），他在1764年發表了〈一篇關於解決機率學說問題的文章〉（An Essay towards Solving a Essay towards Solving a Problem in the Doctrine of Chances）。數學有些複雜，我們不會討論細節。但是，貝氏程序的使用愈來愈普遍。

▌機率與風險

一旦我們知道，「對於機會多大的個人判斷」和「重複許多次會發生什麼狀況」是不同的概念，就開始可以了解為什麼一般大眾和專家，對於什麼時候風險很大、什麼時候沒風險的意見會

大不相同。專家是用根據數據算出的機率，來描述遇上某個不受歡迎事件的風險；然而個人或者社會似乎對數據置之不理。我們為一些幾乎永遠不會發生的事擔心，卻對某些更有可能發生的事毫不在意。

例9　學校裡的石綿

高度暴露於石綿是危險的。但低度暴露的情況，例如，學校的暖氣管周圍隔熱材料中有石綿，對學校師生造成的風險很低。一位老師如果在一間有一般石綿含量的學校裡工作三十年，他會因為石綿罹癌的機率差不多是15/1,000,000。開車的人一輩子當中，會死於車禍的機率大約是15,000/1,000,000。也就是說，經常開車的風險，是在有石綿的學校裡教書的1,000倍。

風險並沒讓我們停止開車。但是風險小得多的石綿卻引發了大規模的清除活動，美國聯邦政府還要求每所學校必須檢查石綿，並向大眾公布結果。

為什麼我們把石綿的風險看得比駕駛的風險重大得多？為什麼我們對一些很難碰上的威脅，像龍捲風和恐怖份子，擔憂的程度還超過擔憂心臟病發作？

● 比較起來，當風險似乎在我們掌握之中時，會比不能受我們控制時更覺安全。我們開車時可以掌握狀況（或者自以為如此），但對於來自石綿、龍捲風或恐怖份子的風險，我們則完全不能控制。

- 要了解非常小的機率有點困難。百萬分之15和百萬分之15,000的機率都很小，我們的直覺分辨不出其間的差別。心理學家曾指出，我們通常會將很低的風險高估，而將較高的風險低估。也許這就是我們直覺當中對機率運作的普遍弱點。

- 像學校裡的石綿這一類風險的機率，不像擲銅板的機率那樣明確，必須由專家經由複雜的統計研究來估計。也許最安全的做法，是懷疑這些專家可能低估了風險程度。

　　我們對於風險的反應，也不光是取決於機率，即使我們的個人機率已經比專家根據數據算出的機率要高，仍然如此。我們會受自己的心理建構以及社會規範的影響。誠如一位作者曾經說的：「即使撞車的風險遠高於家裡出事的風險，但我們就算只開車出去辦10分鐘的事，也很少有人會把嬰兒獨自留在家睡覺。」

✤ 賠率如何？

賭徒通常用賠率（odds，或稱勝算）而不是用機率來表達機會。某項結果的賠率是 A 比 B，代表該結果發生的機率是 $B/(A+B)$。所以「某項結果的賠率為5比1」是「機率為1/6」的另一種說法。機率必定是在0與1之間，但賠率的範圍可以從0到無限大。雖然賠率主要用在賭博，我們還是可借助它把很小的機率表達得更清楚。「賠率（勝算）999比1」可能比「機率0.001」更容易了解。

第 18 章

機率模型

▌個案研究：超級盃奪冠機率

在費城老鷹隊贏得第52屆超級盃之後不久，網頁上就已有人貼上聯盟各隊會贏得第53屆超級盃的機率了。表18.1列出了在2018賽季開始前，某網頁所公布的機率。這些機率最合適的歸類是個人機率。隨著2018年球季愈來愈近，這些機率很可能會改變，因為各球隊的球員名單會由於互換交易、選新秀、受傷、退休這些事件而有所不同。

因為這些是個人機率，對於機率要怎樣分配有沒有任何限制呢？在這一章裡面，我們將回答這個問題。我們將會學到，機率必須服從某些規則才會有意義。讀完這章之後你就有能力評估，表18.1當中列出的機率是否有意義。

表18.1　贏得第53屆超級盃的機率

球隊	機率	球隊	機率
新英格蘭愛國者隊	1/7	洛杉磯電光隊	1/34
洛杉磯公羊隊	1/11	巴爾的摩烏鴉隊	1/34
匹茲堡鋼人隊	1/11	印第安納波里斯小馬隊	1/34
費城老鷹隊	1/11	傑克森維爾美洲虎隊	1/34
明尼蘇達維京人隊	1/13	田納西泰坦隊	1/41
綠灣包裝工隊	1/13	底特律獅子隊	1/41
舊金山四九人隊	1/15	紐約巨人隊	1/51
休士頓德州人隊	1/17	坦帕灣海盜隊	1/51
紐奧良聖徒隊	1/21	亞歷桑納紅雀隊	1/67
達拉斯牛仔隊	1/21	芝加哥熊隊	1/81
丹佛野馬隊	1/21	華盛頓紅人隊	1/81
亞特蘭大獵鷹隊	1/21	辛辛那提孟加拉虎隊	1/81
奧克蘭突擊者隊	1/26	水牛城比爾隊	1/81
西雅圖海鷹隊	1/29	邁阿密海豚隊	1/101
卡羅萊納黑豹隊	1/29	克里夫蘭布朗隊	1/101
堪薩斯城酋長隊	1/34	紐約噴射機隊	1/101

資料來源：www.betvega.com/super-bowl-odds/ (2018賽季的開局機率).

▌機率模型

從25到29歲的女性當中隨機選擇一位，並記錄她的婚姻狀況。「隨機」的意思是說，我們給了每位合乎條件的女性同樣的入選機會。也就是說，我們選了一個大小為1的隨機樣本。任何一種婚姻狀況的機率，就是所有25到29歲的女性當中，各種婚姻狀況的人所占的比例，即如果我們抽取了許多女性，也就會得到這個比例。以下就是這組機率：

婚姻狀況：	從未結婚	已婚	寡居	離婚
機率：	0.580	0.388	0.002	0.030

上面這個表針對隨機抽取一位年輕女性，並了解她的婚姻狀況，提供了一個機率模型。它告訴我們可能的結果有哪些（這裡只有四種），並給這些結果分配機率。這裡的機率，就是每一種婚姻狀況的女性所占比例。這樣子應該很清楚，單身女性的機率，就是三類沒有配偶女性的機率總和：

$$P(單身) = P(從未結婚) + P(寡居) + P(離婚)$$
$$= 0.580 + 0.002 + 0.030 = 0.612$$

我們常常用$P(單身)$來當作「我們抽中的女性為單身的機率」之簡寫。你已見識到，我們的模型不是只對個別結果分配機率而已，我們還可以把個別結果的機率加起來，而求得任何一組結果的機率。

機率模型

一個隨機現象的**機率模型**（probability model）描述所有的可能結果，以及任意一組結果的機率要如何分配。我們有時把一組結果叫做一個**事件**（event）。

政治正確

1950年時，俄國數學家葛內登可（B. V. Gnedenko）寫了一本教科書《機率理論》，風行世界。前言裡有一段神祕文字，是這樣開始的：「我們要指出，機率理論的整個發展過程顯示出，其觀念如何在經歷了現實和理想兩種看法的激烈掙扎之後，終於成形。」結果「現實」指的是「馬克思列寧主義者」。在史達林時代，在書裡加進這一類敘述對俄國科學家的健康有益。

機率規則

因為上個例子裡面的機率只是所有婦女中各種婚姻狀況的比例，所以會遵循比例的規則。以下是一些所有機率模型都該服從的基本規則：

A. 任何機率都是介於0與1之間的數。所有的比例都是介於0與1之間的數，所以所有的機率也都是介於0與1之間的數。機率為0的事件永遠不會發生，而機率為1的事件在每次試驗時都

會發生。機率為0.5的事件，長期下來有一半的時候會發生。

B. 所有可能的結果合併起來，機率應該是1。因為每一次試驗總會發生某個結果，所以所有可能結果的機率和一定恰好是1。

C. 一個事件不發生的機率，等於1減去該事件發生的機率。如果某個事件發生的次數占所有試驗中的70%，則它在另外的30%就沒有發生。一個事件發生的機率，及該事件不發生的機率，加起來必定是100%，也就是1。

D. 如果兩個事件當中沒有共同的結果，則該兩個事件中至少有一個會發生的機率，是該兩事件個別機率的和。如果一個事件發生於所有試驗中的40%，另一個事件發生於所有試驗中的25%，而該兩個事件不可能同時發生，則至少其中一個事件會發生的次數會占所有試驗的65%，因為40% + 25% = 65%。

例1 年輕女性婚姻狀況

再來看看年輕女性在各種婚姻狀況的機率。四個機率當中的每一個都是介於0與1之間的數。加起來是

$$0.580 + 0.388 + 0.002 + 0.030 = 1$$

這個機率分配滿足規則A及B。**對每個個別結果分配機率的方法，只要滿足規則A和B的，就是「合法的」。**這是說，這樣的一組機率是有意義的。此時規則C和D會自然成立。以下是應用規則C的例子。

根據規則C，我們抽到的女性為單身的機率為

$$P(單身) = 1 - P(已婚)$$
$$= 1 - 0.388 = 0.612$$

這是在說，如果其中的38.8%已婚，則剩下的61.2%就是單身。規則D說，你也可以把三種不同的單身狀況之機率相加，求出女性為單身的機率。我們之前就是這樣算的，算出來的結果和上面的一樣。

例2　擲骰子

擲骰子是在賭場裡輸錢的一個很普遍的方法。當我們擲兩顆骰子，並依序（第一顆骰子、第二顆骰子）記錄朝上那面的點數時，總共會得到36種可能結果。圖18.1中展示了這些結果。我們應該怎樣分配機率呢？

賭場的骰子是很謹慎製作出來的。為使每一面都一樣重，有點的地方並不是凹陷的，而是用白色塑膠填平的，而且白色塑膠的密度和製作骰子本體的紅色塑膠密度相同。對於賭場的骰子來說，擲出如圖18.1中36個結果都是一樣機率是合理的。因為這36個機率的和必須是1（規則B），每個結果的機率必定是1/36。

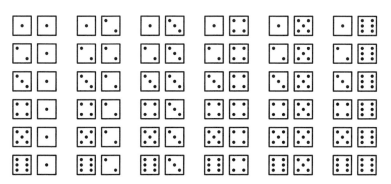

圖18.1　擲兩個骰子的36種可能結果。

我們感興趣的是骰子朝上的面之點數和。這個和是5的機率是多少？「擲出5點」這個事件包含四個結果，而它的機率是這四個結果之機率的和：

$$P(\text{擲出5點}) = P(\boxed{\because}\boxed{\because}) + P(\boxed{\because}\boxed{\because}) + P(\boxed{\because}\boxed{\because}) + P(\boxed{\because}\boxed{\because})$$

$$= \frac{1}{36} + \frac{1}{36} + \frac{1}{36} + \frac{1}{36}$$

$$= \frac{4}{36} = 0.111$$

機率規則只告訴我們哪些機率模型有意義，並沒說機率的分配是否正確，是不是真的能描述長期狀況。例2中的機率對賭場骰子來說是正確的。點的部分挖空的便宜骰子各面並不平衡，因此例2的機率模型就不能描述這類骰子的狀況。

至於個人機率又如何呢？既然是個人的機率，難道不能隨自己高興怎麼定都可以？我們不能說不符合規則A和B的個人機率一定不對，但是我們可以說它們是不協調的。也就是說，沒有合理的方式可以把它們同時放在一起考慮。所以我們通常堅持，對某一隨機現象的所有結果所分配的個人機率，必須符合規則A和B。也就是說同一組規則對兩種機率都適用。例如，如果你相信費城老鷹隊、洛杉磯公羊隊和新英格蘭愛國者隊各有0.4的機率贏得53屆超級盃，那麼，你的個人機率就不符合規則B。

▎機率和賠率

說到體育，很多報紙、雜誌和網站經常給出機率做為投注賠率。例如，2019年2月底，某網站給出了金州勇士隊贏得2018–

19賽季NBA總決賽的賠率為4比9。這意味如果球隊贏了，下注9美元將支付給你4美元，如果球隊輸了，你將支付9美元。如果這是一個公平的賭注，從長遠來看你應該預期會達收支平衡，也就是贏的錢和輸的錢一樣多。特別是，如果您下注4 + 9 = 13次，你應該平均會贏4美元9次，其餘4次輸9美元。因此，平均而言，如果你投注4 + 9 =13次，你將贏得其中的9次投注。因此，賠率4比9表示你獲勝的機率為9/(4 + 9) = 9/13。

更一般的說，投注賠率採用「Y比Z」的形式。Y比Z的賠率表示獲勝的機率為$Z/(Y + Z)$。

以超級盃作為另一個例子，在網路上可以找到每個NFL球隊贏得下一屆超級盃的當前機率。而我們可以在www.betvega.com/super-bowl-odds/找到此類賠率列表。當我們在2018年12月5日查看該網站時，洛杉磯公羊隊贏得第53屆超級盃的賠率為3比1，表示其獲勝機率為1/(3 + 1) = 1/4；紐約噴射機隊贏得第53屆超級盃的賠率是5000比1，表示其獲勝機率為1/(5000 + 1) = 1/5001。

▍抽樣的機率模型

從母體選取隨機樣本，並計算像樣本比例這樣的統計量，當然是隨機現象。統計量的分布告訴我們，它的可能值有哪些，以及每個值出現的頻率。這聽起來非常像是機率模型。

例3 抽樣分布

抽取一個1,004位成人的簡單隨機樣本（SRS）。詢問他們每個人是否認為兒童接種疫苗非常重要。答「贊成」的比例如下：

$$\hat{p} = \frac{答「贊成」的人數}{1,004}$$

這就是我們的樣本比例$\hat{p}$。重複這個步驟1,000次，並從所得的1,000個樣本，算出1,000個樣本比例$\hat{p}$。圖18.2的直方圖所展示的，是1,000個樣本中有71%的人認為兒童接種疫苗很重要的比例分布。隨機抽樣的結果當然是隨機的：我們沒法預知一個樣本的結果，但是從圖可以看出來，許多樣本的結果擺在一起，是有規律型態的。

這樣不斷出現也提醒了我們，重複抽取隨機樣本所出現的規律型態，是統計的重大概念之一。圖裡的常態曲線，是直方圖一個合理的近似。直方圖是這裡特定的1,000個簡單隨機樣本的結果。你就把常態曲線想成是，若我們永不間斷的從這個母體抽取簡單隨機樣本時，所會得到的理想化型態。這和機率概念完全一樣，機率就是長久下來我們會見到的模式。常態曲線是在對隨機抽樣的結果分配機率。

這個常態曲線的平均數為0.710，標準差大約0.014。68-95-99.7規則的「95」部分表示，所有樣本當中有95%，其$\hat{p}$會落在平均數前後2個標準差範圍之內。也就是在0.710 ± 0.028的範圍內，即介於0.682和0.738之間。對這個事實我們已經有更確實的語言可以表達：一個樣本中有68.2%到73.8%的人會答「贊成」的機率是0.95。「機率」這個詞是說，我們談的是長期下來，有了許多樣本時會發生什麼事。

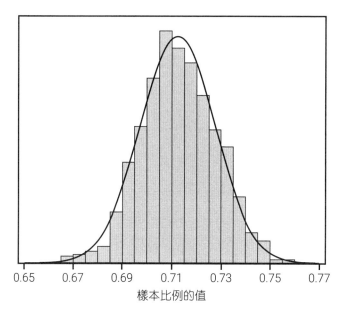

圖 18.2 在一個有 71% 的人會給肯定答案的母體中，抽取大小為 1,004 的簡單隨機樣本，所得樣本比例 $\hat{p}$ 的抽樣分布。這個直方圖呈現的是 1,000 個樣本的分布。常態曲線是描述大量樣本所得結果的理想化型態。

　　我們可以注意到在這 1,000 個簡單隨機樣本中，有 94.3% 的樣本比例介於 0.682 和 0.738 之間，與基於常態曲線的計算非常吻合。這證實了我們的推論，即常態曲線是圖 18.2 中直方圖的合理近似。

　　從一個很大的樣本算出來的統計量，會有非常多的可能值。對每一個可能結果分配機率這檔子事，對於四種婚姻狀況、或者擲一對骰子的 36 種結果來說，都沒問題，但是在可能結果有幾

千種的情況下，就不太方便了。例3用了不同的方法：利用常態
密度曲線底下的面積，來對區間形式的結果分配機率。密度曲線
底下的面積是1，這和總機率為1剛好符合。圖18.2中常態曲線
底下的總面積為1，而在0.682和0.738之間的面積是0.95，這就
是一個樣本所得結果會落入該區間的機率。利用常態曲線計算機
率時，你可以用68–95–99.7規則來算，也可以利用表B的常態曲
線百分位數。這些機率都符合規則A到D。

抽樣分布

一個統計量的**抽樣分布**（sampling distribution）告訴我們，
從同一母體重複抽樣時，統計量會有些什麼樣的值，以及每
個值出現的頻率。

我們把抽樣分布看成是對統計量的可能值分配機率。因為通
常可能值有許多，所以抽樣分布常常是用像常態曲線這類的
密度曲線（density curve）來描述。

例4 你贊成賭博嗎？

　　某意見調查問了一個包含501位青少年的簡單隨機樣本這個
問題：「一般來說，你贊成還是反對合法的賭博或下注？」假設事
實上在十幾歲的人當中，被問到時會有恰好50%的人答「贊成」。
（這個數字和經由數種調查所顯示的真正比例很接近。）該項調查
的統計學家告訴我們，在不同的樣本當中，答「贊成」的樣本比例
會一直變，其分布遵循平均數0.5、標準差0.022的常態分布。這就

是樣本比例 $\hat{p}$ 的抽樣分布。

根據68-95-99.7規則,該調查會得到一個其中少於47.8%的人說「贊成」的樣本之機率是0.16。圖18.3顯示出,怎樣可以從抽樣分布的常態曲線得到這個結果。

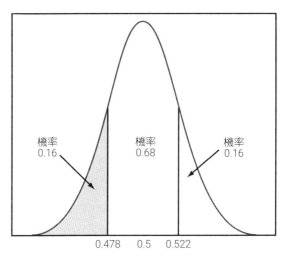

圖 **18.3** 例 4 的常態抽樣分布。因為 0.478 是在低於平均數一個標準差的位置,所以曲線之下在 0.478 以左的面積是 0.16。

例 5 利用常態分布百分位數 *

例4當中的抽樣調查,抽到一個有52%以上的人說「贊成」的樣本,機率為多少?因為0.52並不是與平均數相差1、2或3個標準差,所以沒法利用68-95-99.7規則。我們會改用表B的常態分布百分位數。

---

* 例 5 為選讀。

要利用表B，先得把結果$\hat{p}$ = 0.52減掉分布的平均數，再除以標準差，來轉換成標準計分：

$$\frac{0.52 - 0.50}{0.022} = 0.91$$

現在來看表B。標準計分0.9是常態分布的第81.59百分位數。意思是說，調查結果得到較小的比例之機率是0.8159。根據規則C（或者就利用「曲線底下總面積為1」這個事實），會有52%或更多人贊成的機率就是0.1841。圖18.4把這個機率用常態曲線底下的面積來表示。

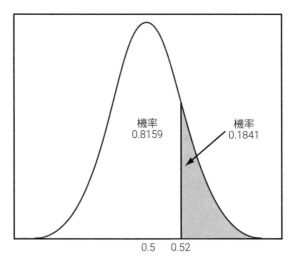

圖 18.4 例 5 的常態抽樣分布。結果為 0.52 的標準計分為 0.9，因此表 B 告訴我們 0.52 左側曲線下的面積為 0.8159。

第 19 章

模擬

▋ 個案研究：是運氣還是作弊？

　　賽馬時馬匹的檔位（譯注：比賽開始時馬匹的位置）可能影響比賽結果。位置靠近賽場內側的比較有利。為了公平，檔位是在賽前抽籤隨機決定。抽到任何位置的機率都一樣，所以沒有哪匹馬會占便宜。

　　在 2007 年的夏季和秋季期間，俄亥俄州賽馬委員會的委員注意到，某位練馬師似乎有不尋常的一連串好運。在 35 場比賽中，這位練馬師的馬有 30 次抽到內側三個位置之一。一場比賽可能有 6 到 10 匹馬參賽，其中多半時候是 9 匹馬參賽。因此對大部分的比賽來說，抽中內側三個位置之一的機率是 1/3。

　　俄亥俄州賽馬委員會認為，該練馬師的運氣未免好到令人起疑。數學家有辦法算得出來，在 35 場比賽當中，至少有 30 場抽到內側三個位置之一的機率非常小。俄亥俄州賽馬委員會因此懷疑有人作弊。但是該練馬師在數年之內已讓他的馬參加了近

1,000場比賽。或許在近1,000場這麼長串的比賽當中，本來在某個時期就不免出現連續35場比賽當中至少有30次抽到內側三個位置之一的情況。會引起俄亥俄州賽馬委員會的注意，只因這情況屬於第17章討論過的、表面看來令人驚異的巧合之一。或許作弊的指控並沒有根據。

　　要計算在1,000場比賽當中，會出現連續35場比賽至少有30次抽到內側三個位置之一的機率，很不容易。如何著手來找到這個機率，正是本章主題。讀完本章之後你就有辦法說明，怎樣找到這個機率。

▌機率從何而來？

　　擲銅板時得到正面和反面的機率都很接近1/2。原則上來說，這些機率是根據擲很多次的數據得來的。喬對於明年誰會贏足球超級盃的個人機率，卻是根據喬的個人判斷得來的。擲一個銅板10次，而會出現連續3次正面的機率又要怎麼找呢？我們可以利用描述擲銅板情況的模型，計算出這個機率。也就是說，一旦我們根據數據，找到擲銅板的機率模型後，就不需在每次要找一個新事件的機率時，都再重新開始。

　　用機率模型的一大優點，是讓我們可以只先對一些如「擲一次銅板得到正面」的簡單事件分配機率，就能夠計算一些複雜事件的機率。不論機率模型反映的是根據數據得到的機率還是個人機率，上面的優點都成立。但不幸的是，計算機率所需要用到的數學常常很難。還好能出動科技來拯救我們；只要我們有機率模型，就可以用電腦來模擬重複許多次的狀況。這樣做比算數學容

易，更比在真實世界中執行多次重複要快得多。你可以把利用模擬求機率的方法，和利用電腦控制的飛行模擬器來練習飛行做個比較。兩種模擬都有很多人用，也都有共同的弱點：模擬的效果取決於你給的模型，若模型不恰當，模擬結果就不可能好。飛行模擬器使用的是飛機會如何反應的軟體「模型」；模擬機率時使用的是機率模型。我們會用我們的舊識、表 A 中的隨機數字，來啟動我們的模型。

> **模擬**
> 利用隨機數字表或者電腦軟體中的隨機數字，來模仿機遇現象，就叫做**模擬**（simulation）。

　　我們討論模擬，一部分是因為科學家與工程師的確是用這個辦法，來替複雜的情形算出機率的，模擬可以用來擬定策略，以減少在銀行排隊找出納員、在機場辦理登機手續以及在選舉期間投票的等待時間。模擬也能用於研究災難性事件造成的影響，例如核電廠故障、核裝置爆炸對建築物的影響，或者致命傳染病在人口稠密的城市中的發展。

　　另一部分也因為模擬，會迫使我們仔細思考機率模型的意義。在本章我們會做困難的部分，也就是建立模型，而容易的部分，例如叫電腦去重複 10,000 次，就留給真正需要用到最後算出機率的人。

▌模擬入門

一旦有了可靠的機率模型，模擬是找出複雜事件發生機率的有效工具，我們可以利用隨機數字，很快就模擬出多次重複的結果。一個事件在這些重複結果中發生的比例，遲早會接近它的機率，所以模擬可以對機率做適當的估計。要學習模擬的藝術，最好的方法就是連續看幾個例子。

✳ 真正隨機的數字

對於要求「純正」隨機數字的人，藍德公司（RAND Co.）很久以前就出版了《一百萬個隨機數字》。書中列出了100萬個數字，它們是由很複雜的物理隨機系統產生，是真正的隨機數字。有一位藍德公司的員工曾告訴我們兩人的其中一位，這還不是藍德出版過的書當中最無聊的一本⋯⋯

例1　如何執行模擬

擲一個銅板10次。結果中會出現至少3個連續正面或是至少3個連續反面的機率是多少？

步驟1：提出機率模型。我們的擲銅板模型含有兩部分：

- 每一次擲，正面和反面的機率各為0.5。
- 每次投擲之間，彼此是獨立的。也就是說，知道某一次擲出的結果，不會改變其他任一次所擲結果的機率。

步驟2：分配隨機數字以代表不同的結果。表A中的隨機數字會以

符合步驟1之機率的方式，來代表各種結果。我們知道：表A中的每一個數字會是0、1、2、3、4、5、6、7、8、9中任一個的機率都是0.1，而且表中數字之間是互相獨立的。以下是針對擲銅板結果分配數字的方法之一：

- 每個數字模擬擲一次銅板的結果。
- 奇數代表正面，偶數代表反面。

這樣子的分配可行，是因為5個奇數使正面機率恰好是5/10。表中的連續數字可模擬多次獨立的投擲。

步驟3：多次重複模擬。10個數字模擬10次投擲，所以表A中的10個連續數字模擬了一組擲銅板10次的狀況。在表A中讀取許多組的連續10個數字，就模擬了重複多次的狀況。別忘了，在每次重複時，要記錄我們關心的事件（至少連續3個正面或反面）有沒有發生。

以下是前三組重複的結果，是從表A中的列101開始的。我們把所有連續3個或更多個的正面或反面底下都畫了線。

	第一組	第二組	第三組
數字	1 9 2 2 3 9 5 0 3 4	0 5 7 5 6 2 8 7 1 3	9 6 4 0 9 1 2 5 3 1
正／反面	正正反反正正正反正反	反正正正反反反正正正	正反反反正正反正正正
連續三個？	有	有	有

在表A中繼續下去，我們一共做了25組；其中23組有連續至少3個或更多的正面或反面。所以我們用比例來估計這個事件的機率為

$$估計機率 = \frac{23}{25} = 0.92$$

　　當然，光做25次，不足以讓我們對估計值的正確度有信心。可是現在既已了解模擬是怎麼做的，我們可以叫電腦重複做好幾千次。經過長串的模擬（或者確實的數學計算），得到真正的機率大約是0.826。大部分的人認為連續正面或反面不太容易發生，但連我們這個很小規模的模擬結果所顯示的，擲10次銅板大部分時候都會出現連續3個同樣的結果，這已足以導正我們直覺的錯誤。

　　一旦你對模擬有一些經驗以後，會發現整個過程最困難的部分，通常就是建立機率模型（步驟1）。雖然擲銅板這個例子可能不大吸引你，例1中的模型卻能代表許多機率問題，因為它是由許多獨立的試驗（擲銅板）構成，而每次試驗都有一樣的可能結果及機率。投籃10次和觀察10個孩子的性別，也有類似的模型，也可用幾乎一樣的方法模擬。這個模型新的部分就是：各次試驗彼此都是獨立的，這點假設可以簡化我們的模擬工作，因為可以用完全一樣的方法，模擬擲10次銅板當中的每一次結果。

獨立

如果「知道兩個隨機現象其中之一的結果」，並不會改變另一個結果的機率，就稱這兩個隨機現象是**獨立的**（independent）。

　　獨立就和機率的其他性質一樣，一定要重複觀察很多次，才能證實。重複投擲銅板應該是獨立的（銅板沒有記憶），經過觀察後也發覺事實確是如此。但要說一個籃球員的前後投球之間彼

此獨立，就不那麼可信，不過觀察顯示，至少非常接近獨立。

　　步驟2（分配隨機數字）根據的是隨機數字表的性質。以下是這個步驟的一些例子。

例2　分配數字以執行模擬

　　在美國，年齡歧視就業法（ADEA）為禁止雇主對40歲及以上的人進行年齡歧視。「異常」解雇大比例40歲以上的員工可能會引發法律訴訟。如果解雇與年齡無關，模擬可以幫助我們判斷雇主是否可能會引發法律訴訟。我們如何模擬隨機選擇員工解雇的情況？

(a) 從年齡達40歲以上占40%就業人口的一群人當中，隨機選一個人。一個數字代表一個人：

$$0, 1, 2, 3 = 40歲以上$$
$$4, 5, 6, 7, 8, 9 = 未滿40歲$$

(b) 從年齡達40歲以上的占43%就業人口的一群人當中，隨機選一個人。現在得用兩個數字來模擬一個人：

$$00, 01, 02, \cdots, 42 = 40歲以上$$
$$43, 44, 45, \cdots, 99 = 未滿40歲$$

我們把100個二位數的數對中的43個分配給「40歲以上」，以便得到0.43的機率。如果用01, 02, …, 43來代表「40歲以上」及以44, 45, …, 99, 00來代表「未滿40歲」，也同樣正確。

(c) 從40歲以上30%未計畫退休、40歲以上10%在未來幾個月計畫退休及未滿40歲占60%就業人口的一群人中隨機選一人。現在有三種可能的結果了，但是原則是一樣的。一個數字模擬一個人：

0, 1, 2 = 40歲以上未計畫退休者

3 = 40歲以上在未來幾個月計畫退休者

4, 5, 6, 7, 8, 9 = 未滿40歲

▍考慮獨立性

在介紹比較複雜的模擬之前，獨立的概念值得我們先深入討論一下。之前我們說過，獨立性質必須經由重複觀察隨機現象許多次之後才能證實。或許更確實的說法是：「不獨立」性質必須經由重複觀察隨機現象許多次之後才能證實。兩個隨機現象不獨立要怎樣才能看出來呢？舉例來說，我們要怎樣才知道，一枚均勻銅板（正反面的機率都是0.5）的各次投擲結果之間並不獨立呢？

可以考慮的方法之一是運用「獨立」的定義。當我們考慮擲一枚均勻銅板很多次的序列結果時，可以計算整個序列當中，相鄰的前後兩次出現相同結果之發生比例：換句話說，就是正面之後接著正面、或反面之後接著反面的發生頻率。如果各次投擲之間互相獨立（如此則每次投擲結果不會影響下一次結果的機率），觀察的次數又夠多的話，上述比例應該接近0.5。

※ 他是厲害、還是運氣好？

如果一位職棒球員的打擊率達到 .300 的話，大家會為他鼓掌。.300 的打擊者，代表所有打數中有30%是安打。球員一整季的打擊率 .300，可不可能只是因為他運氣好？大聯盟的

一般球員一季大約有 500 次打數、打擊率大約 .260。打者的前後打數之間似乎是獨立的。根據這個模型，我們可以計算或者模擬出打擊率等於 .300 的機率。這機率大約是 0.025。在 100 位普普通通的大聯盟球員當中，每年會有二、三位，僅僅因為運氣好而打出 .300 的打擊率。

例 3 研究獨立性

假設我們擲一枚均勻銅板 15 次，得到以下一序列結果：

順序：	1 2 3 4 5 6 7 8 9 10 11 12 13 14 15
結果：	正正正反正正反反反反正正反反

前 14 次的投擲結果當中有 9 次，接下來擲出的結果與前一次相同。前後兩次出現相同結果的發生比例為

$$比例 = \frac{9}{14} = 0.64$$

對於擲這麼少次的結果來說，這個比例距 0.5 的差距不算大。

可惜的是，如果正面之後接著正面、或反面之後接著反面的發生比例很接近 0.5 的話，卻未必代表各次投擲之間互相獨立。舉例來說，假設現在我們不是擲銅板，而是依照以下模式把銅板正面朝上或反面朝上依序擺設：

順序：	1 2 3 4 5 6 7 8 9 10 11 12 13 14 15
結果：	正正反反正正反反正正反反正正反

先是兩個正面、接著兩個反面、再來兩個正面，依此類推。如果知道前幾次的結果，我們就能確知下一次的結果是什麼。連續結果之間並不獨立。然而若觀察前14次的結果，此序列當中正面之後接著正面、或反面之後接著反面的發生比例是

$$比例 = \frac{7}{14} = 0.5$$

因此，我們說的方法可以幫助我們辨別出不獨立的情況（當上述比例和0.5差很多時），但若比例接近0.5，則並不能做出「獨立」的結論。

另一個評估是否獨立的方法，植基於第14章討論過的相關係數觀念。若兩個隨機現象都有數值結果，而我們在 n 次試驗中觀察了兩個現象的結果，就可以計算該組數據的相關係數。如果這兩個隨機現象之間互相獨立，二者之間就不會有直線關聯，相關係數應該接近0。

如果兩個隨機現象之間的相關係數是0，並不代表二者之間必定互相獨立。互相獨立代表沒有任何形式的關聯，而相關係數只度量直線關聯的強度。

因為互相獨立代表沒有關聯，所以如果兩個變數之間互相獨立的話，用這兩個變數的值所畫出的散布圖，應該不會出現任何特定的型態。檢視散布圖是判斷獨立與否的另一個方法。

檢視獨立性是否存在，有很多方法。舉例來說，如果試驗之間並不獨立，比如說擲銅板擲出正面會增加下次擲出正面的機率好了，則在一序列的投擲結果當中，我們會預期出現不尋常的一

連串連續正面。我們在第17章的例5談過這種一連串同樣結果的
觀念。大家會認為一位「手風正順」的籃球員，就可以連續罰球
一直進球。嚴謹的研究顯示出：在籃球賽中球員連續進球或連續
不進球發生的頻率，與每一球和前一球互相獨立情況下預期的頻
率比起來，前者並不會比較頻繁。

❉ 天氣預報

現代天氣預報使用複雜的模擬來預測明天的天氣。這些模擬
必須透過電腦才能進行，因為使用的方程式很複雜，需考量
氣壓、溫度、溼度和風力等氣象相關變數。產生這種虛擬天
氣預報的數學指令通常稱為運算模型。透過根據某些機率模
型改變初始條件，運算模型可以產生許多模擬，並且可以從
這些模擬中估計降雨的機率。

▌更複雜的模擬

　　隨機模型的建構和模擬是現代科學強有力的工具，並且不需
要高深的數學就可以了解。還不只是這樣，只要你自己試試模擬
隨機現象幾次，就會加強你對機率的了解，比讀很多頁我的文章
還有用。現在我們心裡有兩個目標：一是要了解模擬本身、一是
為更了解機率而來了解模擬。我們來看看兩個較複雜的例子。第
一個例子的試驗，彼此仍然是獨立的，然而不像我們擲銅板10
次那樣，有固定的試驗次數。

例4　我們要生女兒

　　一對夫婦計劃生孩子生到女兒才停，或生了三個就停止。他們會擁有女兒的機率是多少？

步驟1：機率模型和擲銅板的模型相似：

- 每一個孩子是女孩的機率是0.49，是男孩的機率是0.51。（沒錯，新生嬰兒中男孩比女孩多。但男孩在嬰兒時期的死亡率較高，所以兩性的人數差別在發生影響之前就差不多扯平了。）

- 各個孩子的性別是互相獨立的。

步驟2：分配數字也很容易。用兩個數字模擬一個孩子的性別。我們把100個數對中的49個分配給「女孩」，另外的51個分配給「男孩」：

$$00, 01, 02, ..., 48 = 女孩$$
$$49, 50, 51, ..., 99 = 男孩$$

步驟3：要模擬這個生孩子策略的一回合，我們可從表A當中讀取一對一對的數字，直到這對夫婦有了女兒，或已有三個孩子。模擬一回合所需要的數對數目，要看這對夫婦多快生出女兒而定。以下就是我們的10次模擬，用的是表A的列130。為了解釋隨機數字，我們在數字底下寫「女」代表女孩，「男」代表男孩，用空格把每次的模擬隔開，並在每次模擬的下方，寫「＋」號代表有生女孩，「－」號代表沒有。

6905	16	48	17	8717	40	9517	845340	648987	20
男女	女	女	女	男女	女	男女	男男女	男男男	女
＋	＋	＋	＋	＋	＋	＋	＋	－	＋

在這10次重複中，9次有生女孩。因此我們對於用這個策略會得到女孩的機率的估計是：

$$估計機率 = \frac{9}{10} = 0.9$$

用數學可以計算出來，如果我們的機率模型正確的話，會有女孩的真正機率是0.867。我們的模擬答案相當接近了。除非這對夫婦運氣很不好，他們應該可以成功擁有一個女兒。

我們的最後一個例子當中有分階段，階段之間彼此不獨立。也就是說，一個階段的機率，和前一階段的結果有關。

例5　腎臟移植

莫理斯的腎臟不行了，他在等待腎臟移植。他的醫師提供了和他狀況類似的病人資料：撐過移植手術的占90%，另外10%會死亡。在手術後存活的人中有60%移植成功，另外的40%還是得回去洗腎。五年存活率對於換了腎的人來說是70%，對於回去洗腎的人來說是50%。莫理斯希望知道，他能活過五年的機率。

步驟1：圖19.1中的**樹形圖**（tree diagram）把這些訊息組織了起來，用圖的形式來表達出機率模型。樹形圖顯示出三個階段，以及每階段的可能結果及機率。樹的每一條路徑的終點，不是存活超過五年就是在五年內已死亡。要模擬出莫理斯的命運，我們必須模擬三階段中的每一個階段。階段3的機率，和階段2的結果有關。

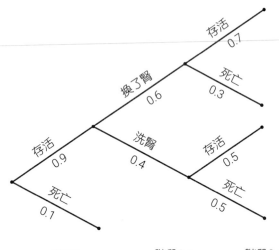

階段1：　　　　　　階段2：　　　　階段3：
移植　　　　　　　　移植成功？　　　存活5年？

圖 19.1　例 5 機率模型的樹形圖。每一個分枝點就是一個新階段的開始，其結果和機率都寫在樹枝上。此模型的每一個模擬階段，是從分枝點走到某一個端點。

步驟2： 以下是我們對每個結果分配的數字：
　　階段1：

$$0 = 死亡$$
$$1, 2, 3, 4, 5, 6, 7, 8, 9 = 存活$$

　　階段2：

$$0, 1, 2, 3, 4, 5 = 移植成功$$
$$6, 7, 8, 9 = 仍需洗腎$$

階段3，換了腎：

0, 1, 2, 3, 4, 5, 6 = 存活五年

7, 8, 9 = 未能存活五年

階段3，洗腎：

0, 1, 2, 3, 4 = 存活五年

5, 6, 7, 8, 9 = 未能存活五年

階段3的數字分配，和階段2的結果有關。所以二者間不獨立。

步驟3：以下是好幾次模擬的結果，每次的結果從上往下用一欄表示。我用了表A中列110的數字。

	第1次	第2次	第3次	第4次
階段1	3 存活	4 存活	8 存活	9 存活
階段2	8 洗腎	8 洗腎	7 洗腎	1 新腎
階段3	4 存活	4 存活	8 死亡	8 死亡

莫理斯在我們的4次模擬中，有2次存活超過五年。現在我們了解如何安排這項模擬之後，應該交給電腦去進行多次重複。經由許多次的模擬，或者經由數學計算，我們得知莫理斯的五年存活機率是0.558。

第 20 章

賭場的優勢：期望值

▌個案研究：怎麼下注比較好？

如果你有賭博的話，就會在乎自己是不是常贏。賭贏的機率是在告訴你，你賭許多次當中會贏的比例。你更在乎自己會贏多少，因為贏很多比只贏一點點要好得多。

賭博的方式有很多。你可以玩像跨州樂透彩那樣的遊戲，頭彩的彩金非常高，但中頭彩的機率非常低。或者可以賭輪盤，賭贏的機率比跨州樂透彩高多了，但是獎金低得多。以下兩種遊戲哪一種比較划算呢：獎金極高、但中獎機率極小，還是獎金普通、但中獎機率較為合理？

在本章裡面你會學到期望值的觀念。如果要比較獎金高、但中獎機率小，和獎金普通、但中獎機率較合理的兩種機遇遊戲，期望值是方法之一。讀完本章之後你就有能力判斷，買跨州樂透彩或是賭輪盤選紅色下注，哪一種玩法比較划算。

▌ 期望值

　　對機遇結果下注賭博，這種事從古時候就有了。在美國早期，公家和私人的彩券都很普遍。政府經營的賭博在消失了大約一個世紀之後，於1964年重現江湖，新罕布夏州提出一種彩券，以不加稅的方法提高公共收益，造成了一股狂熱。但在一些較大的州都採用這種概念以後，狂熱迅速消退。現在共有42個州以及加拿大所有的省發行樂透彩。州彩券因為把賭博變成娛樂而被接受。美國50州當中，有48州允許某種形式的合法賭博。所有美國成年人當中，超過一半曾經合法賭博。他們花在賭博的錢，超過花在觀賞運動比賽、玩電動遊戲、主題樂園和電影票的總和。如果你要賭的話，應該要了解怎樣賭比較划算。就像本章開頭的「個案研究」所說的，我們不僅在意賭贏的機率，也在意贏多少。

例1　三州每日選號樂透

　　以下是一種簡單的樂透彩賭法，這是新罕布夏、緬因和佛蒙特三州聯合發行的「三州每日選號」選三碼樂透的「正彩」（straight）玩法。你付1.00美元，挑選一個三位數。州政府用隨機方式開出一個三位數得獎號碼，若開出的號碼和你的一樣，你就贏500美元。因為三位數共有1,000個，所以你贏的機率是1/1000。以下是你贏多少錢的機率模型：

結果：	$0	$500
機率：	0.999	0.001

平均來說你贏多少？平常，兩個可能結果0美元和500美元的平均會是250美元，不過把這當作平均所贏的數目毫無道理，因為得到500美元的機會比得到0美元的機會小得多。長期來說，每賭1,000次你才贏一次500美元，其他999次都摃龜。（當然如果你買整整1,000次選3個號碼的彩券，也不保證你一定會贏一次。機率只是長期比例。）你買一張彩券的長期平均所得是：

$$\$500 \, \frac{1}{1,000} + \$0 \, \frac{999}{1,000} = \$0.50$$

即50美分。你看到了，長期來說州政府只把收進的賭注付出一半當彩金，而自己留了一半。

我們在例1中用來評估值不值得賭的這種「平均結果」，有一個一般定義如下。

期望值

有數值結果的隨機現象，其**期望值**（expected value）是每一個結果乘上它的機率，然後再把所有可能的結果加總而得。如果用符號表示，假設可能結果是 $a_1, a_2, ..., a_k$，它們的機率是 $p_1, p_2, ..., p_k$，則期望值是：

$$期望值 = a_1 p_1 + a_2 p_2 + \cdots + a_k p_k$$

期望值是所有可能結果的平均，但是不像平常的平均一樣把所有結果一視同仁，而是要把每個結果依它的機率來加權，所以

比較常發生的結果，就有比較高的權數（比重）。

例2 再論三州每日選號樂透

　　例1中的正彩玩法，是在你選的三位數和開獎數字完全相同時會付你彩金。你也可以選擇另一種下注1美元的「組彩」（StraightBox）玩法。你同樣要選一個三位數，但是現在有兩種情況可能贏錢。如果你的三位數和中獎號碼一模一樣，就贏290美元；如果三個號碼和中獎號碼一樣，但順序不同，就贏40美元。比如說，假設你的號碼是123，若中獎號碼是123你就贏290美元，而當中獎號碼是132、213、231、312和321其中之一時，你就贏40美元。長期下來，每賭1,000次你就有一次會贏290元，而有五次贏40美元。

　　所以你贏得金額的機率模型為：

結果：	$0	$40	$290
機率：	0.994	0.005	0.001

期望值為：

　　期望值 = ($0)(0.994) + ($40)(0.005) + ($290)(0.001) = $0.49

看來組彩的賭法比正彩稍稍差一點，因為州政府付出的彩金比一半賭注少一些。

　　「三州每日選號」在所有州辦樂透彩券當中，是比較特別的一種，它的各種賭法所付出的彩金是固定的。大部分的州，付彩金時是用「同注分彩」（parimutuel）系統。新澤西州的選三碼樂透彩就是典型的例子：州政府把下注金額全部加起來，用一半來

當作彩金，由所有得獎的彩券均分。你還是有1/1000的機率贏得正彩，但是你選的號碼123會替你贏多少錢，一方面要看那天下注於選三碼樂透彩的賭金有多少，另一方面要看有多少人也選了123這個號碼。因為彩金不固定，今天賭123這個號碼的期望值就沒辦法算，但是有一件事不變，那就是：州政府把一半下注金額收進自己的口袋。

把期望值當作平均的這種概念，不只可以用在機遇遊戲，也可以用在其他的隨機結果上。比如說，這個概念也可以用來描述買股票或建新工廠等事情的不確定報酬。以下是個不一樣的例子。

例3 每戶幾輛車？

美國人平均一戶有幾輛車？美國普查局告訴我們，每戶車輛數的分布（根據2017年的普查資料）如下：

車輛數：	0	1	2	3	4	5	6
家戶比例：	0.09	0.34	0.33	0.15	0.06	0.02	0.01

這是任意選一戶，並數數它有幾輛車的機率模型。（我們忽略極少有超過6輛車的情況）這個模型的期望值，是每戶的平均車輛數。這個平均是：

$$期望值 = (0)(0.09) + (1)(0.34) + (2)(0.33) + (3)(0.15)$$
$$+ (4)(0.06) + (5)(0.02) + (6)(0.01)$$
$$= 1.85 輛／戶$$

▌ 大數法則

　　期望值的定義是：它是可能結果的一種平均，但在計算平均時，機率大的結果占的比重較高。我們認為期望值也是另一種意義的平均結果，它代表了如果我們重複賭很多次，或者隨機選出很多家戶，實際上會看到的長期平均。這並不只是直覺而已。數學家只要用機率的基本規則就可以證明，用機率模型算出來的期望值，真的就是「長期平均」。這個有名的事實叫做大數法則。

大數法則

大數法則（law of large numbers）是指，如果結果為數值的隨機現象，獨立重複執行許多次，實際觀察到的結果的平均值，會趨近期望值。

　　大數法則和機率的概念密切相關。在許多次獨立的重複當中，每個可能結果的發生比例會接近它的機率，而所得到的平均結果就會接近期望值。這些事實表達了機遇事件的長期規律性。正如我們在第 17 章提過的，它們是真正的「平均數定律」。

　　大數法則解釋了：為什麼對個人來說是消遣甚至是會上癮的賭博，對賭場來說卻是生意。經營賭場根本就不是在賭博。大量的賭客贏錢的平均金額會很接近期望值。賭場經營者事先就算好了期望值，並且知道長期下來收入會是多少，所以並不需要在骰子裡灌鉛或者做牌來保證利潤。

　　賭場只要花精神提供不貴的娛樂和便宜的交通工具，讓顧客川流不息進場就行了。只要賭注夠多，大數法則就能保證賭場賺錢。保險公司的運作也很像賭場，他們賭買了保險的人不會死亡。當然有些人確實會死亡，但是保險公司知道機率，並且依賴大數法則來預測必須給付的平均金額。然後保險公司就把保費訂得夠高，來保證有利潤。

❊ 在樂透彩上做手腳

　　我們都在電視上看過樂透開獎的實況轉播，看到號碼球上下亂跳，然後由於空氣壓力而隨機彈跳出來。我們可以怎麼樣對開出的號碼做手腳呢？ 1980年的時候，賓州樂透就曾被面帶微笑的主持人以及幾個舞台工作人員動了手腳。他們把10個號碼球中的8顆注入油漆，這樣做會把球變重，因此可保證開出中獎號碼的3個球必定有那2個沒被注入油漆的號碼。然後這些傢伙就下注買該2個號碼的所有組合。當6-6-6跳出來的時候，他們贏了120萬美元。是的，他們後來全被逮到。

▌ 深入探討期望值

　　跟機率一樣，期望值和大數法則都值得再花些時間，探討相關的細節問題。

・多大的數才算是「大數」？

　　大數法則是說，當試驗的次數愈來愈多，許多次試驗的實際平均結果會愈來愈接近期望值。可是大數法則並沒有說，究竟需要多少次試驗，才能保證平均結果會接近期望值。這點是要看隨機結果的變異性決定。

　　結果的變異愈大，就需要愈多次的試驗，來確保平均結果接近期望值。機遇遊戲一定要變化大，才能保住賭客的興趣。即使在賭場待上好幾個鐘頭，結果也是無法預測的。結果變異性極大的賭博，例如累積彩金數額極大但極不可能中獎的州彩券，需要極多次的試驗，幾乎要多到不可能的次數，才能保證平均結果會接近期望值。（州政府可不需要依賴大數法則，因為樂透彩金不像賭場的遊戲，樂透彩用的是同注分彩系統。在同注分彩系統裡面，彩金和賠率是由實際下注金額決定的。舉例來說，各州所辦的樂透彩金，是由全部賭金扣除州政府所得部分之後的剩餘金額來決定的。賭馬的賠率則是決定於賭客對不同馬匹的下注金額。）

　　雖然大部分的賭博遊戲不及樂透彩這樣多變化，但要回答大數法則的適用範圍，較實際的答案就是：賭場的贏錢金額期望值是正的，而賭場玩的次數夠多，所以可以靠著這個期望值贏錢。你的問題則是，你贏錢金額的期望值是負的。全體賭客玩的次數合起來算的話，當然和賭場一樣多，但因為期望值是負的，所以以賭客整體來看，長期下來一定輸錢。然而輸的金額並不是由賭客均攤。有些人贏很多錢，有些人輸很多，而有些人沒什麼輸

贏。賭博帶給人的誘惑，大部分是來自賭博結果的無法預測。而賭博這門生意仰賴的則是：對賭場來說，結果並非不可測的。

・有沒有保證贏錢的賭法？

把賭博很當回事的賭客常常遵循某種賭法，這種賭法每次下注的金額，是看前幾次的結果而定。比如說，在賭輪盤時，你可以每次把賭注加倍，直到你贏為止——或者，當然，直到你輸光為止。即使輪盤並沒有記憶，這種玩法仍想利用你有記憶這件事來贏。你可以用一套賭法來戰勝機率嗎？不行，數學家建立的另一種大數法則說：如果你沒有無窮盡的賭本，那麼只要遊戲的各次試驗（比如輪盤的各次轉動）之間是獨立的，你的平均獲利（期望值）就會是一樣的。抱歉啦！

⁜ 高科技賭博

全美國有超過700,000台吃角子老虎（拉霸）。從前，你丟硬幣進去再拉下把手，轉動三個輪子，每個輪子有20個圖案。但早就不是這樣了。現在的機器是電動遊戲，會閃出許多很炫的畫面，而結果是由隨機數字產生器決定的。機器可以同時接受許多硬幣，有各種讓你眼花撩亂的中獎結果，還可以多台連線，共同累積成連線大獎。賭徒仍在尋找可以贏錢的賭法，但是長期下來，隨機數字產生器會保證賭場有5%的利潤。

▎用模擬計算期望值

我們要怎麼樣實際計算出期望值？你已經知道了數學公式，但是要用公式，必須先知道每個結果的機率。如果用這種方法計算期望值太困難，也可以用模擬方法來算。步驟還是跟以前一樣：提出機率模型，用隨機數字模擬，並重複許多次。根據大數法則，這些重複的平均結果，會接近期望值。

例4　我們想要生女兒，續集

一對夫婦計劃要生孩子直到生出女孩為止，或者生到三個孩子時停止，視哪個狀況先發生而定。我們在第19章的例4，模擬了10次這個生孩子策略。並且估計了他們會有女兒的機率。

現在我們要問不一樣的問題：採用這個計畫的夫婦，平均來說會有幾個孩子？也就是說，我們要算孩子數目的期望值。

模擬的方法和之前一樣。機率模型說，前後生的孩子性別是獨立的，而且每一個孩子是女生的機率是0.49。以下是我們較早做過的模擬結果，只不過現在不是記錄那對夫婦有沒有生女兒，而是記錄他們生了幾個孩子。提醒一下，我們是用兩個數字模擬一個孩子，00到48（機率0.49）代表女孩。

6905	16	48	17	8717	40	9517	845340	648987	20
男女	女	女	女	男女	女	男女	男男女	男男男	女
2	1	1	1	2	1	2	3	3	1

這10次模擬的平均孩子數目是：

$$\bar{x} = \frac{2+1+1+1+2+1+2+3+3+1}{10} = \frac{17}{10} = 1.7$$

我們估計，如果許多夫婦照這個計畫執行，他們平均會有 1.7 個孩子。這個模擬次數太少，結果不可靠。用數學計算，或者模擬很多次，會得到實際的期望值是 1.77 個孩子。

第四部　推論

推論的意思是根據證據做出結論。統計推論是根據樣本所提供的證據，對母體做出結論。在數學領域做結論，是要從某些假設開始，然後根據邏輯推演，證明結論確實毫無疑問絕對成立。統計卻不一樣。統計結論不是百分之百確定的，因為樣本不等於整個母體。所以統計推論除了結論之外，還得說明結論的不確定程度。我們用機率語言來表示不確定的程度。

因為推論必須做出結論，並陳述不確定的程度，所以是統計裡面最專業的部分。目的在訓練人實際做統計的教科書和課程，大部分時間都花在推論上面。我們這本書的目標，

是幫助你了解統計，技巧不需那麼多，思考卻不可少。我們只會談到推論的幾個基本技巧。技巧很簡單，背後的概念卻很精妙，所以，要準備開始思考了。首先，想想你已學到的東西，而且不要被精巧的統計技巧給震懾住了：即使用到最高度技巧的推論，也沒法彌補像自發性回應樣本、或沒有控制組的實驗這樣的基本瑕疵。

第 21 章

什麼是信賴區間？

▋ 個案研究：社交媒體

　　最受歡迎的社交媒體平台是什麼？這可能取決於你問的是誰。2018年，普優研究中心發布了一份關於社交媒體使用情況的報告。同樣也是使用隨機數字分配來獲得他們的樣本。樣本包括來自美國各地2,002名年滿18歲的成年人。其中，有1,502名調查對象透過手機進行採訪，其餘500名調查對象則是透過一般電話進行採訪。

　　當問及他們使用哪些社交媒體平台時，2,002名受訪者中的75%表示他們使用YouTube；68%的受訪者使用臉書，超過三分之一（35%）的受訪者表示使用Instagram。所有受訪者使用Snapchat（27%）和推特（24%）的頻率較低。然而，當再依年齡細分時，則會出現不同的結果。在201名年齡介於18至24歲的受訪者中，94%的人使用YouTube、80%的人使用臉書、71%的人使用Instagram、78%的人使用Snapchat、45%的人使

用推特。我們知道這些數字對於18至24歲的整個母體來說並不完全準確，但它們與實際情況接近嗎？本章結束時，你將會發現像94%、 80%、 71%、 78%和45%這樣的數字有多麼準確。

估計

統計推論（statistical inference）根據樣本數據來對母體做結論，有一類結論是要回答「職業婦女中有大專學歷的占多少百分比？」或「得這種癌症的病人之平均存活時間是多少？」這些問題。這些問題所問的，是用來描述母體的一個數（百分比或平均數）。用來描述母體的數叫做**參數**（parameter）。要估計母體參數的話，我們從母體取一個樣本，並利用從樣本算出來的某個統計量（statistic）的值來當作我們的估計。下面是一個例子。

例 1　畢業計劃

全國學生參與度調查（NSSE）是每年對美國和加拿大一年級和高年級大學生所進行的調查。NSSE的目的是為了更易於了解這些學生參與高等教育和未來發展相關的契合程度。2018年， NSSE由來自511所高等院校的學生完成，調查中詢問應屆畢業生一個問題：「畢業後，什麼最能描述你的近期計劃？」在回答這個問題的23,915名高年級學生中，有5,038人表示他們計劃去讀研究所或專業學校。根據這些資訊，我們可以說出所有計劃去讀研究所或專業學校的大學畢業生占多少百分比嗎？

我們的母體是居住在美國或加拿大的大學高年級學生。參數是計劃去讀研究所或專業學校的比例。

我們把這未知參數叫做p，代表「比例」（proportion）。用來

估計參數 p 的統計量是樣本比例：

$$\hat{p} = \frac{樣本中符合條件的數目}{樣本大小} = \frac{5,038}{23,915} = 0.211$$

　　統計推論中的一個基本步驟，就是用樣本統計量來估計母體參數。一旦我們取得樣本之後，就可以估計出，美國和加拿大計劃去讀研究所或專業學校的所有大學畢業生的比例「約為21.1%」，因為樣本中的比例恰好是21.1%。我們只能估計母體的真正情況「大約」為21.1%，因為我們知道樣本結果不太可能與真實母體的真正情況完全相同。信賴區間把這個「大約」具體化了。

95% 信賴區間

95%信賴區間（95% confidence interval）是從樣本數據計算出來的區間，保證在所有樣本當中，有95%會把真正的母體參數包含在區間之中。

　　我們會先直接切進母體參數的信賴區間，然後再討論我們實際上做了什麼，並且稍微推廣。

▎有信心的估計

　　我們要估計母體成員中擁有某種特質的比例 p，這個特質可能是他們有工作，或是對總統的表現滿意度等。讓我們把正在考

慮的這個特質叫做「成功」。我們會用簡單隨機樣本（SRS）中的成功比例$\hat{p}$，來估計母體中的成功比例p。統計量$\hat{p}$做為參數p之估計，表現如何？要知道答案，我們會問：「如果我們取許許多多樣本，會發生什麼情況？」首先我們知道，$\hat{p}$的值會隨樣本而變；我們也知道這個抽樣變異並不是偶發的。長期下來它有很清楚的型態，用常態曲線可以把這個型態描繪得相當接近。以下就是相關事實。

樣本比例之抽樣分布

一個統計量的**抽樣分布**（sampling distribution），是指同一母體所抽出、同樣大小的所有可能樣本，其統計量的值之分布。

從一個成功比例為p的很大母體，抽取一個大小為n的簡單隨機樣本。用$\hat{p}$表示成功的**樣本比例**（sample proportion）：

$$\hat{p} = \frac{\text{樣本中的成功計數}}{n}$$

則當樣本夠大時：

- $\hat{p}$的分布為**近似常態**（approximately normal）。
- 抽樣分布的平均數和p相等。
- 抽樣分布的**標準差**是：

$$\sqrt{\frac{p(1-p)}{n}}$$

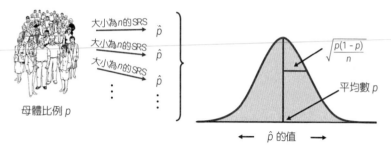

圖 21.1 從一個含成功比例 p 的母體抽取大小為 n 的簡單隨機樣本，重複抽取許多次。成功的樣本比例 $\hat{p}$ 值，會有這樣的常態抽樣分布。

這些事實是可以用數學證明的，所以從這裡出發，基礎很堅實。圖21.1把這些事實用某種形式做了綜合整理，也提醒了我們：抽樣分布是在描述從同一母體抽出許多樣本的結果。

例 2 **再談畢業計劃**

如果舉例來說，實際上有21.5%美國和加拿大的大學畢業生計劃去讀研究所或專業學校。那麼在例1的情境中，$p = 0.215$。NSSE大小為 $n = 23{,}915$ 的樣本，如果重複抽取很多次的話，就會產生很接近常態分布的樣本比例 $\hat{p}$ 值，分布之

$$平均數 = p = 0.215$$

而

$$標準差 = \sqrt{\frac{p(1-p)}{n}} = \sqrt{\frac{(0.215)(0.785)}{23{,}915}} = \sqrt{0.00007057} = 0.00266$$

此常態分布的中心點就在母體的真正 p 值。又一次展現了隨機抽樣的不偏性質。因為樣本相當大，所以標準差很小。因此幾乎全

部樣本產生的統計量 $\hat{p}$ 的值，都很接近真正的 p 值。事實上 68-95-99.7 規則的 95 部分說的就是，所有樣本結果中的 95%，會落在

平均數 − 2 個標準差 = 0.215 − 0.0053 = 0.2097

與

平均數 + 2 個標準差 = 0.215 + 0.0053 = 0.2203

之間。圖 21.2 呈現的就是這些事實。

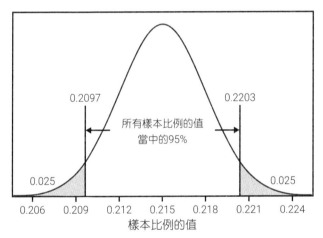

圖 21.2 從成功比例 p = 0.215 的母體，重複抽取大小為 23,915 的簡單隨機樣本許多次。樣本比例 $\hat{p}$ 最中間 95% 的值，會落在 0.2097 和 0.2203 之間。

到目前為止，我們只不過是用數字把我們已經知道的事表達出來；我們可以信任大的隨機樣本的結果，因為幾乎所有這類樣本的結果，都很接近母體的真正值。數字告訴我們，大小

為23,915的所有樣本中的95%，其統計量$\hat{p}$和參數p的值差距在0.0053之內。也可以換個方式說：所有樣本中有95%，所得到的值會令母體真正值p介於$\hat{p}-0.0053$和$\hat{p}+0.0053$之間。

而0.0053是把$p=0.215$代進$\hat{p}$的標準差公式裡得來的。對於任意p來說，一般性的事實如下：

> 當母體比例的值為p時，有95%的樣本，其所得$\hat{p}$值往左右各延伸2個標準差所得到的區間，會把p值包含進去。

上面說的區間就是：

$$\hat{p} \pm 2 \sqrt{\frac{p(1-p)}{n}}$$

這是不是我們要的95%信賴區間呢？還不能說是。這個區間沒有辦法根據樣本數據算出來，因為標準差公式裡有母體比例p，而實際上我們不知道p的值。在例2裡我們把$p=0.215$代進公式裡，但這不見得是p的真正值。

標準差

樣本統計量的抽樣分布的標準偏差通常稱為**標準差**（standard error）。

　　該怎麼辦呢？是這樣的，統計量$\hat{p}$的標準差的確是由p值決定，然而當p值改變時，標準差的值並不會改變太多。我們回到例2，並重新計算對應其他p值的標準差。算出的結果如下：

p值	0.20	0.205	0.21	0.215	0.22
標準差	0.00259	0.00261	0.00263	0.00266	0.00268

從這個結果可以看出來，如果我們猜測的p值合理靠近真正p值的話，用猜測的值算出來的標準差就會大致正確。我們知道當我們取的樣本很大時，統計量$\hat{p}$的值幾乎總是很靠近參數p的值。所以我們可以就用$\hat{p}$值當作我們猜測的p值。這樣我們就有了一個可以根據樣本數據算出來的區間。

比例之 95% 信賴區間

從一個成功比例p未知的大母體，抽取一個大小為n的簡單隨機樣本。把這個樣本中的成功比例叫做$\hat{p}$。參數p的一個近似95%信賴區間為：

$$\hat{p} \pm 2\sqrt{\frac{\hat{p}(1-\hat{p})}{n}}$$

❈ 誰抽菸？

要估計一個比例 p 的時候，要確知「成功」是指什麼。新聞
報導說青少年有20%吸菸。真是令人震驚。結果，這個比例
是指上個月至少抽過一次菸的百分比。如果我們把吸菸者定
義為過去30天中至少有20天有抽菸，且在有抽菸的那些天
至少抽半包菸，則青少年中的吸菸者還不到4%。

例3　畢業計劃的信賴區間

　　NSSE的23,915位大學畢業生隨機樣本中，有5,038人計劃就
讀研究所或專業學校，樣本比例為 $\hat{p}$ = 0.211。所有美國及加拿大的
大學畢業生中，計劃就讀研究所或專業學校的人所占比例，其95%
信賴區間為：

$$\hat{p} \pm 2\sqrt{\frac{\hat{p}(1-\hat{p})}{n}} = 0.211 \pm 2\sqrt{\frac{(0.211)(0.789)}{23,915}}$$

$$= 0.211 \pm (2)(0.00264)$$

$$= 0.211 \pm 0.0053$$

$$= 0.2057 \text{ 到 } 0.2163$$

這個結果的解釋如下：我們得到這個區間所用的方法，若用在所有
的樣本上面，會有95%的樣本「抓到」未知的真正母體比例。精簡
來說就變成：我們有95%信心，所有美國及加拿大的大學畢業生
中，計劃就讀研究所或專業學校的人的真正比例，會落在20.57%
和21.63%之間。

了解信賴區間

母體比例的95%信賴區間有我們熟悉的形式：

估計值 ± 誤差界限

對於抽樣調查所做的新聞報導，通常都把估計值和誤差界限分開來講，譬如說：「根據一項最新的蓋洛普民調，有65%的女性贊成設立新法條來對槍枝設限。誤差界限是正或負四個百分點。」新聞報導也經常把信心水準省略不報，雖然信心水準差不多都是95%。

下次你聽到有關抽樣調查結果的報導時，要將下列事實列入考慮：如果媒體報導的大部分信賴區間的信心水準都是95%的話，那麼你讀到的20項結果當中大約有1項，其信賴區間並沒有抓到真正的母體比例。

並不是所有的信賴區間都是「估計值 ± 誤差界限」這種形式。以下是信賴區間的完整描述。

信賴區間

一個參數的**水準C信賴區間**（level C confidence interval）有兩部分：

- 由數據計算出來的**區間**。
- **信心水準C**（confidence level C），也就是不斷重複抽樣時，區間會抓到真正參數值的機率。

　　信賴區間公式有許多種，可在各種不同的情況之下使用。要確實了解信賴區間應如何解釋，而不管是哪個公式，解釋的方法都是一樣的，而且你沒法子叫計算機或電腦來替你做這件事。

　　信賴區間應用了機率的中心概念：如果重複抽樣許多次，考慮會發生什麼狀況。95%信賴區間中的95%是機率，是這個方法所產生的區間會抓到真正參數值的機率。

例4　信賴區間的面貌

　　NSSE的23,915位大學畢業生隨機樣本中，有5,038人計劃就讀研究所或專業學校，所以樣本比例是：

$$\hat{p} = \frac{5,038}{23,915} = 0.211$$

而95%信賴區間是：

$$\hat{p} \pm 2\sqrt{\frac{\hat{p}(1-\hat{p})}{n}} = 0.211 \pm 0.053$$

　　從同一母體再抽第二個樣本。23,915個回應者當中有4,976人計劃就讀研究所或專業學校。對應於這個樣本，

$$\hat{p} = \frac{4,976}{23,915} = 0.208$$

$$\hat{p} \pm 2\sqrt{\frac{\hat{p}(1-\hat{p})}{n}} = 0.208 \pm 0.052$$

　　再抽一個樣本。這回計數是5,503，因此樣本比例及信賴區間分別為：

$$\hat{p} = \frac{5,503}{23,915} = 0.230$$

$$\hat{p} \pm 2\sqrt{\frac{\hat{p}(1-\hat{p})}{n}} = 0.230 \pm 0.054$$

繼續不斷抽樣下去。每個樣本會產生一個新的 $\hat{p}$ 和新的信賴區間。如果我們如此不停的抽樣下去，所有的區間中有95%會包含真正的參數值。不論真正的參數值是什麼，都會是這樣。圖21.3把信賴區間的面貌，用圖綜合起來。

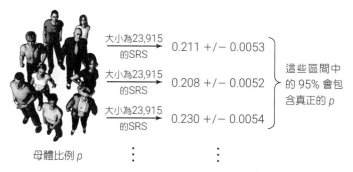

圖 21.3　從同一母體重複抽樣，會得到不一樣的95% 信賴區間，但是這些區間當中，有95% 會抓到真正的母體比例 p。

　　假定兩張圖好過一張圖，我們就以圖21.4的另外一個角度來看信賴區間的面貌。例4和圖21.3都強調，重複抽樣的結果會不同，而我們只能夠確認，95%的樣本會產生正確結果。圖21.4是從問題的背後去探討。鉛直線代表母體比例的真正值 p。圖上方的常態曲線是樣本統計量 $\hat{p}$ 的抽樣分布，中心點就在真正的 p 的位置。我們說這是到問題的背後探討，是因為在實際做統計時，我們是不知道 p 值的。

　　從25個簡單隨機樣本所得到的95%信賴區間，一個接一個畫在圖21.4的常態曲線下方。區間中的點代表 $\hat{p}$ 值，位在區間的正中央。點兩邊的箭頭一直延伸到區間的兩端。長期下來，所有區間中有95%會涵蓋到真正的 p 值，而有5%會漏掉。圖21.4的25個區間當中，有24個抓中了參數值，1個沒中。（要記得，機率描述的是長期下來的情況，因此我們不能期望25個區間當中，恰恰有95%抓到真正的參數值。）

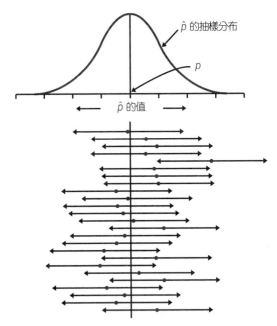

圖 21.4　從同一母體抽出的 25 個樣本所產生的 95% 信賴區間。長期來說，所有這樣的區間中，有 95% 會包含真正的母體比例，在這圖裡面是由鉛直線來代表。

別忘記我們的區間只是近似的95%信賴區間，不是確實的
95%信賴區間。並非確切95%信賴區間的理由有兩個：樣本比
例的抽樣分布並不是確實符合常態分布；還有，我們所用的$\hat{p}$值
之標準差也不是完全正確，因為我們在公式中用$\hat{p}$取代了未知的
p。即使真正的標準差不變，但我們每次還是會用一個新的抽樣
分布標準差估計值。這兩個弱點造成的影響，會隨著樣本大小n
的增加而愈來愈小，所以我們的公式只適用於較大的樣本。還
有，我們的方法有假設母體很大——至少要有樣本大小的10倍
大。統計專家使用更複雜的方法，會把母體大小也納入考慮，這
些方法連小樣本都可以適用。但是我們的方法在許多實際應用的
情況下都已經夠好了，更重要的是這個方法讓我們學到，要怎樣
從統計量的抽樣分布找到信賴區間。任何信賴區間背後的道理，
都是這樣的。

▌ 母體比例信賴區間之再補充 *

我們用了68–95–99.7規則的95部分，得到母體比例的95%
信賴區間。也許你覺得一個只有在95%的時候管用的方法還不
夠好，你希望能有99%的信心。這樣必須先找到常態分布的中
間99%是在哪裡。對任意在0和1之間的機率C，都存在一個數
$z*$，使得任何常態分布在平均數兩側$z*$個標準差範圍內的機率
是C。圖21.5裡表示出機率C和$z*$這個數之間的關係。

---

* 此節為選讀。

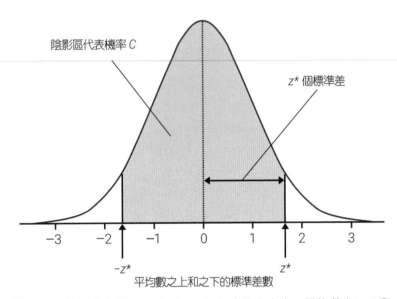

圖 21.5 常態分布的臨界值 z^*。在任何常態分布中，平均數在 $-z^*$ 和 z^* 個標準差範圍內，曲線之下的面積（機率）是 C。

　　表21.1裡有不同 C 值對應的 z^* 值。為了方便應用，表裡面的 C 是用信心水準的百分比來表示。z^* 這個數叫做常態分布的臨界值（critical value）。從表21.1裡可以看得出，任意常態分布在平均數±2.58個標準差範圍內的機率是99%。也可看出任意常態分布在平均數±1.96個標準差範圍內的機率是95%。68–95–99.7規則中，用2來代替了臨界值 $z^* = 1.96$，就實際應用來說這樣夠好了，但表裡面的是更精確的值。

表21.1　常態分布的臨界值

信心水準 C	臨界值 z*	信心水準 C	臨界值 z*
50%	0.67	90%	1.64
60%	0.84	95%	1.96
70%	1.04	99%	2.58
80%	1.28	99.9%	3.29

　　從圖21.5裡可以看出，樣本比例$\hat{p}$的值會落在p的$z*$個標準差範圍內的機率是C。這也就是說，從觀測到的$\hat{p}$值往兩側各延伸$z*$個標準差所得到的區間，會抓到未知的p之機率是C。$\hat{p}$的標準差用估計值代替，就可以得到以下公式。

母體比例的信賴區間

從一個母體中抽取一個大小為n的簡單隨機樣本，母體中有比例p為成功。樣本中的成功比例為$\hat{p}$。當n夠大時，**p的近似水準C信賴區間**為

$$\hat{p} \pm z* \sqrt{\frac{\hat{p}(1 - \hat{p})}{n}}$$

式中的$z*$是表21.1中對應機率C的臨界值。

例5　99% 信賴區間

NSSE的23,915位大學畢業生隨機樣本中，有5,038人計劃就讀研究所或專業學校。我們想要找所有美國及加拿大的大學畢業生中，計劃就讀研究所或專業學校的人的比例 p 之99%信賴區間。從表21.1知道，對應99%信心水準，我們必須延伸 $z^\star = 2.58$ 個標準差。以下是計算過程：

$$\hat{p} = \frac{5,038}{23,915} = 0.211$$

$$\hat{p} \pm z^\star \sqrt{\frac{\hat{p}(1-\hat{p})}{n}} = 0.211 \pm 2.58 \sqrt{\frac{(0.211)(0.789)}{23,915}}$$

$$= 0.211 \pm (2.58)(0.00264)$$

$$= 0.211 \pm 0.0068$$

$$= 0.2042 \text{ 到 } 0.2178$$

我們有99%信心，所有美國及加拿大的大學畢業生中，有20.42%至21.78%計劃就讀研究所或專業學校。也就是說，我們得到這個百分比範圍所用的方法，有99%的時候會產生正確結果。

比較例5和例3中95%信賴區間的計算過程，會發現唯一的差別，就是95%信心水準時所用的2，在99%信心水準時被臨界值2.58所取代。這樣做使得99%信心水準的誤差界限較大，信賴區間較寬。較高的信心水準可不是免費的，代價就是較寬的區間。從圖21.5可以看出為什麼會這樣。要涵蓋常態曲線底下的較大面積，從中心點往兩邊走的距離就必須比較遠。圖21.6比較了90%、 95%和99%信賴區間的寬度。

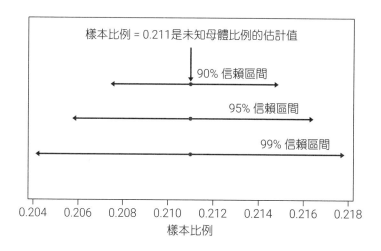

圖 21.6 以畢業計劃為例的三個信賴區間寬度都以 $\hat{p}$ = 0.211 為中心。當數據和樣本大小不變時，愈高的信心水準會導致愈大的誤差範圍。

▌樣本平均數的抽樣分布 [*]

你學校裡的大一同學，平均一星期念幾小時的書？他們在高中時的平均成績又是多少？我們常常會要估計一個母體的平均數，為了區別母體平均（是參數）和樣本平均 $\bar{x}$，我們把母體平均用符號 μ（希臘字母，讀音為 mu）表示。我們用一個簡單隨機樣本的平均 $\bar{x}$，來估計母體的未知平均數 μ。

就如同樣本比例 $\hat{p}$ 一樣，從一個較大簡單隨機樣本所得到的樣本平均 $\bar{x}$，其抽樣分布會接近常態分布。因為簡單隨機樣本的樣本平均是 μ 的不偏估計量，所以 $\bar{x}$ 的抽樣分布之平均數就是

---

[*]　此節為選讀。

μ。$\bar{x}$的標準差由母體的標準差決定，後者通常用符號σ（希臘字母，讀音為 sigma）表示。我們可以用數學得出下列事實。

樣本平均數的抽樣分布

從平均數為μ、標準差為σ的母體，抽取大小為n的簡單隨機樣本。用$\bar{x}$表示樣本平均數。則：

- 當樣本大小n較大時，$\bar{x}$的抽樣分布會近似常態。
- 抽樣分布的**平均數**等於μ。
- 抽樣分布的**標準差**是$\sigma/\sqrt{n}$。

許多樣本所算出的$\bar{x}$值，都是以母體平均μ為中心，這應該不令人意外。這只是隨機樣本不偏性質的再度表現。抽樣分布的另兩件事實，則具體展現了樣本平均$\bar{x}$的兩項極重要性質：

- 一些觀測值的平均，比個別觀測值的變化要小。
- 一些觀測值的平均之分布，要比個別觀測值的分布更接近常態。

圖21.7描述了上述的第一個性質。它比較了單一觀測值的分布和10個觀測值平均數$\bar{x}$的分布。兩者的中心位置相同，但是平均數$\bar{x}$的分布比較集中。在圖21.7裡，個別觀測值的分布是常態分布。在這種狀況之下，不管樣本的大小為何，$\bar{x}$的抽樣分布都是確實的常態分布，而不只是在樣本大時為近似常態分

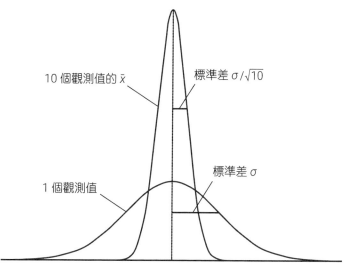

布。有一項了不起的統計事實，叫做中央極限定理（central limit theorem），說的是如果我們從任何母體隨機抽取愈來愈多的觀測值，則這些觀測值平均數的分布，遲早會接近常態分布。（這項偉大的事實要成立，必須符合某些技術條件，不過我們在實際應用時可以忽略這些條件不管。）用常態分布當作樣本平均的抽樣分布，就是依據中央極限定理。

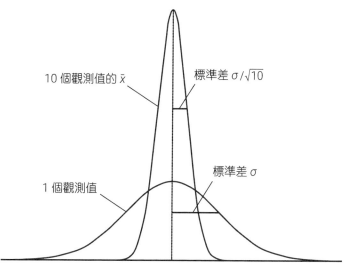

圖 21.7 比較 10 個觀測值的平均數 $\bar{x}$ 之抽樣分布和個別觀測值之分布。

例6 中央極限定理出擊

圖21.8呈現了中央極限定理的「作用」過程。左上角的密度曲線描繪的是抽自某個母體的個別觀測值之分布。該分布為強烈右

偏。舉例來說，這類分布可用來描述修理某項家電所需要的時間。
其中大部分都可以很快修理好，但有一些要花很多時間。

　　圖21.8裡的另外三條密度曲線，則分別代表從同一母體抽出
2個、10個及25個觀測值所得樣本平均的抽樣分布。隨著樣本大
小 n 增加時，密度曲線的形狀會愈來愈接近常態，其平均數保持不
變，但標準差會遵循 $\sigma/\sqrt{n}$ 規則而愈來愈小。10個觀測值的分布還
是有點右偏，但已開始像常態曲線了，而 $n = 25$ 的密度曲線就更接
近常態。母體分布的形狀（即 $n = 1$ 時的分布），和10或25個觀測
值平均數的分布形狀，兩者間的對比極其明顯。

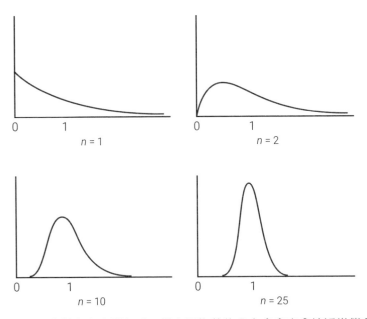

圖 21.8　當樣本大小增加時，樣本平均數的分布會愈來愈接近常態分
布。個別觀測值的分布（ $n = 1$ ）完全不是常態分布。樣本平均數的分
布隨著觀測值的個數，從2個、10個到最後增加為25個，而愈來愈
接近常態分布。

▌母體平均數的信賴區間 *

$\bar{x}$的標準差決定於樣本大小n以及母體中個體的標準差σ。我們知道n多大，可是不知道σ是多少。當n很大的時候，樣本標準差s會接近於σ，因此可以用來估計σ，就像我們用樣本平均$\bar{x}$來估計母體平均μ一樣。因此$\bar{x}$的估計標準差就是$s/\sqrt{n}$。現在我們可以照著前面、導出比例p的信賴區間的推理過程，來找出μ的信賴區間。重點是要涵蓋常態曲線底下面積為C的中間部分，我們必須從平均數往兩邊各延伸$z*$的距離。再看一下圖21.5裡，C和$z*$之間是什麼關係。

母體平均數的信賴區間

從個體平均數為μ的大母體裡，抽取大小為n的簡單隨機樣本。樣本中觀測值的平均是$\bar{x}$。當n很大的時候，**μ的近似水準C信賴區間**為

$$\bar{x} \pm z* \frac{s}{\sqrt{n}}$$

此處$z*$為對應信心水準C的臨界值，是從表21.1所得。

在估計p時提過的注意事項，在這裡也適用。只有在樣本是簡單隨機樣本、而且樣本大小n夠大時，才可以用這個公式。怎

---

* 此節為選讀。

樣的 n 才算夠大呢？答案和母體真正分布的形狀有關。只要沒有很極端的離群值、分布也沒有嚴重的右偏或左偏情況的話，$n \geq 15$ 通常就足夠了。對明顯右偏或左偏的分布來說，只要沒有離群值，$n \geq 40$ 也通常足夠了。

當樣本大小 n 增加時，誤差界限減小的比例，還是只跟 $\sqrt{n}$ 成比例。再提醒一件事：要記住，$\bar{x}$ 和 s 都會受離群值嚴重影響。當離群值存在時，用 $\bar{x}$ 和 s 做的推論就有疑問。永遠要檢視你的數據。

例 7 NAEP 測驗分數

美國全國教育成果評估（NAEP）中，有一項是給高三學生做的數學測驗，分數可能從 0 到 300。基礎等級的測驗所要求的技能和知識的範例之一，是必須會利用畢氏定理計算直角三角形的斜邊長。較高等級的測驗所要求的技能和知識，則包括會利用三角函數來求長度。

2015 年 NAEP 數學測驗的樣本中，包括 13,200 位十二年級生。數學平均分數是 $\bar{x} = 152$，標準差是 $s = 34$。這 13,200 位學生是從所有十二年級生的母體當中抽出的隨機樣本。根據這個樣本結果，對於十二年級生母體的平均分數 μ，我們能夠做出怎樣的結論？

μ 的 95% 信賴區間對應的臨界值，從表 21.1 可查到是 $z^* = 1.96$。信賴區間是

$$\bar{x} \pm z^* \frac{s}{\sqrt{n}} = 152 \pm 1.96 \frac{34}{\sqrt{13,200}}$$
$$= 152 \pm (1.96)(0.296) = 152 \pm 0.58$$

我們有 95% 信心，所有十二年級生的平均分數在 151.42 和 152.58 之間。

第 22 章

什麼是顯著性檢定？

個案研究：政治立場

2017 年 5 月 1 日，美國高教媒體（Inside Higher Education）的報導指出，一年級大學生在政治立場上比以往任何時候都更加分歧，這個發現的基礎是什麼？

自 1985 年以來，加州大學洛杉磯分校高等教育研究所每年都會對一年級大學生進行調查。2016 年的調查隨機抽取了全國 184 所本科院校的 137,456 名一年級學生。他們在 2016 年調查結果中發現一個有趣的現象，只有 42.3% 的學生其政治觀點為「中立」，這個比例比過去的結果還低。2015 年，隨機抽樣調查了 199 所高校的 141,189 名一年級學生，其中有 44.9% 的學生認為自己的政治觀點是「中立」。

美國高教媒體的文章引用了高等教育研究所所長兼調查報告的主要作者凱文・伊根（Kevin Eagan）的話。伊根指出，在 2016 年總統大選前的幾個月裡，一年級學生的政治積極度似乎

有所增強，「2016年的調查表明，大學新生對於他們在當前政治格局中的地位，看法多樣和極化。」

　　2015年和2016年調查的樣本量都非常大。儘管2015和2016年的百分比不同，但變化很小。難道兩個樣本的差異只是抽籤隨機抽取受訪者的運氣？在這一章我們將討論叫做「顯著性檢定」的方法，此方法可以幫助我們判斷，所觀察到的差距是否可能歸因於機遇。讀完本章之後，你將學會如何去解釋這些檢定，以及判斷上述的差距有沒有可能是機遇所產生的。

▌統計顯著性檢定的論理基礎

　　常常在附近打休閒籃球的一個臭屁球員號稱，他的罰球命中率有80%。你對他說：「投給我看看。」他投了20球，結果投中8球。「啊哈！」你下了結論：「如果他的命中率真是80%，那他幾乎不大可能會在投20次時只中8球。所以我不相信他的話。」這就是**統計顯著性檢定**（test of significance）背後論理基礎的休閒版本：在斷言正確時很少會發生的結果若發生了，就是斷言不正確的證據。

　　統計推論是利用樣本的數據，來對母體做結論。所以正式來說，統計檢定處理的是有關母體的斷言。檢定要判斷的是，樣本數據是否提供了不利於斷言的證據。檢定說的是：「如果我們取許多樣本而且斷言正確，我們很少會得到這樣的結果。」要得到樣本證據強度的數值量度，就要把語意模糊的「很少」用機率來取代。我們從下面的例子來看看，該怎麼實際運用這種推理過程。

例 1　咖啡是現煮的嗎？

　　注重口味的人，想來應該是喜歡現煮咖啡勝過即溶咖啡。但從另一方面來看，有些喝咖啡的人也可能只是對咖啡因成癮。一位持懷疑態度的人斷言：喝咖啡的人裡，只有一半偏好現煮咖啡。讓我們做個實驗來檢定這個斷言。

　　讓全部 50 個受試者都品嚐兩杯沒做記號的咖啡，並且要說出喜歡哪一杯。兩杯中有一杯是即溶咖啡，另一杯是現煮咖啡。由實驗結果得到的統計量，算的是樣本中說比較喜歡現煮咖啡的人的比例 $\hat{p}$。我們發現：50 位受試者中，有 36 位選的是現煮咖啡。也就是：

$$\hat{p} = \frac{36}{50} = 0.72 = 72\%$$

　　為了清楚說明，讓我們把結果 $\hat{p}$ = 0.72 和另一個可能結果做比較。如果 50 位受試者裡，只有 28 位喜歡現煮咖啡勝過即溶咖啡，樣本比例就是

$$\hat{p} = \frac{28}{50} = 0.56 = 56\%$$

　　當然用 72% 這個數據來否定這位懷疑者的斷言，比起用 56% 要強。但是強多少呢？即使樣本裡有 72% 的人喜歡現煮咖啡，但這就可以當作母體中大部分人都是如此的有力證據嗎？統計檢定可以回答這些問題。下面是用概要形式來回答問題：

● **斷言**：懷疑的人斷言：喝咖啡的人裡，只有一半偏好現煮咖啡。換句話說，他斷言母體比例 p 只有 0.5。為了方便討論，假設這個斷言是正確的。

● **抽樣分布**（見第 424 頁）：如果斷言 p = 0.5 是正確的，而我們檢定了很多個包含 50 位喝咖啡的人的隨機樣本，樣本比例 $\hat{p}$ 的值

會隨樣本而變化，遵循（近似）常態分布，其

$$平均數 = p = 0.5$$

及

$$標準差 = \sqrt{\frac{p(1-p)}{n}}$$
$$= \sqrt{\frac{(0.5)(0.5)}{50}}$$
$$= 0.0707$$

圖22.1裡畫出了這條常態曲線。

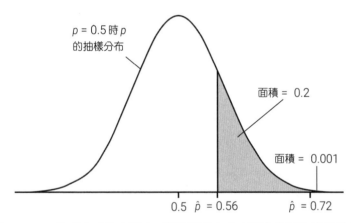

圖22.1　50位喝咖啡的人當中，喜歡現煮咖啡者所占比例的抽樣分布。這個分布成立的前提是，所有喝咖啡者中有 50% 喜歡現煮咖啡。陰影區的面積即是樣本比例至少是 56% 的機率。

- **數據：**把樣本比例 $\hat{p}$ 的值標示在抽樣分布上。你可以從圖 22.1 看出來，$\hat{p}$ = 0.56 這個值很正常，但是 $\hat{p}$ = 0.72 就很稀奇了。如果喝咖啡的人裡只有 50% 喜歡現煮咖啡，則在 50 位喝咖啡者的樣本中，出現 72% 的人喜歡現煮咖啡的情況會非常少見。所以樣本數據的確提供了不利斷言的證據。

- **機率：**我們可以用機率來度量，對斷言不利的證據到底有多強。當母體的真正比例是 p = 0.5 時，一個樣本的值會這麼大或更大的機率是多少？若 $\hat{p}$ = 0.56，這個機率就是圖 22.1 中常態曲線之下的陰影區面積。這個面積是 0.20。我們的樣本比例值事實上是 $\hat{p}$ = 0.72，而只有 0.001 的機率會得到這樣大的樣本結果，它對應的區域小到在圖 22.1 裡根本看不到。在所有樣本中，光因為機遇就有 20% 會發生的結果，無法當成斷言不正確的有力證據。但是在 1,000 次當中只會發生一次的結果，就是很好的證據。

要確定你真的了解為什麼這個證據令人信服。有兩種可能的解釋，可以說明為什麼會得到「受試者中有 72% 比較喜歡現煮咖啡」的這個結果：

1. 懷疑者是對的（p = 0.5），但是因為運氣太差，應該極不可能發生的結果卻發生了。
2. 事實上偏好現煮咖啡的母體比例大於 0.5，所以樣本結果差不多就是預期的結果。

我們不能確定 1. 一定不對，因為我們的試喝測試結果有可能真的就只是機遇造成的。但是，這樣的結果完全是由機遇造成的機率非常小（0.001），所以我們相當有信心的認為 2. 才是對的。

✳ 逮到你了！

查稅員懷疑「剝削公司」常常開假支票來灌水，以達減稅目的。她想查出真相，但不想檢查每一張支票，於是用電腦幫忙。真實數據的第一個數字，遵循人所共知的模式，而並不是0到9每個數字機率都一樣。如果支票上的金額不符合這個模式，她就會深入調查。同一條街上，有駭客正在探查某家公司的電腦檔案，因為檔案經過加密，所以他沒法讀取。但他還是找得到解碼的鑰匙，那就是唯一每個符號機率都一樣的長串符號。查稅員和駭客都需要一套方法來測試他們所尋找的模式是否存在。

▌假設及 *P* 值

顯著性檢定對這個基本論據，處理得更精確（或者說把這個基本論據隱藏起來）。在大部分的研究中，我們想要證明：母體中有某種特定的效應。例如在例1中，我們猜想大部分喝咖啡的人偏好現煮咖啡。為方便討論，統計檢定會先假設我們在找的效應並不存在。然後我們開始尋找的證據，必須不利這個假設，因而支持我們想找的效應。顯著性檢定的第一步，是要先列出一個斷言，然後我們再試著找出證據來否定它。

> **原始假設 H_0**
> 在 統 計 檢 定 中，受 檢 驗 的 斷 言 叫 做 **原 始 假 設**（null hypothesis）。檢定是設計來評估：否定原始假設的證據有多強。通常，原始假設都是「沒有效應」或「沒有差別」的敘述。

「原始假設」這個詞用 H_0 代表，讀法是「H零」。H_0 是關於母體的敘述，所以一定要用母體參數來表示。例 1 當中的參數，是所有喝咖啡的人裡偏愛現煮咖啡的比例 p。原始假設是：

$$H_0 : p = 0.5$$

我 們 希 望 或 猜 想 可 取 代 H_0 的 正 確 敘 述，叫 **對 立 假 設**（alternative hypothesis），用 H_a 表示。在例 1 中，對立假設就是：喝咖啡的人大多偏好現煮咖啡。用母體參數表示就是：

$$H_a : p > 0.5$$

顯著性檢定會找對原始假設不利、但對對立假設有利的證據。如果觀察到的結果，在原始假設為真的情況下是出人意料的，而在對立假設為真時卻較易發生，這個證據就很強。比如說，當事實上母體只有一半喜歡現煮咖啡，卻發現 50 位受試者中有 36 位喜歡，就會出人意料。有多出人意料呢？顯著性檢定用機率來回答這個問題：這個機率指的就是，在 H_0 正確時實際

觀察到的結果跟預期結果差距很大的機率，而這個差距至少要等於（或大於）實際觀察與預期結果的差距。怎麼樣算是「跟預期結果的差距很大」？這既和 H_0 有關，也和 H_a 有關。在試喝測試中，我們希望得到的機率，就是在50人中至少有36人喜歡現煮咖啡的機率。如果原始假設 $p = 0.5$ 正確的話，上述的這個機率會非常小（0.001）。這就是原始假設不正確的有力證據。

P 值

統計檢定的 **P值**（P-value）是在 H_0 為真的假設下，所得到樣本結果會像實際觀察結果那麼極端或更極端的機率。P值愈小，資料所提供否定 H_0 的證據就愈強。

在實際應用時，大部分的統計檢定可以由會計算 P 值的電腦軟體來執行。在許多領域中都常見到引用 P 值來描述研究結果。所以，即使你自己不做統計檢定，也應該要知道 P 值的意義；就像雖然你自己不用計算信賴區間，也應該要了解「95%信心」是什麼意思。

例2 半工半讀的大學生

大學生打工太多了嗎？根據美國華盛頓喬治城大學教育和勞動力中心2015年的報告指出，美國70%的大學生在上大學期間從事全職或兼職工作。如果我們將70%視為一個樣本比例，意味母體比例 $p = 0.7$。一位來自當地大學的行政人員質疑這種說法的準確性。

特別是，她認為她所在大學的學生在大學入學期間從事全職或兼職工作的真實比例不是 0.7。行政人員能夠對她所在大學的 325 名學生進行隨機抽樣調查，她發現其中 238 名學生有全職或兼職工作。樣本比例是：

$$\hat{p} = \frac{238}{325} = 0.732$$

這是否證明真實的母體比例與 0.7 不同？這時就是顯著性檢定可以發揮作用的時候了。

假設：原始假設說母體比例為 0.7（$p = 0.7$）。行政人員認為這個值不正確，但她沒有推論出真實數值應高於或低於 0.7。她只是認為真實的母體比例與 0.7 不同，所以假設只是「母體比例不是 0.7」。這兩個假設分別是

$$H_0 : p = 0.7$$
$$H_a : p \neq 0.7$$

抽樣分布：如果原始假設為真，樣本中的正面比例就會近似常態分布，其

$$
\begin{aligned}
標準差 &= \sqrt{\frac{p(1-p)}{n}} \\
&= \sqrt{\frac{(0.7)(0.3)}{325}} \\
&= 0.02542
\end{aligned}
$$

數據：圖 22.2 畫出了這個抽樣分布，並標示出行政人員的樣本結果 $\hat{p} = 0.732$。光看圖就看得出，樣本結果很正常，無法提供證據來否定 $p = 0.7$ 的斷言。

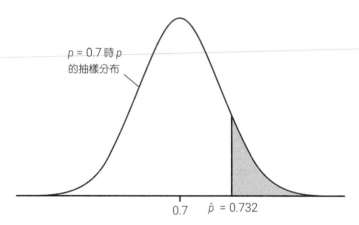

$p = 0.7$ 時 $\hat{p}$
的抽樣分布

0.7　$\hat{p} = 0.732$

圖 22.2　例 2 之全職或兼職工作的大學生正面比例的抽樣分布。行政人員得到的 0.732 的正面比例結果，標示如圖。

P值： 得到的結果和0.7的差距，會至少有行政人員的 $\hat{p} = 0.732$ 遠的機會有多大？因為對立假設裡 $\hat{p}$ 可能在0.7之左，也可能在0.7之右，$\hat{p}$ 值往左、右任一側遠離0.7，都提供了否定 H_0 而肯定 H_a 的證據。因此，P值是觀測值 $\hat{p}$ 在左右任一側，偏離0.7的程度至少和 $\hat{p} = 0.732$ 相同的機率。圖22.3用常態曲線底下的面積來表示這個機率。它是 $P = 0.19$。

結論： 如果真實母體比例為0.7，那麼我們獲得與0.7相距或更遠的樣本比例的機率為0.19。因此，我們不能否認70%的大學生在上大學期間全職或兼職工作的說法。

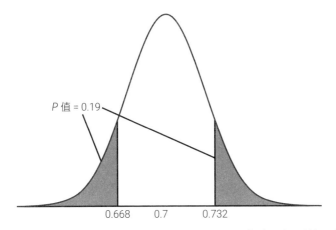

圖 22.3 檢定從事全職或兼職工作的大學生是否為真所得到的 P 值。這是原始假設為真時，樣本比例距 0.7 的距離，會至少像行政人員的結果 0.732 這麼遠的機率。

例1中的對立假設$H_a : p > 0.5$是**單邊對立**（one-sided alternative）假設，因為我們尋找證據是期望能夠說：母體比例大於二分之一。例2中的對立假設$H_a : p \neq 0.7$是**雙邊對立**（two-sided alternative）假設，因為我們只問母體比例是否為0.7。因此，樣本結果到底要往單向還是雙向偏離，才可以算做否定H_0而肯定H_a的證據，要根據對立假設是單邊還是雙邊來決定。

統計顯著性

我們可以在事前決定，用於否定H_0的證據必須強到何種程度。這等於是說我們要求多小的P值，而這個關鍵的P值就叫做**顯著水準**（significance level），通常用希臘字母α（讀做alpha）表示。假如我們選擇$\alpha = 0.05$，我們要求的是：資料所傳達否定

H_0的證據要強到，當H_0正確時這種結果發生的頻率不超過5%（20次中發生1次）。如果我們選$\alpha = 0.01$，我們就是堅持要有否定H_0的更強證據，證據要強到，當H_0事實上為真時，這種結果只有1%的時候會發生（100次中有1次）。

統計顯著性

如果P值小於或等於α值，我們稱該組數據**於水準α有統計顯著性**（statistically significant at level α）。

「顯著」（significant）在統計上的意義並不是「重要」，而只代表「光是靠機遇不容易發生」。我們在第5章中（第 123 頁）用過這個字眼。現在我們給統計顯著性加上數字，來表示所謂「不容易」到底是什麼意思。於水準0.01有顯著性，常常是用下列敘述表示：「結果有顯著性（$P < 0.01$）。」這裡的P代表P值。

傳統的顯著水準之一是0.05，起源可追溯至英國統計學家暨遺傳學家費雪爵士（Sir Ronald A. Fisher）。費雪曾說，對樣本統計量來說，距離平均值兩個標準差以上的結果就具有顯著性。我們並不需要用傳統的5%和1%這些顯著水準。P值提供了更多資訊，因為P值讓我們可以對我們選擇的任意水準，評估結果是否有顯著性。舉例來說，P值為0.03的結果於$\alpha = 0.05$水準有顯著性，但是於$\alpha = 0.01$水準時就沒有顯著性了。然而傳統顯著水準已經廣為接受，做為「多少證據才足夠」的標準。我們大概可以

說：$P < 0.10$ 代表「有一些證據」不利原始假設，$P < 0.05$ 代表「適度證據」，而 $P < 0.01$ 代表「有力證據」。不過可別太拘泥於這些準則。我們在第 23 章還會談到怎樣解釋檢定結果。

▌計算 P 值 *

要算出例 1 和例 2 中的 P 值，必須用到表 B 的常態分布百分位數來做常態分布的計算。這是第 13 章當中的選讀部分（第 277 頁至第 280 頁）。實際應用時可以用軟體來計算，不過下面有個例子，示範如何使用表 B。

檢定統計量

在進行統計顯著性檢驗時，根據樣本數據計算出的標準計分通常稱為**檢定統計量**（test statistic）。

例 3 ▷ 品嚐咖啡

假設：例 1 中，我們想檢定以下假設

$$H_0 : p = 0.5$$
$$H_a : p > 0.5$$

此處的 p 是所有喝咖啡的人當中，喜歡現煮勝於即溶咖啡的人所占比例。

---

* 此節為選讀。

抽樣分布： 如果原始假設為真，則 $p = 0.5$，而我們在例1中已見過，$\hat{p}$ 遵循平均數0.5、標準差0.0707的常態分布。

數據： 一個50人的樣本中，有36人喜歡現煮咖啡。樣本比例 $\hat{p}$ = 0.72。

P值： 對立假設是較大值那一端的單邊假設。所以P值是會得到至少有0.72這麼大的結果的機率。圖22.1裡把這個機率用常態抽樣分布曲線之下的面積表示出來。要算出任何常態曲線機率，先要把觀測值標準化。當我們在進行顯著性統計檢驗時，將樣本統計量轉換為標準計分，標準計分通常被稱為**檢驗統計量**。結果 $\hat{p} = 0.72$ 的標準計分是：

$$標準計分 = \frac{觀測值 - 平均數}{標準差} = \frac{0.72 - 0.5}{0.0707} = 3.1$$

表B告訴我們，標準計分3.1是常態分布的99.9百分位數。意思是說，常態曲線之下，在3.1（標準計分）左邊的面積是0.999。因此右邊的面積是0.001，而這就是我們的P值。

結論： P值很小，表示數據提供了有力證據：大部分的人喜歡現煮咖啡。

▌ 母體平均數的檢定 *

就像信賴區間一樣，對有關母體平均數 μ 的假設所做的顯著性檢定，背後的論理依據和有關母體比例 p 的檢定相同。主要的概念是要用到，當原始假設為真時，樣本平均數 $\bar{x}$ 的抽樣分布。找出從你樣本得到的 $\bar{x}$ 值在這個分布的位置，看看是否不容易發生。H_0 為真時很難得出現的 $\bar{x}$ 值，就是 H_0 不正確的根據。檢定

---

* 　此節為選讀。

的四個步驟也和檢定比例時類似。以下有兩個例子，第一個是單邊檢定，第二個是雙邊檢定。

例 4 人類的孕期

　　研究人員最近開始質疑人類懷孕的實際長度。2013 年 8 月 6 日發布的報告指出，儘管女性通常可以透過最後一次月經開始後 280 天來估算出分娩日期，但實際上只有 4% 的女性在 280 天分娩。從排卵到出生的平均時間更有可能遠少於 280 天。為了檢驗這個理論，針對 95 名健康妊娠婦女的隨機抽樣進行從排卵到分娩的監測。平均懷孕時間 $\bar{x}$ = 275 天，標準差 s = 10 天。這項樣本結果是否足以做為所有女性健康懷孕的平均時間少於 280 天的有力證據？

假設： 研究人員聲稱懷孕的平均時間少於 280 天。這是我們的對立假設，我們要找證據來支持這個說法。兩項假設分別是：

$$H_0 : \mu = 280$$
$$H_a : \mu < 280$$

抽樣分布： 如果原始假設為真，樣本平均數 $\bar{x}$ 會接近平均數為 μ = 280、標準差為

$$\frac{s}{\sqrt{n}} = \frac{10}{\sqrt{95}} = 1.03$$

的常態分布。這次我們又是用樣本標準差 s 來代替未知的母體標準差 σ。

數據： 研究人員樣本的平均是 $\bar{x}$ = 275。這項結果的標準計分為：

$$標準計分 = \frac{觀測值 - 平均數}{標準差} = \frac{275 - 280}{1.03} = -4.85$$

這是說，樣本結果和我們所預期的（即平均來說，懷孕的平均時間少於280天），大約是低了4.85個標準差。

P值：圖22.4把樣本結果−4.85（以標準計分為刻度）標示在代表 H_0 為真時的抽樣分布的常態曲線上。這條曲線用標準計分為刻度，所以平均數為0，標準差為1。單邊檢定的P值，是−4.85左邊曲線下方的面積。從圖22.4可看出，這塊面積非常小。表B裡面的最小值是−3.4，而−3.4是0.03百分位數，所以它左邊的面積就是0.0003。由於−4.85小於−3.4，所以，我們知道它左邊的面積小於小於0.0003。因此，我們的P值小於0.0003。

結論：小於0.0003的P值是很強的證據，顯示健康妊娠婦女懷孕的平均時間少於280天。

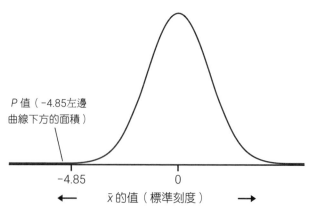

圖 22.4 當樣本平均數的標準計分為 −4.85 時，單邊檢定的 P 值。

例5 進食花費的時間

勞工統計局進行了美國時間使用調查（ATUS）。自2003年以來，每年約有26,400戶家庭接受調查，這項調查旨在對美國人如

何、在哪裡以及與誰共度時光提供具有全國代表性的統計。據報導，2017年美國人平均每天花費1.24小時進食和喝酒。加州某大學校園的研究人員對隨機抽取的150名大學生進行了調查，發現這些學生每天進食和飲水的平均時間 $\bar{x}$ = 1.26小時，標準差 s = 0.25小時，這可不可以當作大學生平均每天吃喝的時間與普通人群不同的證據？

假設： 原始假設是和全國平均「沒有差別」。對立假設是雙邊的，因為研究員在檢視數據之前，心裡並沒有特定的方向。所以有關母體的未知平均數 μ 的假設為：

$$H_0 : \mu = 1.24$$
$$H_a : \mu \neq 1.24$$

抽樣分布： 如果原始假設為真，樣本平均數 $\bar{x}$ 就會近似常態分布，其平均數 μ = 1.23，而標準差為：

$$\frac{s}{\sqrt{n}} = \frac{0.25}{\sqrt{150}} = 0.02$$

數據： 樣本平均為 $\bar{x}$ = 1.26，這個結果的標準計分是：

$$標準計分 = \frac{觀測值 - 平均數}{標準差} = \frac{1.26 - 1.24}{0.02} = 1$$

我們知道，只剛超過常態分布平均數1個標準差的結果，並不令人意外。最後一個步驟只是把這個觀念正式表達出來。

P值： 圖22.5把樣本結果1（以標準刻度為單位）標示在常態曲線上，此常態曲線代表 H_0 為真時的抽樣分布。雙邊檢定的 P 值，是得到的結果在任一方向至少達到這麼遠的機率，也就是曲線下的陰影區。為了配合表B的使用，我們把標準計分表示為1.0。這相當於常態分布的84.13百分位數。所以1.0左邊的面積是0.8413、右邊是

0.1587。在1.0右邊以及在−1.0左邊的面積是這個的2倍，也就是大約0.3174。這就是我們的近似P值。

結論：這麼大的P值讓我們沒有理由認為，大學生平均每天吃喝的時間與普通人群不同。

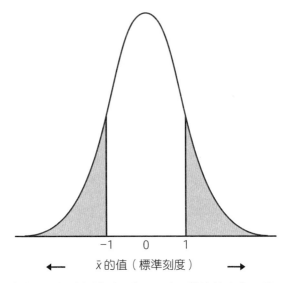

圖22.5 當樣本平均的標準計分為 −1 時，雙邊檢定的 P 值。

這項檢定是假設，樣本中的150位學生是來自所有大學生母體的一個簡單隨機樣本。我們應該問問數據怎麼來的，以便檢驗這項假設是否成立。比如說，如果數據來自某一天在校園的一個食堂進行的調查，那麼這些數據對我們的目的來說價值不大。事實證明，研究人員試圖利用電腦程序從大學名冊中隨機選擇樣本。然後，他向那些獲選參加這項飲食習慣研究的學生發送調查問卷。

如果研究人員並沒有抽隨機樣本的話會如何？對於根據非隨機樣本所做出的推論，你必須非常小心，這些樣本包括方便樣本，或者有很高比例不回應的隨機樣本。雖然方便樣本也有可能具備母體代表性，因此可以從它得出可靠的推論結果，但要證明這件事非常困難。你必須確定選擇樣本的方法和我們正要檢定的量無關。你得提出被抽出的個體之間互相獨立的理由。你還得找其他訊息來支持樣本的代表性。這有可能牽涉到將樣本的其他特質和已知的母體特質做比較。比如樣本中的男性和女性比例，是否和母體的比例相近？樣本中的各種族的組成，是否和母體的種族組成差不多？年齡分布和其他人口特性的分布又如何？即使你有理由說你的樣本看來有代表性，得到的結論也不會像從真正隨機樣本所得到的結論那樣令人信服。你要這樣做的話，一定要很謹慎。

例 5 中的數據並沒有說，大學生平均花費的進食時間 μ 是 1.24 小時。我們試圖尋找 μ 不等於 1.24 小時的證據，但是沒找到足以令人信服的證據，因此我們只能夠下這樣的結論。毫無疑問的，大學生平均花費的進食時間，必定不會恰好等於 1.24 小時。樣本只要夠大，一定會出現不相等的證據，即使差距其實很小。

❋ 抓作弊

許多學生有機會考到題目很多的選擇題測驗。電腦閱卷時有沒有可能一邊評分，一邊揪出答案接近到令人起疑的作答卷呢？有些很聰明的人已造出了評量的方法，不僅考慮到答案

是否相同，也考慮到各個答案會有多少人選擇，以及相似作答卷的總得分。這項評量接近常態分布，兩張作答卷的評量如果超過±4個標準差，就會被電腦記錄為有統計顯著性。

第 23 章

統計推論的使用與濫用

▌個案研究：生男孩及早餐麥片

女性懷孕前的飲食會影響孩子的性別嗎？人們對此有些爭論。2008 年，《新科學人》刊載了一篇文章，名為〈早餐麥片提高生男機率〉，其他媒體群起效仿，登出關於早餐麥片影響的類似報導。報導指出，英國研究了 740 名孕婦樣本，當中有 721 名對孕前的飲食習慣做了回顧，完成飲食頻率問卷。當研究人員分析完問卷資料，發現問卷中所包含的 133 項食物中，只有早餐麥片與嬰兒的性別有強烈關聯：與早餐麥片吃得少的女性相比，早餐麥片吃得愈多，愈容易懷上男嬰。

批評者很快就指出，先不論早餐麥片對嬰兒性別有沒有任何影響，只要對研究中的 133 項食物做假設檢定，光是機率就可能讓其中一項結果帶有顯著性。為什麼會這個樣子？讀完本章之後，你就能夠回答，為什麼在一個研究中使用多個假設檢定會出問題。

▌聰明做推論

我們已見識過「信賴區間」和「顯著性檢定」這兩種主要的統計推論。不過我們在兩種推論中都還只見過兩種方法，一種是針對母體比例 p 所做的推論，另一種是針對母體平均數 μ 所做的推論。你可以在許多書和軟體當中，找到針對不同問題架構下，對各種參數做推論的各式各樣方法。信賴區間和顯著性檢定背後的論理基礎還是一樣的，只是細節可能看來很嚇人。聰明做推論的第一步，是了解你的數據以及你想回答的問題，並斟酌適合問題架構的方法。以下是推論的一些要點，以我們熟悉的架構來呈現。

・產生數據的設計很重要

「數據打哪兒來的？」仍是所有統計研究中應該問的第一個問題。任何推論方法都有特定的應用範圍。以我們針對比例 p 所做的信賴區間和檢定來說：

- 數據必須是從我們關心的母體中所抽出的簡單隨機樣本。當你在用這些方法時，你其實是把數據當作簡單隨機樣本在處理。由於實際上常常不可能真的從母體抽簡單隨機樣本，所以你的結論可能會受到挑戰。
- 這些方法對於像分層樣本這些比簡單隨機樣本複雜的抽樣設計來說，並不正確。對這些其他設計，有別的方法可以處理。

- 對於隨意蒐集而得，且偏差大小無法掌握的數據，沒有正確的推論方法。再棒的方法也救不了爛數據。

- 其他誤差來源，比如中途退出者和無回應，也都很重要。要記住信賴區間和檢定只會根據你餵進去的數據來得出結果，對於上述的實際困難並不會列入考慮。

✳ 退出實驗

一項實驗結果發現，要降低高膽固醇和高血壓，減輕體重顯著比運動更為有效。170 位受試者被隨機指派到減重計畫、運動計畫及控制組三者之一。170 人當中只有 111 人完成整個計畫，結論分析就只用了這 111 人的數據。退出者是否造成了偏差？在相信推論結果之前，一定要先弄清楚數據的各種相關細節。

例 1　心理學家及女性研究教授

我們的視覺感知會被光學幻象給欺騙，有個心理學家對此很感興趣，就找來大學裡基礎心理學課程的學生當受試者。大多數心理學家都會同意，把學生當作所有正常視覺民眾的簡單隨機樣本沒什麼毛病，畢竟對改變視覺感知來說，學生的身分並沒有什麼該注意的。

同一所大學的另一位教授則想找基礎女性研究課程的學生，來探討民眾對暴力侵害女性和生育權利的態度。學生這個群體比整個成年母體來得年輕，就算是在年輕人當中，學生這個群體也是來自經濟較好、教育較高的家庭，何況這所大學並不能代表所有的大

學。再說，來上基礎女性研究課程的學生在觀點上可能跟其他學生有一定差異。所以在這個狀況下，女性研究教授不能理所當然的認為，這所大學來上基礎女性研究的學生是哪個母體的簡單隨機樣本。

· 了解信賴區間的運作

信賴區間可以估計未知參數的值，同時告訴我們估計的不確定程度有多大。所有的信賴區間都符合以下的描述：

- 信心水準告訴我們的是，同一個方法一再的使用，其中會抓到真正參數的比例。我們永遠也不會知道，我們手上這組數據所得到的區間，究竟有沒有抓到真正的參數。我們能說的只是：「我得到這個結果，是使用一種95%的時候會抓到真正參數的方法。」我們手上的數據，有可能就屬於算出的區間沒抓到真正參數的那5%。如果你認為風險太大，不妨改用99%信賴區間。

- 高信心水準可不是平白得來的。根據同一組數據做的99%信賴區間會比95%信賴區間要寬。在估計參數的準確程度和對於抓到參數的信心大小這兩項之間，只能盡量尋求平衡。

- 樣本變大，區間就會變窄。如果我們希望有高信心水準，又要有較窄區間，就必須取比較大的樣本。p 的信賴區間的寬度，隨著樣本大小的平方根成比例的下降。要把區間的寬度縮成一半，觀測值數目就必須是原來的4倍。許多種類的信賴區間大致都是這個情形。

・ 了解統計顯著性的意義

　　許多統計研究的目的，是想要顯示某種斷言是正確的。臨床試驗將一種新藥和標準用藥比較，因為醫師希望新藥對病人的幫助較大。研究性別差異的心理學家認為，在一項度量建立人際關係網路能力的測驗當中，女性的表現應該會比男性好（平均來說）。顯著性檢定的目的是要評估，數據是否提供了足夠證據，可支持這類斷言。也就是說，檢定幫助我們了解，我們是否的確找到了正在尋找的東西。

　　要做到這點我們得知道，若斷言不正確的話會發生什麼狀況。這指的就是原始假設：兩種藥沒差別、女性和男性沒差別。顯著性檢定只回答一個問題：「原始假設不正確的證據有多強？」檢定是用 P 值來回答這個問題。P 值告訴我們，如果原始假設正確的話，我們的數據會有多麼不可能得到。相當不可能得到的數據，就是原始假設不對的合理證據。我們永遠也不會知道，對我們的母體來說這假設是否為真。我們能說的只是：「如果原始假設為真，這樣的數據只有 5% 的時候會發生。」

　　這類不利於原始假設（但支持我們想找到的效應）的間接證據，不像信賴區間那樣直截了當。在下一節我還會多談一些檢定。

・ 了解你用的方法必須滿足的條件

　　我們對於比例 p 所做的檢定以及信賴區間，都要求母體必須比樣本大很多。還要求樣本本身也要夠大，使得樣本比例 $\hat{p}$ 的抽

樣分布會接近常態分布。我們對於這些條件的細節說得不多，因為推論的論理基礎更重要。就像有推論方法適用於分層樣本一樣，也有方法可以適用於小樣本及較小母體。如果你要實際執行統計推論的話，需要找統計學家幫忙（或者必須學更多統計），才能對付所有的細節。

　　我們當中的大部分人，讀到統計研究結果的機會，要比自己處理數據的時候多。你要注意的是大問題，而不是提出研究結果的作者是否用了百分之百正確推論方法的這類細節。這個研究是否問了正確的問題？數據從哪裡來的？結果合不合理？研究結果中是否提出信賴區間，讓你不僅可以知道重要參數的估計值，還知道估計值的不確定程度？有沒有提出 P 值來說服你，研究發現並不是碰巧得到的？

▌ 顯著性檢定面臨的難處

　　顯著性檢定的目的，通常是想提出母體中存在某種效應的證據。這裡說的效應，也許是指銅板的正面機率不是一半，或者用癌症新療法治療的病人，有較長的平均存活時間。如果效應夠大，就會在大部分樣本中顯現出來——我們擲銅板得到的正面比例會和一半相去甚遠，或者用新療法的病人會比控制組的病人多活很久。小的效應，比如正面機率和一半差不了多少，則通常會被樣本的機遇變異給掩蓋住了。這也理當如此：大的效應比較容易偵測出來。換句話說，當母體真正值離原始假設很遠的時候，P 值通常會很小。

　　檢定的主要「弱點」，是它只度量不利於原始假設的證據強度。檢定並沒有說我們正在尋求的母體效應，到底有多大或多重要。舉例來說，我們的假設可能是「這個銅板是平衡的」。我們把這個假設，用得到正面的機率 p 來表示成 $H_0: p = 0.5$。真正的銅板沒有哪一個是百分之百平衡的，所以我們知道這項假設並不會完全正確。如果這個銅板的正面機率是 $p = 0.502$，從實際觀點來看，我們可能認為它已經是平衡的了。可是統計檢定可不管什麼「實際觀點」。它只會問是不是有足夠證據顯示，p 並不是恰恰好 0.5。檢定把焦點放在不利於某個確切原始假設的證據強度上面，這點是應用檢定時許多困擾的來源。

　　你讀一項顯著性檢定的結果時，要特別注意樣本大小。理由如下：

- 較大的樣本會讓顯著性檢定比較敏感。如果我們擲銅板幾十萬次，則當這個銅板真正的正面機率是 $p = 0.502$ 時，對於 $H_0: p = 0.5$ 的檢定，往往會得到很小的 P 值。檢定結果並沒有錯（它找到合理的證據，顯示 p 的確不是恰好 0.5）但是它把這麼小的差距也找出來，實在並沒有什麼實際用處。**一項發現可能有統計顯著性，卻沒有實際上的重要性。**

- 另一方面來看，用小樣本做的顯著性檢定，敏感度又常常不夠。如果你擲銅板只擲 10 次，在檢定 $H_0: p = 0.5$ 時，即使這個銅板真正的正面機率是 $p = 0.7$，檢定結果的 P 值也常常較大。這回檢定仍然是正確的，因為只擲 10 次原本就不足以提供不利於原始假設的合理證據。**沒有達到統計顯著性，不代**

表效應不存在，只能說我們沒有找到合理證據來支持它。而小樣本常常會漏掉母體中確實存在的效應。正如天文學家里斯（Martin Rees）所說：「沒有證據不代表證據不存在。」

例2 抗抑鬱藥 vs. 安慰劑

《資訊自由法》通過之後，有兩個心理學家取得了美國食品藥物管理局為了證明6種抗抑鬱藥物的效力，在1987到1999年間所進行47項研究的資料。他們發現，跟安慰劑相比，抗抑鬱藥物的效果在統計上有顯著差異。不過，他們在報告上繼續說，抗抑鬱藥物比安慰劑有效18%，具有統計上的顯著差異，「但對臨床環境中的人來說沒有意義」。

不論母體的真實情況如何，不管是$p = 0.7$或是$p = 0.502$，觀測值多一點，就可以讓我們抓p的值抓得準些。若p不等於0.5，觀測值愈多就會給我們愈多證據，也就是較小的P值。因為顯著性會受樣本大小和母體真正值的強烈影響，所以統計顯著性並不能告訴我們，一項效應有多大或實際上有多重要。如果我們取的樣本小，大的效應（比如當原始假設為$p = 0.5$時，實際上$p = 0.7$），常常產生出未達統計顯著性的數據。如果我們取的樣本很大，則小的效應（比如$p = 0.502$）也常常產生出有高度統計顯著性的結果。我們來看之前見過的一個例子，看看樣本大小如何影響統計顯著性。

例3 布方伯爵的銅板

法國自然學家布方伯爵（1707–1788）非常博學，思考的範圍

從演化到估計「pi」這個數的值,並立志解答這些問題。他研究的
其中一個問題就是擲一個「平衡」的銅板是否會有一半的情況是正
面,他擲一個銅板4,040次,得到2,048個正面。他的正面樣本比例
是:

$$\hat{p} = \frac{2,048}{4,040} = 0.507$$

伯爵的銅板平衡嗎?如果我們尋求在水準0.05有統計顯著性。假設

$$H_0 : p = 0.5$$
$$H_a : p \neq 0.5$$

要執行顯著性檢定,先把樣本結果$\hat{p} = 0.507$標示在$\hat{p}$的抽樣分布
上,這個抽樣分布描述在原始假設成立時$\hat{p}$值的變化情形。圖23.1
顯示出觀測值$\hat{p} = 0.507$離0.5不算遠,並不能當作「p的真正值不
是0.5」這項假設的合理證據。P值為0.37,讓我們的結論更明確。

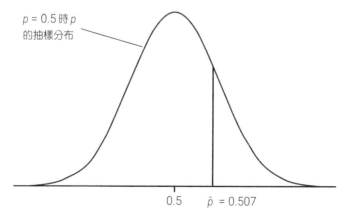

圖 23.1 當銅板為平衡時,擲4,040次銅板所得正面比例的抽樣分布。
樣本比例 0.507 不是不尋常的結果。

假設布方伯爵擲銅板1,000次和100,000次，都得到同樣的結果：$\hat{p}$ = 0.507。當原始假設為真，$\hat{p}$ 的抽樣分布的平均數必定是0.5，但它的標準差會隨樣本大小n的增加而減少。圖23.2中畫出了n = 4,040和n = 100,000時的兩種抽樣分布。圖裡面較低的那條曲線就是圖23.1裡的常態曲線，只是刻度改變，以便能夠畫得出n = 100,000時那條又高又窄的曲線。看看樣本結果$\hat{p}$ = 0.507在兩條曲線上的定位，你可以看出，同一個結果幾乎出乎預料的隨樣本大小而有不同。

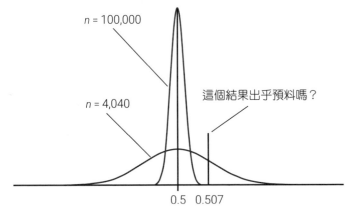

圖 23.2 擲一個平衡銅板 4,040 次及 100,000 次分別得到的正面比例的抽樣分布。樣本比例 0.507 在擲 4,040 次的情況下很正常，但在擲 100,000 次的情況下就非常稀奇。

P值 在n = 4,040時 是P = 0.37，而 在n = 100,000時 就 是P = 0.000009 了。想像一下重複投擲一個平衡銅板4,040次的情況。差不多有37%的時候，你得到的正面比例距0.5的距離，會至少像布方的0.507距0.5的距離這麼遠。可是你如果是擲一個平衡銅板

100,000次的話，幾乎永遠也不會（一百萬回合中只會發生9次）得到這麼稀奇的結果。

　　$\hat{p}$ = 0.507這個結果如果是發生在擲4,040次銅板的狀況下，並不是銅板不平衡的證據。但是如果發生在擲100,000次的時候，就成為鐵一般的證據。

留意光溜溜的 P 值

顯著性檢定的P值不僅和樣本大小密切相關，也和母體真正值有關。

若只報告P值，卻不報告樣本大小，也不提做為樣本結果的統計量是什麼，是很糟糕的做法。

▌信賴區間的優點

　　例2和例3告訴我們，要了解一項統計研究，不能只去看是否有統計顯著性。在例3中，光是知道樣本比例是$\hat{p}$ = 0.507就很有用處。你可以自己決定，這個值距0.5的差距，是否大到令你感興趣。當然，$\hat{p}$ = 0.507並不是銅板真正的正面機率，而只是布方伯爵擲出來的機遇結果。所以，信賴區間會更有用，因為區間的寬度能告訴我們，可以把真正的正面機率定位到多精確。以下是真正的正面機率p的95%信賴區間，分別對應例3中的兩種樣本大小。你可以驗證一下，用第21章所教的方法可以得到這些結果。

投擲總次數	95% 信賴區間
$n = 4,040$	0.507 ± 0.015，即 0.492 到 0.522
$n = 100,000$	0.507 ± 0.003，即 0.504 到 0.510

　　信賴區間把我們對真正機率值的了解（以95%的信心水準）明白表示出來。擲4,040次所得到的區間，包含了0.5這個數字，所以我們不會去懷疑，銅板是否不平衡。可是擲100,000次的時候，我們卻有信心真正的機率值落在0.504和0.510之間。因此我們有信心p不是0.5。

> **提出信賴區間**
> 信賴區間提供的訊息比顯著性檢定多，因為信賴區間實際上估計了母體參數的值。信賴區間也比較容易解釋。因此，好的做法是盡可能提出信賴區間。

▌「水準 5% 之顯著性」並非魔術指標

　　顯著性檢定的目的，是要描述樣本所提供不利原始假設的證據有多強。P值就是在做這件事。但是要證明原始假設不正確，P值要多小，才能令人信服呢？這點主要根據兩種狀況來決定：

● H_0的可信度有多高？如果H_0所代表的假設，是大家多年來一直相信的，就需要很強的證據（小的P值）才能說服他們。

● 棄卻 H_0 的結果是什麼？如果棄卻 H_0 而肯定 H_a，代表要花很多
　 錢把產品包裝改換成另一種，你就需要有很強的證據，顯示
　 新包裝一定會增加銷售量。

這兩種標準都有一點主觀，不同的人常會想用不同的顯著水準。
報告 P 值，可以讓我們各自決定證據是不是夠充分。不過，我們
應該在計算出 P 值之前，就決定好想用哪種顯著水準。如果是先
算出 P 值，再決定想要用比這個 P 值大一點的顯著水準，就是對
顯著性檢定的濫用。

　　用統計的人常會強調某幾個標準的顯著水準，比如 10%、
5% 和 1%。舉例來說，法庭在歧視案件裡常用 5% 當作標準。會
把重點放在這幾個值，反映出做統計的人仍在使用臨界值，而尚
未進入電腦軟體的時代。5% 這個水準（$\alpha = 0.05$）尤其常用。**在
「顯著」和「不顯著」之間並沒有清楚的界線，只是當 P 值愈來
愈小，我們的證據就愈來愈強。**0.049 和 0.051 這兩個 P 值，並沒
有實質的差別。把 $P \leq 0.05$ 當作「顯著」的普世標準，一點道理
也沒有。

▌ 提防刻意尋找的顯著性

　　統計顯著性的意義應該是：你找到了你在尋求的效應。假
如，你先決定你在尋求什麼效應，設計研究來找這個效應，再用
顯著性檢定來衡量你得到的證據，那麼統計顯著性背後的論據就
可以充分發揮。假如不是這樣的架構，顯著性的意義可能不大。
以下是一個例子。

例 4	星座會影響健康嗎？

　　《華盛頓郵報》在2015年6月刊登一篇文章，說有研究人員檢查了哥倫比亞大學醫學中心從1900到2000年的病患治療紀錄。文章指出，研究人員檢查175萬名病患的紀錄，並「利用統計分析方法，〔研究人員〕爬梳1,688種不同的疾病，從中找出55種與出生月份有關聯，包括注意力不足過動症、生育力、氣喘、視力、耳部感染」。占星術的信徒是對的，星座跟健康有關。真的有嗎？

　　在你決定往後要根據這些發現來看待星座與健康的關係之前，先要記住，於5%水準有顯著性的結果，即使在H_0為真的時候，長期下來100次當中也會發生5次。當你做了很多個水準5%的檢定，你會預期其中有幾個單單出於機緣巧合就有顯著性。即使疾病跟出生月份無關，但我們5%的預期就代表，1,688種不同疾病的大概會有84種呈現兩者有某些關聯——找到55種有關聯其實還低於我們的預期，這樣的結果並不稀奇。做一個檢定並達到$\alpha = 0.05$水準，是你已經有所發現的好證據。做了好幾十個檢定，然後有一、兩次達到標準，可就不是什麼證據了。

　　在例4裡面，研究人員對近1,700種疾病做了檢定，並找出有55種疾病跟出生月份有關聯。但我們不太能把這些結果當作證據，說星座跟健康之間有所關聯。像這樣把「數據探索分析」（也就是如第二部所討論的，利用圖表和代表性的綜合統計數字，來找出數據的可能型態）和「正式的統計推論」這兩個角色混為一談，是很糟糕的示範。如果你先用探索的方法去檢視各種可能性，找出效應最大的，然後去檢定它的效應是否顯著大於其他的，那你會得到具統計顯著性的結果，就一點也不稀奇。

在數據裡搜尋可能的型態，當然是合理的。數據探索分析是統計中的重要部分。但是，如果你已經在數據裡成功找到突出的效應，正式推論的論據就不再適用。補救方法很清楚。一旦你有了假設，就設計一個研究，來找尋你認為存在的這個效應。如果這個研究結果有統計顯著性，你就有真正的證據了。

▌用推論作決策 *

第22章所說的顯著性檢定方法，是用來評估否定原始假設的證據有多強。檢定以P值做評估，P值是在「原始假設為真」的假設下所算出的機率。檢定中納入對立假設（我們想找到證據加以支持）只是為了幫助我們知道哪些結果否定原始假設。這就是費雪爵士所倡導的顯著性檢定理論，用過的人不計其數。

但我們在第22章也看到另一種思考方式的跡象。事先選定的顯著水準將檢定結果指向一個決策：如果P值小於α，我們支持H_a、否定H_0；否則我們就無法否定H_0。從度量證據的強度到作出決策，並非一蹴可幾，有人認為作出決策這目標太過遠大（費雪的支持者也這麼認為），尤其科學方面的推論更是如此。決策只有在衡量許多實驗的證據之後才能作出來，而且研究目的其實是逐步發展知識，並不是「決策」。做統計推論時最好還是要有信賴區間和顯著性檢定，這樣的方法就已經足以應付許多使用統計的人。在討論科學問題時，大家比較常把水準0.05的顯著性看成夠強的證據，不太有人（教科書除外）事先把顯著水準α

---

* 　此節為選讀。

設為決策規則。談論 P 值可以讓事情變得更清楚，而這個術語愈來愈多人使用。

　　然而，在某些情況下，需要把決策或行動當作推論的最後結果，驗收抽樣（acceptance sampling）就是一個例子。產品（例如用來製作洋芋片的馬鈴薯）的製造商和消費者都同意，每輛卡車所裝的產品要達到一定的品質。卡車來的時候，消費者選擇一個產品的樣本來檢查，並依據檢查結果來決定收貨或退貨。費雪認同這是真正的決策問題，但他堅稱，驗收抽樣跟科學推論完全不同。其他傑出的統計學家則主張，如果「決策」的涵義夠廣，那麼幾乎所有的統計推論問題，都可以看成「在不確定因素存在下作出決策」的問題。我們不打算進一步討論應該如何看待推論，我們想要說明的是「用推論作決策」這個不同的概念，它改變了顯著性推論所用的推理方式。

　　顯著性檢定的重點是原始假設 H_0。如果決策是「沒有理由排除 H_0」，那麼就只有兩個選項，支持其中一個就得否定另一個。我們可以簡單的把這兩個選項稱為 H_0 和 H_a，但 H_0 不再是顯著性檢定裡的特殊狀況（我們想找到證據加以否定）。在驗收抽樣問題中，我們要依據產品樣本的結果從下面兩個選項中選擇：

$$H_0：整車產品符合標準$$
$$H_a：整車未達標$$

除非我們有強力證據反對，否則沒有理由接受 H_0，並讓消費者承擔舉證責任。同樣的，除非我們有強力證據整車產品符合標準，接受 H_a 讓製造商承擔舉證責任是很合理的事。製造商和消

費者必須同意舉證責任的歸屬，但H_0和H_a都不具任何特殊狀況。

在決策問題中，我們必須基於樣本的狀況來定出規則，好告訴我們怎麼作出決策。決策規則以樣本統計量表示，通常跟我們在顯著性檢定裡使用的統計量一樣。其實，我們已經看到顯著性檢定變成決策規則了：如果樣本統計量在水準α時具有統計顯著性，我們否定H_0（支持H_a），否則就支持H_0（否定H_a）。

那麼，如果我們使用顯著水準α做為我們的決策標準，並假定原始假設H_0確實正確。然後樣本結果會有α的機率落在顯著水準α。（這是「顯著水準α」的定義：否定H_0的證據要強到，當H_0正確時這種結果發生的機率不超過α。）而我們在所有這樣的結果中作出錯誤決策（當H_0正確時否定H_0）。也就是說，顯著水準α現在可以理解為某種錯誤決策的機率。

再來討論H_a。如同在H_0正確時否定H_0（支持H_a）是錯的，在H_a正確時支持H_0（否定H_a）也是錯的。這代表我們會犯兩種錯誤。

如果實際上H_0正確，而我們否定H_0（支持H_a），那就是型I錯誤。
如果實際上H_a正確，而我們支持H_0（否定H_a），那就是型II錯誤。

圖23.3總結了各種可能。如果H_0正確，我們的決定要麼正確（如果我們接受H_a），要麼是型I錯誤。每次只會犯一種錯誤。圖23.4則把這些概念應用到驗收抽樣的例子。

母體的真實情況

	H_0 正確	H_a 正確
否定 H_0	型I錯誤	決策正確
支持 H_0	決策正確	型II錯誤

依據樣本所作的決策

圖23.3 兩種決策行為的可能結果。

整車產品的真實情況

	符合標準	未達標準
退貨	型I錯誤	未達標準
收貨	決策正確	型II錯誤

依據樣本所作的決策

圖23.4 驗收抽樣決策的可能結果

　　所以型I錯誤的發生機率是顯著水準α，這在驗收抽樣中也就是整車產品符合標準卻被退貨的機率。型II錯誤則是整車產品未達標準卻收貨的機率。型I錯誤對製造商不利，而型II錯誤對消費者不利。所有決策規則都是依據這兩種錯誤的機率來評估。這跟統計推論的概念一樣，都是基於機率。我們無法（除非檢查整車的產品）保證永遠不會退掉符合標準的產品，以及永遠不會接收未達標準的產品。就隨機抽樣和機率法則而言，我們可以說出這兩種錯誤的發生機率有多少。由於我們可以找出接受未達標

準產品和退掉符合標準產品的貨幣成本，所以從長遠來看，我們可以確定製造商和消費者各自因錯誤決策而遭受了多少損失。

支持決策理論的人認為，驗收抽樣裡的那種「經濟」思維本質能套用到所有的推論問題。就算是科學研究人員，也要決定是否公布結果、做其他實驗，或因研究沒有效益而放棄。錯誤決策伴隨成本，這些成本並不是總用金錢來衡量。科學家的研究之路充滿苦難，有可能會發表錯誤的結果，也可能沒有檢測到正確的結果。決策理論學者堅稱，科學家應該試著幫兩種錯誤決策的後果加權（稱為效用），然後選出決策規則，而這個決策規則的錯誤機率要反映兩種錯誤的嚴重程度。在效用能以金錢來衡量的地方，這種說法很受歡迎，像是企業就廣泛使用決策理論來決定資本投資。但科學研究人員一直不想把這種方法用在統計推論裡。

總之，我們在顯著性檢定裡關注的是單一個假設（H_0）和單一個機率（P 值），目的是度量樣本證據反對 H_0 的強度有多少。如果把同樣的推論問題想成決策問題，我們關注的是兩個假設，並依據樣本證據為兩者定下決策規則。因此，我們必須關注兩個機率，也就是兩種錯誤類型的發生機率。

明確的區分這兩種思維有助於理解。這兩種方法實際上常常一起使用，選邊站的人還因此感到鬱悶。我們繼續把決策問題裡的一個假設稱為 H_0。在檢驗檢假的常見做法中，我們會混合顯著性檢定和決策規則：

- 在顯著性檢定中選擇 H_0。
- 把問題視為決策問題，因此型 I 錯誤和型 II 錯誤的機率是相關的。

- 型I錯誤通常更為嚴重。因此，選擇一個α值（顯著水準），並只考慮型I錯誤機率不大於α的檢驗。
- 從這些檢驗中，選擇一個型II錯誤機率有多小就多小的檢驗。如果型II錯誤機率太大，就得採用更大的樣本來降低錯誤機率。

　　檢驗假設似乎是一種混合方法。就歷史的角度來看，它為統計學開啟了以決策為導向的思考方式，效果顯著。「假設檢定」是內曼（Jerzy Neyman）*和皮爾遜（Egon S. Pearson）在1928到1938年開發出來的。決策理論方法源自內曼－皮爾遜的想法，出現的時間比較晚（1940年代）。由於單純的決策理論留下兩個錯誤機率，而且沒有簡單的規則能拿來平衡它們，所以使用頻率就不如顯著性檢定。決策理論概念主要是以內曼－皮爾遜理論的方法來檢驗問題，要求是先選擇α值，然而費雪的影響讓進行假設檢定的人不假思索就選用$\alpha = 0.05$或$\alpha = 0.01$（這也回到本章對於此情況的警告）。極度好辯的費雪大力抨擊內曼－皮爾遜以決策為導向的思考方式，而這爭論至今未歇。

　　統計推論的推理很微妙，討論的原則很複雜。我們已經把所提到的觀點過度簡化，還完全省略了其他幾個觀點（信不信由你）。如果你覺得無法完全掌握第22章和本章的概念，放心，有這種感受的不只你一個。儘管如此，對於統計推論性質的矛盾看

---

* 內曼（1894–1981）在科學領域非常活躍，除了開發決策導向的檢定方法之外，還率先引入信賴區間理論。

法，所有運用統計學的人都應該致力理解。相較於大多數其他類型的智力訓練，統計推論可以用公式或電腦自動處理，但若不去理解，再有價值的捷徑也毫無用武之地。很久以前的歐幾里得曾向希臘國王托勒密一世說明學習技巧：「幾何學無坦途。」這句話仍適用於所有的知識。

第 24 章

雙向表及卡方檢定 *

▌個案研究：言論自由及政治信仰

　　美國憲法第一修正案的權利議題在全國大學引起關注。蓋洛普／奈特基金會 2017 年對 3,014 名大學生進行調查，詢問學生對第一修正案各方面看法，以及美國大學校園中的其他問題。

　　讓我們看看政黨派別與言論自由觀點之間的關係。調查中有一個問題是：「你認為言論自由在今天的國家是非常安全、安全、受到威脅還是非常受到威脅？」以下是把 2,990 名學生依政黨派別／傾向以及言論自由看法分類的雙向表。

　　表中對於政黨派別和言論自由看法之間的關係提供了什麼訊息？在本章當中我們將學習如何解讀這樣的表。讀完本章以後你將會更清楚知道，應該如何評估表中所含的訊息。

---

* 本章內容稍深，可選讀。

言論自由	民主黨	無黨派	共和黨	總數
非常安全	183	20	98	301
安全	1,043	86	362	1,491
受到威脅	776	39	222	1,037
非常受到威脅	112	14	35	161
總數	2,114	159	717	2,990

▎雙向表

例 1 畢業率的種族差異

「在六年內取得學士學位」是衡量學生成果的標準之一。國家教育統計中心每年都會發布報告。以下是把六年內取得學士學位的百分比按種族／族裔分類的雙向表：

種族／族裔	白人	黑人	西班牙裔	亞裔	美國印第安人／阿拉斯加原住民	多族裔	總數
畢業	6,963	1,063	1,388	792	69	175	10,450
沒畢業	3,933	1,614	1,163	295	110	119	7,234
總數	10,896	2,667	2,551	1,087	179	294	17,684

這個表所含的訊息，應該要怎樣評估？

　　畢業狀態（是否在六年內取得學士學位）和學生的種族，都屬於類別變數。也就是說，這些變數會被分類，但是並沒有數值可以讓我們用來畫散布圖、計算相關係數或迴歸直線以描述關聯。要顯示兩個類別變數之間的關聯，可以用一個像畢業狀態及學生種族那樣的**雙向表**（two-way table）。畢業狀態是**列變數**，因為表中每一列代表學生的一種畢業狀態。種族是**行變數**，因為每一行代表一種種族／族裔。表中的數字，是屬於每一種「畢業狀態＋種族」組合的人數。

　　怎麼樣可以最有效的從這當中抓出資訊呢？首先，分別檢視每個變數的分布。類別變數的分布會告訴我們，每個結果發生的頻繁程度。表最右的「總數」欄，列出每一列的總數。這些列總和提供了所有種族／族裔學生的畢業狀態分布。表最下面那一列「總數」，總和了兩個畢業狀態（「畢業」和「沒畢業」），提供的是所有申請者的種族分布。通常用百分比表示這些分布會更清楚。我們可以把種族分布表示成：

$$白人百分比 = \frac{10,896}{17,684} \times 100\% = 0.616 \times 100\% = 61.6\%$$

$$黑人百分比 = \frac{2,677}{17,684} \times 100\% = 0.151 \times 100\% = 15.1\%$$

$$西班牙裔百分比 = \frac{2,551}{17,684} \times 100\% = 0.144 \times 100\% = 14.4\%$$

$$亞裔百分比 = \frac{1,087}{17,684} \times 100\% = 0.061 \times 100\% = 6.1\%$$

$$美國印第安人／阿拉斯加原住民百分比 = \frac{179}{17,684} \times 100\%$$

$$= 0.010 \times 100\% = 1.0\%$$

$$多族裔百分比 = \frac{294}{17,684} \times 100\% = 0.017 \times 100\% = 1.7\%$$

需要注意的是，上面的百分比總和不是100%，而是99.9%，這是我們在第10章所提到捨入誤差的另一個例子。

　　雙向表所包含的資訊，不只是單獨的畢業狀態分布和種族分布。因為畢業狀態和種族之間有何關聯，沒有辦法從個別的分布當中找出來，一定要用到整個雙向表。**要描述類別變數之間的關聯，可根據表中所給的計數，計算出適當的百分比。**

例 2　再談畢業率的種族差異

　　因為畢業狀態只分畢業和沒畢業兩類，所以我們可以藉由比較每個種族的學生在六年內取得學士學位的比例，來了解種族和畢業狀態之間的關係：

$$\frac{白人學生}{畢業的百分比} = \frac{6,963}{10,896} \times 100\% = 0.639 \times 100\% = 63.9\%$$

$$\frac{黑人學生}{畢業的百分比} = \frac{1,063}{2,677} \times 100\% = 0.397 \times 100\% = 39.7\%$$

$$\frac{西班牙裔學生}{畢業的百分比} = \frac{1,388}{2,551} \times 100\% = 0.544 \times 100\% = 54.4\%$$

$$\frac{亞裔學生}{畢業的百分比} = \frac{792}{1,087} \times 100\% = 0.729 \times 100\% = 72.9\%$$

$$\frac{\text{美國印第安人／}}{\text{阿拉斯加原住民學生}} = \frac{69}{179} \times 100\% = 0.385 \times 100\% = 38.5\%$$
畢業的百分比

$$\frac{\text{多族裔學生}}{\text{畢業的百分比}} = \frac{175}{294} \times 100\% = 0.595 \times 100\% = 59.5\%$$

在六年內取得學士學位的白人學生超過60%、亞裔學生則超過70%，但黑人學生和美國印第安人／阿拉斯加原住民在六年內取得學士學位的卻不到40%。

用雙向表的時候必須計算許多百分比。以下這一招可以幫你決定，用哪些分數才可以算出你要的百分比。要問自己：「我要的百分比是哪一個整體的百分比？」該整體的計數，就是你要算百分比時所用分數的分母。在例2當中我們要找的是，每個種族／族裔的學生當中在六年內取得學士學位所占的百分比，所以各種族的人數就成為分母。

▌雙向表的推論

我們常常蒐集數據，並列出雙向表，來探討兩個類別變數之間是否有關係。要檢視樣本數據很容易：算出百分比，再來找看列變數和行變數之間有沒有關聯。樣本顯示出的關聯，是不是就證明了整個母體中這兩個變數有關聯呢？還是樣本中的關聯很容易只因為隨機抽樣的巧合就發生了呢？這是顯著性檢定的問題。

數位技能與新聞判讀力

你能區分新聞裡的事實和觀點嗎？普優研究中心最近的研究訪問了美國成年人，調查辨別事實的能力和各種性質（包括年齡、教育程度、政治意識與數位技能）之間的關係。（我們保留了辨別觀點的部分給您調查。）

普優調查了1,000名受訪者，結果如下表。表中把能辨別五個事實敘述的人數和百分比按三種數位技能程度來分類：

數位技能	受訪人數	五題全對人數	全對百分比
非常精通	480	168	35.0
有點精通	350	70	20.0
不精通	170	22	12.9

五個事實敘述全答對的受試者比例相當不一樣，尤其是「非常精通」數位技能的受訪者全對的比例遠高於「有點精通」和「不精通」這兩個類別。這些資料是不是合理證據，顯示了在所有美國成年人母體當中，數位技能和辨別事實敘述的確有關聯？

可以對這個問題提供答案的檢定，會以一個雙向表為基礎。以下就是對應例3中數據的雙向表：

數位技能	五題全對	未答對五題	總數
非常精通	168	312	480
有點精通	70	280	350
不精通	22	148	170
總數	260	740	1,000

我們的原始假設，照例是說各種程度的數位技能都對辨別事實敘述沒有效應。也就是說，美國成年人在三種程度的數位技能下的表現都一樣。樣本中顯示出來的差異不過是機遇造成的。我們的原始假設是：

H_0：在所有美國成年人的母體當中，數位技能和一個人能不能辨別事實敘述之間並沒有關聯。

把這個原始假設用母體參數表示，會有一點複雜，所以我們用這樣的敘述就可以了。對立假設說的只是「在所有美國成年人的母體當中，數位技能和一個人能不能辨別事實敘述之間確實有關聯」。對立假設並沒有指明關聯的本質。比如說，對立假設並沒有說：「數位技能愈好，愈能辨別事實敘述。」

要檢定H_0，我們會把雙向表中已觀察到的計數和預期計數，做個比較。預期計數是當H_0為真時，我們會預期的計數（除了隨機變異外）。如果觀察到的計數和預期計數相差很大，就是不利於H_0的證據。我們可以猜得出辨別事實研究中的預期計數。以全部受訪者來說，1,000人中有260人全對。這代表整體成功率是26%，因為260/1000等於26%。如果原始假設為真，各種程度的數位技能之間就沒有差別。所以我們預期見到每一組當中有26%的人能正確辨別事實敘述，五題全對。

我們把五題事實敘述全對的人歸類為「成功」，其餘的歸為「失敗」。非常精通的組裡有480名受訪者，所以我們預期見到

組裡有 (0.26)(480) = 124.8 人成功， 480 − 124.8 = 355.2 人失敗。
有點精通組裡有 350 名受訪者，我們預期有 (0.26)(350) = 91.0 人
成功， 350 − 91 = 259.0 人失敗。不精通組裡有 170 名受訪者，我
們預期有 (0.26)(170) = 44.2 人成功， 170 − 44.2 = 125.8 人失敗。

　　如果每個組別的人數相同，則預期計數也會相同。幸好有個
公式可以幫我們輕易算出預期計數，詳列於下。

預期計數

H_0 為真時，雙向表中任一格的**預期計數**（expected count）
為：

$$預期計數 = \frac{列總和 \times 行總和}{表總和}$$

　　現在試用這個公式看看。例如非常精通組的預期成功計數
為：

$$預期計數 = \frac{列總和 \times 行總和}{表總和} = \frac{(480)(260)}{1,000} = 124.8$$

如果原始假設說的處理之間無差異為真，我們會預期，非常精通
組的 480 人中有 124.8 人成功。這和我們之前算的一樣。

▌卡方檢定

想知道數據是否提供了不利於「沒有關聯」這個原始假設的證據，我們得把雙向表裡的計數，和假如真的沒有關聯時我們會預期的計數，做個比較。假如觀察到的計數和預期計數相差很多，我們就得到了想找的證據。這個檢定用了一項統計量，來度量觀察到的與預期的計數到底相差多少。

卡方統計量

卡方統計量（chi-square statistic），以符號χ^2表示，度量出雙向表中觀察到的計數和預期計數之間的差距。統計量的公式是：

$$\chi^2 = \sum \frac{（觀察到的計數 - 預計的計數）^2}{預期計數}$$

Σ這個符號代表「對應表裡面每一格加總起來」。

卡方統計量是許多項數字的和，每一項對應表裡面的一格。在例3中，非常精通組當中有168人成功，而這一格的預期計數是124.8。所以卡方統計量中對應此格的這項數字是：

$$\frac{（觀察到的計數 - 預計的計數）^2}{預期計數} = \frac{(168 - 124.8)^2}{124.8}$$

$$= \frac{1,866.24}{124.8} = 14.95$$

例4 再談數位技能與新聞判讀力

下面是例3中的觀察計數和預期計數，兩者並列在同一個表當中：

	觀察到的		預期的	
	成功	失敗	成功	失敗
非常精通	168	312	124.8	355.2
有點精通	70	280	91.0	259.0
不精通	22	148	44.2	125.8

現在我們可以算出卡方統計量，只要把雙向表當中6個格子所對應的6項加起來即可：

$$\chi^2 = \frac{(168-124.8)^2}{124.8} + \frac{(312-355.2)^2}{355.2} + \frac{(70-91.0)^2}{91.0} + \frac{(280-259.0)^2}{259.0} + \frac{(22-44.2)^2}{44.2} + \frac{(148-125.8)^2}{125.8}$$

$$= 14.95 + 5.25 + 4.85 + 1.70 + 11.15 + 3.92$$

$$= 41.82$$

其他的卡方檢定

有的卡方檢定也用來對付比「沒有關聯」更明確的假設。將某些人依社會地位分類，等上十年，再把同一批人重新分類。列變數和行變數分別是兩個不同時間的類別。我們可以

檢定「社會地位的整體分布並沒有改變」的這個假設，也可
以檢定「是否社會地位提升的人和下降的人比例差不多」。
這些假設都可以用卡方檢定的各種變形來處理。

因為 χ^2 度量的是觀察到的計數與 H_0 為真時的預期計數差距
大小，所以它的值如果偏大，就是不利於 H_0 的證據。$\chi^2 = 41.82$
算不算大呢？你知道該怎麼處理：把41.82這個觀測值和抽樣分
布做比較，χ^2 的抽樣分布會顯示出在原始假設為真時，χ^2 的值
會有怎樣的變化。這項抽樣分布不是常態分布，而是右偏分布；
又因為 χ^2 的值不可能為負，所以這個分布只含大於0的值。還
有，對應不同大小的雙向表，抽樣分布也會不同。實際狀況如
下。

卡方分布

當「無關聯」的原始假設為真時，卡方統計量 χ^2 的抽樣分布
就叫做**卡方分布**（chi-square distribution）。

卡方分布是指一整族分布，這種分布只有正值且為右偏。特
定的卡方分布是由它的**自由度**（degrees of freedom）決定
的。

有 r 列和 c 行的雙向表所對應的**卡方檢定**（chi-square
test），用的是自由度為 $(r-1)(c-1)$ 的卡方分布的臨界值。

　　圖24.1中畫出了三種卡方分布的密度曲線。當自由度（df）增加時，密度曲線的偏斜程度會減小，而較大值出現的可能性加大。我們沒有辦法用紙筆計算出卡方曲線底下的面積，來找出 P 值，但可以用軟體來算。表24.1是條捷徑，它列出了在不同水準之下，卡方統計量 χ^2 的值至少要多大，才能使結果有統計顯著性。這雖然不如實際找出 P 值那麼好，但是通常也夠好了。每一種自由度在表中對應到不同的列。比如說我們可以從表中查到，自由度為3的卡方統計量，如果值大於7.81，則於水準5%有統計顯著性，而如果值大於11.34，則於水準1%有統計顯著性。

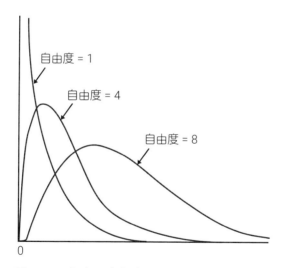

圖 24.1 卡方分布族中三個成員的密度曲線。卡方統計量的抽樣分布屬於此族。

表24.1　要在水準 α 有統計顯著性，卡方統計量的值必須大於 α 所對應的那一行的值

df	顯著水準 α						
	0.25	0.20	0.15	0.10	0.05	0.01	0.001
1	1.32	1.64	2.07	2.71	3.84	6.63	10.83
2	2.77	3.22	3.79	4.61	5.99	9.21	13.82
3	4.11	4.64	5.32	6.25	7.81	11.34	16.27
4	5.39	5.99	6.74	7.78	9.49	13.28	18.47
5	6.63	7.29	8.12	9.24	11.07	15.09	20.51
6	7.84	8.56	9.45	10.64	12.59	16.81	22.46
7	9.04	9.80	10.75	12.02	14.07	18.48	24.32
8	10.22	11.03	12.03	13.36	15.51	20.09	26.12
9	11.39	12.24	13.29	14.68	16.92	21.67	27.88

例5　數位技能與新聞判讀力研究總結

　　我們已經見到，數位技能程度較高的人明顯有較多的成功案例，而失敗案例較少。觀察計數和預期計數經過比較之後，得到卡方統計量 $\chi^2 = 41.82$。最後只剩下評估統計顯著性這一步。

　　例3的雙向表共有3列、2行。也就是 $r = 3$，$c = 2$。因此卡方統計量的自由度為：

$$(r-1)(c-1) = (3-1)(2-1) = (2)(1) = 2$$

在表24.1中查自由度 df = 2 的那一列。我們會看到，$\chi^2 = 41.82$ 大於 $\alpha = 0.001$ 顯著水準所對應的臨界值13.82。例3顯示出，數位技能和正確辨別五個事實敘述的能力之間有具統計顯著性的關聯（$P < 0.001$）。

顯著性檢定只是說，我們看到有力證據，證明數位技能和成功之間有某種關聯。要檢視雙向表才能找到關聯的本質：數位技能愈好似乎與成功率愈高有關。

如何應用卡方檢定

就像我們對母體比例做的檢定一樣，卡方檢定也用了一些近似結果，我們的觀測值愈多，結果就愈精確。以下是何時適合用此檢定的大致規則。

> **應用卡方檢定所需的每格計數下限**
> 當預期計數小於5的格子所占比例不超過20%，而且每一格的預期計數都至少是1時，就可安心使用卡方檢定。

例3輕易就通過這項資格測驗：它最小的預期格計數是44.2，代表沒有預期計數小於5的格子。下面這個例子，大略描繪了該如何檢視雙向表。

例6　容易生氣的人是否較易得心臟病？

容易生氣的人似乎較可能得心臟病。這是一項歷時約四年的研究所得到的結論，該項研究追蹤了三地共12,986人的隨機樣本。所有受試者在研究開始之初都沒有心臟疾病，他們都接受了史匹柏格發怒量表的檢測，該量表用來度量一個人有多容易發怒。以下是樣本中血壓正常的8,474人的數據。CHD代表冠狀動脈心臟病

（coronary heart disease）。曾經心臟病猝發的人，以及需要做治療的心臟病患，都包括在內。

| | 易怒指數 | | |
	低	中	高
樣本大小	3,110	4,731	633
CHD計數	53	110	27
CHD百分比	1.7%	2.3%	4.3%

我們可以看到明顯的趨勢：易怒指數愈高，心臟病百分比就愈高。發怒和心臟病之間的這個關聯，是否有統計顯著性？

第一步要先把數據寫成雙向表的形式，並加進沒有心臟病的人數。我們也加入了算預期計數時需要用到的列總數及行總數。

	不易怒	中度易怒	高度易怒	總人數
CHD	53	110	27	190
無CHD	3,057	4,621	606	8,284
總人數	3,110	47,31	633	8,474

現在我們可以遵循顯著性檢定的步驟了，這是在第22章中早已熟悉的。

假設： 卡方檢定是檢定下列假設：

$$H_0：易怒和CHD之間沒有關聯$$
$$H_a：易怒和CHD之間有關聯$$

抽樣分布：我們會看到，所有的預期格計數都比 5 大，所以我們可以放心使用卡方檢定。易怒對應 CHD 的雙向表有 2 列、3 行。我們將從自由度 df = (2 − 1)(3 − 1) = 2 的卡方分布中找臨界值。

數據：先算出預期格計數。舉例來說，高度易怒且有冠狀動脈心臟病的那一格，其預期計數是：

$$預期計數 = \frac{第一列總和 \times 第三行總和}{表總和} = \frac{(190)(633)}{8,474} = 14.19$$

下表同時列出了所有觀察到的計數以及預期計數：

	觀察到的			預期的		
	低	中	高	低	中	高
CHD	53	110	27	69.73	106.08	14.19
沒有 CHD	3,057	4,621	606	3,040.27	4,624.92	618.81

檢視這些計數就會看到，高度易怒組的 CHD 人數比預期高，而不易怒那組的 CHD 人數比預期低。這個結果和例 6 當中所列出的百分比是一致的。卡方統計量為：

$$\chi^2 = \frac{(53 - 69.73)^2}{69.73} + \frac{(110 - 106.08)^2}{106.08} + \frac{(27 - 14.19)^2}{14.19}$$

$$+ \frac{(3,057 - 3,040.27)^2}{3,040.27} + \frac{(4,621 - 4,624.92)^2}{4,624.92} + \frac{(606 - 618.81)^2}{618.81}$$

$$= 4.014 + 0.145 + 11.564 + 0.092 + 0.003 + 0.265$$

$$= 16.083$$

實際應用時，可利用統計軟體替你做所有的計算。看一下相加得出χ^2的那6項。χ^2的值主要是由其中一格「貢獻」的：高過預期的高度易怒者的CHD人數。

有統計顯著性嗎？ 在表24.1中查 df = 2 那一列。從數據算出的卡方統計量χ^2為16.083，比對應α = 0.001的臨界值13.82要大。我們獲得了具高度統計顯著性的證據（P < 0.001），顯示易怒和心臟病的確有關。統計軟體可以算出實際的P值，答案是P = 0.0003。

結論： 我們能不能下結論說，容易發怒會導致心臟病呢？這是一項觀測研究，而不是實驗。如果有一些潛在變數和易怒相交絡，也不會叫人意外。比如說，易怒的人比起其他人來，比較有可能是既喝酒又抽菸的男性。研究報告中用了高等統計，對三組不同發怒程度的人之間的許多種差異做了調整。經過調整之後，P值從 P = 0.0003 上升到了 P = 0.02，因為潛在變數可以對心臟病做部分解釋。這個結果仍然是有關聯的合理證據。由於這項研究是從沒有冠狀動脈心臟病的人的隨機樣本開始，然後追蹤觀察這些人，又因為許多潛在變數都經過度量並加以解釋，所以研究結果的確對因果提供了部分證據。下一步也許應該做個實驗，看易怒的人該如何做改變，且這樣是不是能減低他們得心臟病的風險？

▍ 辛浦森詭論

就像數量變數的情形一樣，潛在變數的效應有可能改變、甚至倒轉兩個類別變數之間關聯的方向。在下面的例子中，我們將發現潛在變數會倒轉我們預期從資料中找到的關係。

例7　醫療直升機救人性命？

　　事故傷患有時會以直升機從事故現場送往醫院。直升機節省了時間，但真的救下更多性命嗎？讓我們比較一下直升機醫護後送和一般道路運送到醫院的死亡比例。數字是假造出來的，但是仍說明了常常出現在真實數據中的現象。

	直升機	道路	總和
傷患死亡	64	260	324
傷患存活	136	840	976
總和	200	1,100	1,300

　　我們看到以直升機後送有32%（64/200）的傷患死亡，而以一般道路只有24%（260/1100）的傷患死亡。看起來讓人大受打擊。

　　一種解釋是，重大事故才會派送直升機，所以用直升機後送的傷患通常傷勢較嚴重，無論是否用直升機後送，這些傷患本來就更容易死亡。我們把資料製作成**三向表**（three-way table），依事故嚴重程度再分類。我們將三向表以數個並列的雙向表形式呈現，每個雙向表對應第三個變數的一個值。在這個例子中共有兩個雙向表，各對應一個後送方式：

	重大事故	
	直升機	道路
死亡	48	60
存活	52	40
總和	100	100

	非重大事故	
	直升機	道路
死亡	16	200
存活	84	800
總和	100	1,000

　　你可以先檢查一下，把這兩個表裡面同樣位置的值加起來，就和先前的雙向表裡的一樣，例如傷患總和一樣是1,300名、以直升機後送的傷患是200名（＝100＋100）、死亡的有64名（＝48＋16）。

　　在重大事故中，直升機救活傷患的比例是52%（52/100），相較之下用道路運送救活40%。而在非重大事故中，直升機救活的比例為84%，用道路運送則救活80%。就這兩個情況來說，以直升機後送傷患都有更高的存活率。

　　這是怎麼一回事呢？分別來看，直升機都能讓傷患有更高的存活率，放在一起，卻變得比較差。我們來仔細看看數據。直升機運送的傷患有一半來自重大事事故，相對來說在非重大事故的1,100名傷患中，直升機只運送了100名。所以直升機運送的傷患更容易死亡。最初的雙向表沒有考慮到事故嚴重程度的差別，因此會誤導。這是辛浦森詭論（Simpson's paradox）的一個例子。

> **辛浦森詭論**
>
> 在幾組值中都顯示出的關聯或比較，有可能在數據合併成一組時全都消失甚至倒轉方向，這種情況就叫做**辛浦森詭論**（Simpson's paradox）。

　　當潛在變數存在時，觀察到的關聯有可能是誤導的，而辛浦森詭論只是這項事實的一種極端形式。要記住第 15 章的警告：注意潛在變數。

例 8　　對抵押貸款對象有大小眼？

　　研究銀行的房屋抵押貸款申請，就可以看出結果和種族大有關係：黑人申請者被拒的比例高於白人申請者。過去幾年裡，加州、馬里蘭州、康乃狄克州的大銀行都被告上法庭。在首府華盛頓地區有一件歧視訴訟案聲稱：某家銀行拒絕了 17.5% 的黑人貸款申請，卻只拒絕了 3.3% 的白人。

　　銀行的答覆是：潛在變數可以解釋拒絕比例的差距。比起白人，黑人（平均來說）收入較低、信用紀錄較差、較少有穩定工作。而與種族因素不同的是，這些事實是拒絕抵押貸款的合法理由。銀行說，因為這些潛在變數和種族因素纏夾不清，所以他們拒絕的黑人申請者比例才會較高。想想辛浦森詭論就知道，如果以收入和信用紀錄相同的人來看的話，銀行通過黑人申請者的比例可能還高過白人呢！

　　到底誰對？雙方都會聘請統計學家來評估潛在變數的效應，都會提出統計論證來支持或反駁貸款歧視的指控。可惜的是，陪審團

和法官沒有評估統計數據的正式指導方針，而且不需要任何統計專業知識就能擔任。潛在變數與辛普森詭論這類表面上的悖論，讓人很難確定抵押貸款申請被拒絕的差異，連專家也不容易弄清當中的原因。不管怎樣，法院終會盡可能做出決定，但不一定是基於統計論證。

表 A　隨機數字

列							
101	19223	95034	05756	28713	96409	12531	42544	82853
102	73676	47150	99400	01927	27754	42648	82425	36290
103	45467	71709	77558	00095	32863	29485	82226	90056
104	52711	38889	93074	60227	40011	85848	48767	52573
105	95592	94007	69971	91481	60779	53791	17297	59335
106	68417	35013	15529	72765	85089	57067	50211	47487
107	82739	57890	20807	47511	81676	55300	94383	14893
108	60940	72024	17868	24943	61790	90656	87964	18883
109	36009	19365	15412	39638	85453	46816	83485	41979
110	38448	48789	18338	24697	39364	42006	76688	08708
111	81486	69487	60513	09297	00412	71238	27649	39950
112	59636	88804	04634	71197	19352	73089	84898	45785
113	62568	70206	40325	03699	71080	22553	11486	11776
114	45149	32992	75730	66280	03819	56202	02938	70915
115	61041	77684	94322	24709	73698	14526	31893	32592
116	14459	26056	31424	80371	65103	62253	50490	61181
117	38167	98532	62183	70632	23417	26185	41448	75532
118	73190	32533	04470	29669	84407	90785	65956	86382
119	95857	07118	87664	92099	58806	66979	98624	84826
120	35476	55972	39421	65850	04266	35435	43742	11937
121	71487	09984	29077	14863	61683	47052	62224	51025
122	13873	81598	95052	90908	73592	75186	87136	95761
123	54580	81507	27102	56027	55892	33063	41842	81868
124	71035	09001	43367	49497	72719	96758	27611	91596
125	96746	12149	37823	71868	18442	35119	62103	39244
126	96927	19931	36809	74192	77567	88741	48409	41903
127	43909	99477	25330	64359	40085	16925	85117	36071
128	15689	14227	06565	14374	13352	49367	81982	87209
129	36759	58984	68288	22913	18638	54303	00795	08727
130	69051	64817	87174	09517	84534	06489	87201	97245

列								
131	05007	16632	81194	14873	04197	85576	45195	96565
132	68732	55259	84292	08796	43165	93739	31685	97150
133	45740	41807	65561	33302	07051	93623	18132	09547
134	27816	78416	18329	21337	35213	37741	04312	68508
135	66925	55658	39100	78458	11206	19876	87151	31260
136	08421	44753	77377	28744	75592	08563	79140	92454
137	53645	66812	61421	47836	12609	15373	98481	14592
138	66831	68908	40772	21558	47781	33586	79177	06928
139	55588	99404	70708	41098	43563	56934	48394	51719
140	12975	13258	13048	45144	72321	81940	00360	02428
141	96767	35964	23822	96012	94591	65194	50842	53372
142	72829	50232	97892	63408	77919	44575	24870	04178
143	88565	42628	17797	49376	61762	16953	88604	12724
144	62964	88145	83083	69453	46109	59505	69680	00900
145	19687	12633	57857	95806	09931	02150	43163	58636
146	37609	59057	66967	83401	60705	02384	90597	93600
147	54973	86278	88737	74351	47500	84552	19909	67181
148	00694	05977	19664	65441	20903	62371	22725	53340
149	71546	05233	53946	68743	72460	27601	45403	88692
150	07511	88915	41267	16853	84569	79367	32337	03316

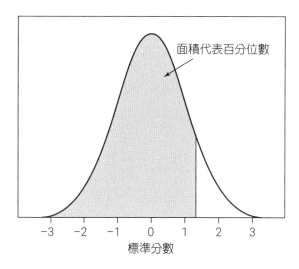

面積代表百分位數

標準分數

表B 常態分布的百分位數

標準計分	→	百分位數	標準計分	→	百分位數	標準計分	→	百分位數
3.4		0.03	1.1		13.57	1.2		88.49
3.3		0.05	1.0		15.87	1.3		90.32
3.2		0.07	0.9		18.41	1.4		91.92
3.1		0.10	0.8		21.19	1.5		93.32
3.0		0.13	0.7		24.20	1.6		94.52
2.9		0.19	0.6		27.42	1.7		95.54
2.8		0.26	0.5		30.85	1.8		96.41
2.7		0.35	0.4		34.46	1.9		97.13
2.6		0.47	0.3		38.21	2.0		97.73
2.5		0.62	0.2		42.07	2.1		98.21
2.4		0.82	0.1		46.02	2.2		98.61
2.3		1.07	0.0		50.00	2.3		98.93
2.2		1.39	0.1		53.98	2.4		99.18
2.1		1.79	0.2		57.93	2.5		99.38

標準計分	→	百分位數	標準計分	→	百分位數	標準計分	→	百分位數
2.0		2.27	0.3		61.79	2.6		99.53
1.9		2.87	0.4		65.54	2.7		99.65
1.8		3.59	0.5		69.15	2.8		99.74
1.7		4.46	0.6		72.58	2.9		99.81
1.6		5.48	0.7		75.80	3.0		99.87
1.5		6.68	0.8		78.81	3.1		99.90
1.4		8.08	0.9		81.59	3.2		99.93
1.3		9.68	1.0		84.13	3.3		99.95
1.2		11.51	1.1		86.43	3.4		99.97

國家圖書館出版品預行編目(CIP)資料

統計，讓數字說話！／墨爾(David S. Moore)，諾茨
(William I. Notz)著；鄭惟厚，吳欣蓓譯. -- 第四版. --
臺北市：遠見天下文化出版股份有限公司，2023.01
　　面；公分 · -- （科學天地；187）
　　譯自：Statistics : concepts and controversies, 10th ed.
　　ISBN 978-626-355-039-1（平裝）

　　1.CST: 統計學

510   111020975

科學天地 187

統計，讓數字說話！
Statistics: Concepts and Controversies

原　　著 —— 墨爾（David S. Moore）、諾茨（William I. Notz）
譯　　者 —— 鄭惟厚、吳欣蓓
科學叢書策劃群 —— 林和（總策劃）、牟中原、李國偉、周成功

總 編 輯 —— 吳佩穎
編輯顧問 —— 林榮崧
責任編輯 —— 林佳儒（第一版）；畢馨云（第二版）；吳育燐、吳欣蓓（第四版）
美術設計 —— 蕭伊寂
封面設計 —— 蕭伊寂

出 版 者 —— 遠見天下文化出版股份有限公司
創 辦 人 —— 高希均、王力行
遠見・天下文化 事業群榮譽董事長 —— 高希均
遠見・天下文化 事業群董事長 —— 王力行
天下文化社長 —— 林天來
國際事務開發部兼版權中心總監 —— 潘欣
法律顧問 —— 理律法律事務所陳長文律師　　著作權顧問 —— 魏啟翔律師
社　　址 —— 台北市 104 松江路 93 巷 1 號 2 樓
讀者服務專線 —— 02-2662-0012　　　　　　傳真 —— 02-2662-0007；02-2662-0009
電子郵件信箱 —— cwpc@cwgv.com.tw
直接郵撥帳號 —— 1326703-6 號 遠見天下文化出版股份有限公司

電腦排版 —— 黃秋玲
製 版 廠 —— 東豪印刷事業有限公司
印 刷 廠 —— 柏皓彩色印刷有限公司
裝 訂 廠 —— 台興印刷裝訂股份有限公司
登 記 證 —— 局版台業字第 2517 號
總 經 銷 —— 大和書報圖書股份有限公司 電話／ 02-8990-2588
出版日期 —— 2023 年 1 月 18 日第四版第 1 次印行
　　　　　　2023 年 9 月 15 日第四版第 2 次印行

STATISTICS: CONCEPTS & CONTROVERSIES, 10E
First published in the United States by W.H. Freeman & Company
Copyright © 2020, 2017, 2014, 2009 by W.H. Freeman & Company
Complex Chinese translation edition © 2023, 2018, 2009, 1998 by Commonwealth Publishing Co
Ltd., a division of Global Views – Commonwealth Publishing Group
All rights reserved.

定價 —— NTD500 元
書號 —— BWS187
ISBN —— 978-626-355-039-1 ｜ EISBN 9786263550407（EPUB）；9786263550414（PDF）

天下文化官網 —— bookzone.cwgv.com.tw

本書如有缺頁、破損、裝訂錯誤，請寄回本公司調換。
本書僅代表作者言論，不代表本社立場。